Newidiadau ym maes trosedd a chosb, tua 1500 hyd heddiw

Cyhoeddwyd gan CAA Cymru, Prifysgol Aberystwyth, Plas Gogerddan, Aberystwyth, Ceredigion, SY23 3EB (www.aber.ac.uk/caa)

Cyhoeddwyd dan nawdd Cynllun Adnoddau Addysgu a Dysgu CBAC

ISBN: 978-1-84521-680-1

Cyfieithwyd gan: Lynne Williams
Golygwyd gan: Delyth Ifan
Dyluniwyd gan: Richard Huw Pritchard
Argraffwyd gan: Argraffwyr Cambria

Diolch i Harri Jones a Siân Thomas am eu harweiniad gwerthfawr.

Diolch i'r canlynol am ganiatâd caredig i atgynhyrchu delweddau:
Topfoto.co.uk: clawr, tt.55, 126 (t,d)
Alamy Stock Photo: © World History Archive: tt.5, 29; © Pictorial Press Ltd: tt.17, 86; © Paul Fearn: tt.18, 20 (g); © Chronicle: tt.24, 42; © Granger Historical Picture Archive: tt.26, 27; © Lebrecht Music and Arts Photo Library: t.28; © Neil Setchfield: t.53; © Peter Horree: t.57; © Classic Image: t.59; © Trinity Mirror: t.64; © INTERFOTO: t.66; © Georgios Kollidas: t.98; © Universal Images Group North America LLC: t.108; © Timewatch Images: t.125 (t,d) (g) 123RF.com: tt.12, 69
Rex/Shutterstock: t.13
© Hodder Education: tt. 16, 51, 54 (t);
Rye Museum Association: © Clive Sawyer: t.20 (t)
Bridgeman Images: tt.30, 31, 40, 46, 89;
Shutterstock.com: © Brian A. Jackson: t.33 (d); © Shaun Wilkinson: t.33 (ch); © Drop of Light: t.126 (t,ch)
Mirrorpix: t.36;
© Museum of London: t.41;
© Mary Evans Picture Library: tt. 54 (g), 58, 60, 75, 100, 101 (t,d; g,d; t,ch), 126 (g);
ⓗ Gwasg Carreg Gwalch: tt.61, 65 (t);
Geograph: © Mick Lobb: t.65 (g);
Getty Images: © Kurt Hutton, Image Collection: t.82; © Popperfoto, Image Collection: tt.84, 85; © Dan Kitwood, Image Collection: t.125 (t,ch);
© National Portrait Gallery, London: t.95;
© Library and Archives Canada, Quebec. Shot Drill [Military Prison] Artist: Carlisle, William Ogle, Act. 1870-1876, Item Number: 2377: t.101 (g,ch)
The National Archives, ref. CN8/1: t.102;
Archifdy Morgannwg: © Amgueddfa Heddlu De Cymru DSW-PH-BUI-11: t.106; © Amgueddfa Heddlu De Cymru DSWP-PH-GRO-35: t.121;
© Birmingham Museums Trust: t.113;
Amgueddfa ac Oriel Gelf Castell Cyfarthfa: t.118

Diolch i'r canlynol am ganiatâd caredig i atgynhyrchu detholiadau:
Collins Educational: © Christopher Culpin, *Crime and Punishment through time* (Collins, 1997): t.3
© The Sunday Times / News Licensing: t.11
© British Library Board, *Youth gangs, knife and gun crime*, https://www.bl.uk/reshelp/findhelpsubject/socsci/topbib/gang/knifecrimeitalics.pdf: t.12

Gwnaed pob ymdrech i olrhain a chydnabod deiliaid hawlfraint. Bydd y cyhoeddwr yn falch o wneud trefniadau addas gydag unrhyw ddeiliaid hawlfraint na lwyddwyd i gysylltu â nhw.

CYNNWYS

Newidiadau ym maes trosedd a chosb, tua 1500 hyd heddiw

1 Achosion troseddau

Mae'r bennod hon yn canolbwyntio ar y cwestiwn allweddol: Beth fu prif achosion troseddau dros amser?

Mae troseddu wedi bod yn rhan o gymdeithas drwy'r oesoedd a gellir gweld parhad yn yr achosion cyffredin fel dwyn a llofruddio. Mân droseddau (dwyn dillad, bwyd neu symiau bach o arian) yw'r math mwyaf cyffredin o drosedd ar draws ein holl gyfnod astudio, o tua 1500 hyd heddiw, ac achos cyffredin o'r math hwn o drosedd yn aml yw tlodi. Ar adegau penodol, fodd bynnag, cafwyd cynnydd sydyn mewn rhai mathau o droseddau, yn bennaf o ganlyniad i gyflwyno deddfau newydd. Yn ystod yr unfed ganrif ar bymtheg, er enghraifft, arweiniodd newidiadau yng nghrefydd swyddogol y wlad at gynnydd mewn troseddau megis **heresi** a **brad**, ac o ganlyniad i gyflwyno trethi uchel ar fewnforion yn y ddeunawfed ganrif gwelwyd cynnydd mewn smyglo. Wrth i chi weithio drwy'r bennod dylech ystyried pa achosion sydd wedi aros yr un peth ar hyd y canrifoedd, a pha achosion sy'n benodol i ganrif neu gyfnod penodol. Dylech hefyd ystyried a oeddent o ganlyniad i newidiadau polisi penodol neu oherwydd ffactorau gwleidyddol, cymdeithasol ac economaidd.

TASG FFOCWS

Wrth i chi weithio drwy'r bennod hon rhaid i chi gasglu gwybodaeth fydd yn eich galluogi i gofnodi enghreifftiau o 'barhad' a 'newid' achosion troseddau ar hyd y cyfnod o tua 1500 hyd heddiw. Ar ddiwedd y bennod hon byddwch yn gallu defnyddio'r wybodaeth hon i farnu ynghylch graddfa'r parhad/newid, a chynnig rhesymau dros dwf mathau newydd o droseddau mewn ambell gyfnod neu gynnydd cyflym mewn troseddau a oedd yn gyffredin i bob cyfnod.

Cyfnod	Troseddau sy'n gyffredin i'r holl gyfnodau hyn	Achosion y troseddau hyn	Troseddau sy'n gyffredin i gyfnodau penodol	Achosion y troseddau hyn
Yr unfed ganrif ar bymtheg a'r ail ganrif ar bymtheg				
Y ddeunawfed ganrif a'r bedwaredd ganrif ar bymtheg				
Yr ugeinfed ganrif				
Yr unfed ganrif ar hugain				

Achosion troseddau yn ystod yr unfed ganrif ar bymtheg a'r ail ganrif ar bymtheg

Er i'r unfed ganrif ar bymtheg a'r ail ganrif ar bymtheg weld parhad yn y troseddau traddodiadol a oedd yn gyffredin yn ystod y cyfnod canoloesol, fel dwyn a llofruddio, gwelodd y cyfnod hwn gynnydd sydyn mewn rhai troseddau penodol yn ogystal. Oherwydd newidiadau mewn amodau economaidd cafwyd cynnydd sydyn mewn tlodi a diweithdra, a wnaeth arwain, yn eu tro, at gynnydd mewn troseddau a oedd yn gysylltiedig â **chrwydraeth**. Roedd newidiadau i'r grefydd swyddogol yn golygu bod rhai pobl yn cyflawni troseddau heresi a **brad**, a ddaeth yn eithaf cyffredin yn ystod y cyfnod hwn.

Twf pwysau economaidd yng nghyfnod y Tuduriaid

Yn ystod yr unfed ganrif ar bymtheg, ac yn arbennig yn ystod teyrnasiad Elisabeth I (1558–1603), gwelwyd cynnydd sydyn mewn tlodi a nifer y bobl a oedd yn cael eu categoreiddio fel tlodion. Digwyddodd hyn oherwydd nifer o newidiadau a phwysau economaidd. I rai o'r bobl hynny, eu hunig obaith o oroesi oedd troi at droseddu.

Pwy oedd y tlodion?

Mae cymdeithas bob amser wedi categoreiddio rhan o'r boblogaeth fel tlodion sydd angen help a chefnogaeth gan eraill. Trwy gydol y cyfnod canoloesol chwaraeodd yr eglwys ran allweddol yn edrych ar ôl y tlawd a'r anghenus, gan ddarparu lloches a chymorth mewn **elusendai** (*alms-houses*) neu yn y mynachlogydd. Cyfrannai'r cyfoethog a'r gwell eu byd hefyd roddion i helpu'r tlodion.

Daeth llywodraethau Tuduraidd i gategoreiddio'r tlawd a'r anghenus yn un o ddau gategori:

1. **Pobl dlawd haeddiannol** – y rhai hynny oedd wir yn methu gweithio oherwydd oed, caledi neu ryw anhwylder arall; sylweddolwyd bod angen cymorth i'r tlodion ar yr unigolion hyn.
2. **Pobl dlawd abl** – y rhai oedd yn cael eu hystyried yn abl i weithio ond a oedd yn analluog neu'n amharod i ddod o hyd i waith; ystyriwyd bod angen annog neu hyd yn oed orfodi'r unigolion hyn i ddod o hyd i waith er mwyn eu rhwystro rhag troi at gardota.

Rhesymau dros y cynnydd mewn tlodi

Roedd y cynnydd hwn yn nifer y tlodion yn ganlyniad i nifer o ffactorau yn deillio o'r newidiadau o fewn cymdeithas, sef cynnydd sydyn yn y boblogaeth a'r pwysau oherwydd hynny, ac effeithiau caledi economaidd cynyddol.

Dehongliad 1: Yr hanesydd Chris Culpin yn ysgrifennu yn ei lyfr, *Crime and Punishment Through Time* (1997)

Roedd tensiwn cymdeithasol yn chwerw yn Norfolk. Roedd 6 y cant cyfoethocaf y boblogaeth yn berchen ar 60 y cant o'r tir. Canlyniad hyn oedd y gallent ddod yn fwy cyfoethog tra bo'r tlodion yn mynd yn dlotach. Yn benodol, byddent yn defnyddio eu hawl i bori preiddiau enfawr o ddefaid a gwartheg ar y comin, yna'n prynu tir a'i gau.

Blwyddyn	Cymru a Lloegr	Cymru
1500	2.9 miliwn	225,000
1550	3.2 miliwn	250,000
1600	4.3 miliwn	300,000

▲ **Tabl 1.1:** Poblogaethau Cymru a Lloegr yn ystod yr unfed ganrif ar bymtheg

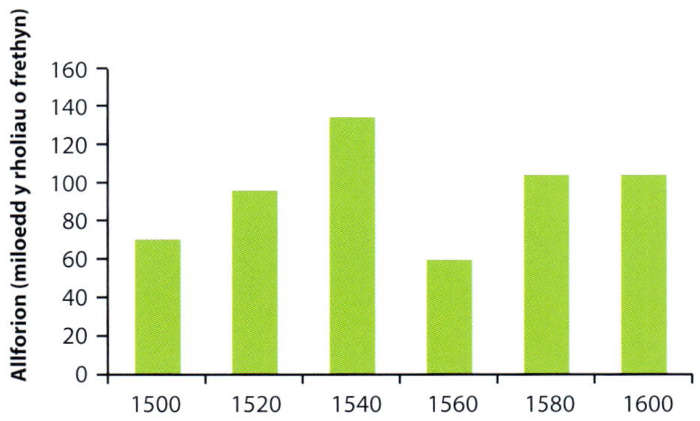

▲ **Ffigur 1.1:** Allforion gwlân rhwng 1500 ac 1600

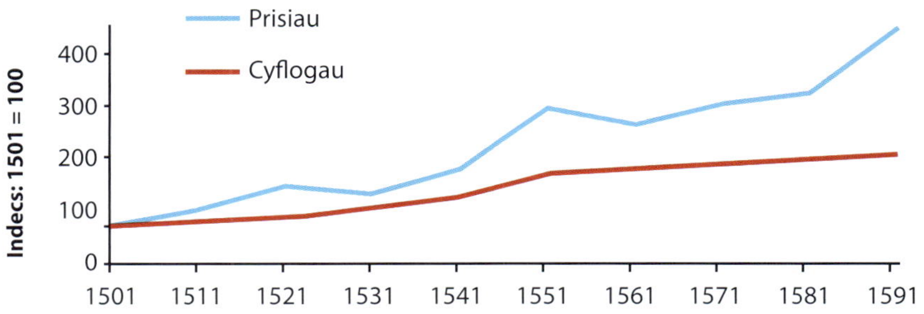

▲ **Ffigur 1.2:** Cynnydd cymharol prisiau a chyflogau, 1501–91

Prif achosion tlodi yn yr unfed ganrif ar bymtheg

Diddymiad y mynachlogydd
Roedd gan y mynachlogydd swyddogaeth hanfodol yn cynorthwyo'r tlodion, gan ddarparu bwyd, dillad ac arian. Pan gaeodd Harri VIII y mynachlogydd rhwng 1536 ac 1540 daeth y cymorth elusennol hwn i ben. Cafodd mynachod, gweision a gweithwyr oedd yn arfer gweithio yn y mynachlogydd eu gwneud yn ddi-waith, a gorfodwyd nifer i fynd i'r trefi i chwilio am waith.

Cynaeafau gwael
Arweiniodd sawl cynhaeaf gwael at brinder bwyd a phrisiau uwch. Cafwyd cynaeafau arbennig o wael yn 1556, 1596 ac 1597, gan achosi cynnydd sydyn mewn prisiau bwyd. Daeth hyn â bygythiad o newyn i'r bobl dlotaf.

Newidiadau mewn dulliau ffermio
Newidiodd ffermwyr o dyfu cnydau i gadw defaid, a oedd yn rhoi llawer mwy o elw. Wrth iddynt gau caeau â gwrychoedd, byddent yn aml yn cau tir comin lle roedd gweithwyr a thyddynwyr yn arfer cadw eu defaid a thyfu cnydau. Gan fod angen llai o lafurwyr wrth ffermio defaid, collodd nifer o weithwyr fferm eu swyddi, ac felly symudasant i'r trefi i chwilio am waith. Newidiadau i'r dulliau ffermio oedd un o'r rhesymau wrth wraidd Gwrthryfel Kett yn Norfolk yn 1549 (gweler Dehongliad 1).

Rhacrentu
Oherwydd y cynnydd di-baid mewn prisiau, cododd nifer o landlordiaid eu rhenti. Ni allai'r tenantiaid tlotaf fforddio'r rhenti uwch a chawsant eu gyrru allan o'u ffermydd. Aethant i gyfeiriad y trefi i chwilio am waith, ond yn aml heb lwyddiant.

Diboblogi gwledig
Oherwydd cyfuniad o gynaeafau gwael a newidiadau i'r dulliau ffermio, aeth nifer o ffermwyr di-waith o gefn gwlad i gyfeiriad y trefi i chwilio am waith.

Rhyfeloedd tramor costus a milwyr yn cael eu rhyddhau o'r lluoedd
Yn ystod yr 1540au roedd Harri VIII yn rhyfela yn erbyn Ffrainc a'r Alban ac yn ystod yr 1590au roedd Elisabeth I yn rhyfela yn erbyn Sbaen. Arweiniodd y gost o gynnal yr ymgyrchoedd hyn at drethi uwch, a chafodd Harri ei orfodi i ostwng gwerth arian drwy ddefnyddio metelau israddol i fathu arian. Ar ddiwedd y rhyfeloedd hyn roedd milwyr a morwyr yn ddi-waith, a byddai nifer yn crwydro ar hyd a lled y wlad mewn gangiau yn chwilio am waith.

Newidiadau yn y diwydiant brethyn
Brethyn gwlân oedd prif allforyn (*export*) Cymru a Lloegr ac roedd y diwydiant llwyddiannus hwn yn cynhyrchu digon o waith ar gyfer nyddwyr a gwehyddion. Yn ystod ail hanner yr unfed ganrif ar bymtheg, fodd bynnag, cafwyd cwymp yn y fasnach frethyn a gostyngodd allforion yn sydyn. Cafodd miloedd o bobl eu gwneud yn ddi-waith (gweler Ffigur 1.1).

Poblogaeth oedd yn tyfu
Oherwydd y cynnydd sydyn mewn poblogaeth o 2.9 miliwn yn yr 1500au i 4.3 miliwn erbyn 1600, cododd y galw am fwyd, dillad, tai a swyddi. Pan na allai'r cyflenwad gwrdd â'r galw, câi mwy a mwy o bobl eu categoreiddio fel tlodion (gweler Tabl 1.1).

Chwyddiant yn codi
Ledled Ewrop roedd chwyddiant yn codi'n gyson. Ni allai cyflogau ddal i fyny â phrisiau, yn enwedig prisiau bwyd. Y rhai oedd ar y cyflogau isaf, sef y tlodion, gafodd eu heffeithio waethaf (gweler Ffigur 1.2).

▲ **Ffigur 1.3:** Prif achosion tlodi yn yr unfed ganrif ar bymtheg

YSTYRIWCH

1. Esboniwch y gwahaniaeth rhwng 'pobl dlawd haeddiannol' a phobl dlawd 'abl'.
2. Astudiwch y naw blwch yn Ffigur 1.3 sy'n delio ag achosion tlodi. Defnyddiwch yr wybodaeth hon a'ch gwybodaeth eich hun i gwblhau'r tabl isod. Mae'r achos allweddol cyntaf wedi ei wneud ar eich cyfer.
3. Astudiwch y tabl rydych wedi ei gwblhau yng nghwestiwn 2.
   a) Yn eich barn chi, pa dri ffactor yw'r rhesymau pwysicaf a achosodd gynnydd mewn tlodi yn ystod yr unfed ganrif ar bymtheg? Nodwch y tri ffactor a chyfiawnhau eich dewis.
   b) Cymharwch eich dewis chi â dewis y person sy'n eistedd nesaf atoch. Nodwch y gwahaniaethau.

Achos/ffactor allweddol	Sut yr oedd yn cyfrannu at gynnydd mewn tlodi yn yr unfed ganrif ar bymtheg
Poblogaeth yn tyfu	Roedd hyn yn rhoi mwy o bwysau ar gyflenwadau bwyd prin a marchnad waith oedd yn lleihau. Cafodd mwy a mwy o bobl eu categoreiddio fel tlodion.

Effaith newidiadau crefyddol yn yr unfed ganrif ar bymtheg a'r ail ganrif ar bymtheg

Roedd llawer o brif droseddau'r cyfnod hwn yn ymwneud â'r problemau a oedd yn gysylltiedig â newid crefydd a newid brenin/brenhines. (Mae'r pedwar a fu'n teyrnasu yn ystod cyfnod y Tuduriaid i'w gweld yn Ffynhonnell A.) Roedd y mwyafrif o bobl yr unfed ganrif ar bymtheg a'r ail ganrif ar bymtheg yn grefyddol iawn, yn mynychu'r eglwys yn rheolaidd ac yn dilyn cyngor offeiriad y plwyf i sicrhau mynediad i'r nefoedd ar ôl marw. Yn 1500 roedd y rhan fwyaf o bobl yng Nghymru a Lloegr yn Gatholigion ond roedd rhai yn dechrau gwrando ar fynach Almaenig o'r enw Martin Luther, a oedd yn galw am ddiwygio rhai arferion drwg o fewn yr Eglwys Gatholig. Canlyniad hyn oedd y **Diwygiad Protestannaidd**. Cafodd hwn ddylanwad yn Lloegr am y tro cyntaf yn ystod teyrnasiad Harri VIII. Roedd dadleuon dros grefydd yn amlwg iawn trwy gydol oes y Tuduriaid, wrth i'r grefydd swyddogol newid rhwng Catholigiaeth a Phrotestaniaeth gyda phob brenin neu frenhines newydd. Yn ystod y cyfnod hwn gwelwyd twf mawr yn nhrosedd **heresi**.

Effaith newid crefyddol – heresi

Harri VIII (1509–47)

Roedd Harri VIII yn frenin Catholig, ond pan wrthododd y Pab roi caniatâd iddo ysgaru ei wraig gyntaf, Catrin o Aragon, gadawodd Harri'r Eglwys Gatholig a chreu Eglwys Loegr. Gwnaeth Harri ei hun yn bennaeth ar yr Eglwys hon ac, er ei bod yn dal i fod yn Gatholig, nid oedd gan y Pab unrhyw rym drosti. Roedd Harri'n fodlon goddef rhai credoau Protestannaidd, ond nid oedd yn eu croesawu.

Edward VI (1547–53)

Pan fu farw Harri yn 1547, dim ond naw oed oedd ei fab, Edward, a phenodwyd dau ewythr iddo, sef Iarll Northumberland a Dug Gwlad yr Haf, i deyrnasu yn ei enw. Roedd y ddau hyn yn Brotestaniaid cryf ac wedi croesawu'r grefydd newydd a gyflwynodd Luther. Aethant ati i berswadio Edward i gyflwyno newidiadau crefyddol, gan wneud Protestaniaeth yn grefydd swyddogol.

Gorfodwyd y boblogaeth i dderbyn y newidiadau hyn a chyhuddwyd unrhyw un oedd yn gwrthod, ac yn parhau â'r ffydd Gatholig, o fod yn hereticiaid. Drwy wrthod y grefydd swyddogol roeddent wedi cyflawni brad a'r gosb am hyn oedd marwolaeth.

Mari I (1553–58)

Bu farw Edward yn ei arddegau a chafodd ei olynu gan ei chwaer hŷn, Mari, a oedd yn Babydd (*Roman Catholic*) defosiynol. Roedd Mari yn casáu Protestaniaeth ac aeth ati i ddad-wneud yr holl newidiadau crefyddol a gyflwynwyd yn ystod teyrnasiad ei brawd. Roedd hi'n benderfynol o adfer Catholigiaeth fel crefydd swyddogol Cymru a Lloegr. Roedd y pendil crefyddol wedi symud i'r cyfeiriad arall a chyhuddwyd unrhyw un a fynnodd gadw at Brotestaniaeth yn ystod teyrnasiad Mari o fod yn hereticiaid a'u dedfrydu i farwolaeth.

Elisabeth I (1558–1603)

Pan ddaeth Elisabeth yn frenhines roedd y wlad wedi ei gwahanu dros grefydd. Yn ystod teyrnasiadau Edward a Mari dedfrydwyd nifer o bobl i farwolaeth am heresi oherwydd eu ffydd. Felly, ceisiodd Elisabeth gyfaddawdu drwy fabwysiadu 'ffordd ganol'.

- Apwyntiodd ei hun yn Oruwch Lywodraethwr yn hytrach na Phennaeth Eglwys Loegr.
- Gwnaeth Brotestaniaeth yn grefydd swyddogol.
- Ailgyflwynodd rai o'r newidiadau a gyflwynwyd yn ystod teyrnasiad Edward.
- Roedd yn barod i oddef Catholigion i ryw raddau – roedd ganddynt hawl i ddefnyddio croesau a chanhwyllau mewn eglwysi a gallai offeiriaid wisgo gwisgoedd swyddogol.
- Roedd disgwyl i Gatholigion fynychu gwasanaethau Eglwys Loegr, fodd bynnag, a rhoddwyd dirwyon i'r rhai oedd yn gwrthod.

Byddai unrhyw Gatholigion neu Brotestaniaid eithafol (Piwritaniaid) a oedd yn gwrthod yr ardrefniant hwn yn cael eu hystyried yn hereticiaid ac yn cael eu cosbi yn unol â hynny.

▼ **Ffynhonnell A:** Portread o deulu Harri VIII, a baentiwyd tua 1545. O'r chwith i'r dde: Mari, Edward, Jane Seymour ac Elisabeth

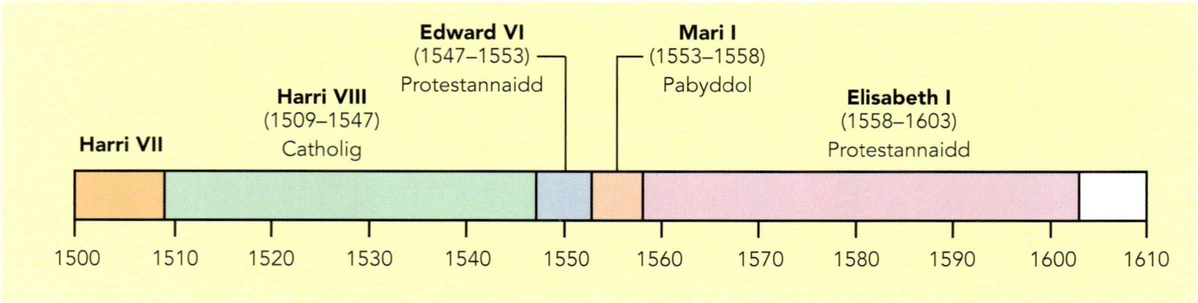

▲ **Ffigur 1.4:** Llinell amser yn dangos newidiadau mewn crefydd yn ystod teyrnasiadau'r brenhinoedd/breninesau Tuduraidd

Newidiadau yng nghrefydd swyddogol Cymru a Lloegr dan y Tuduriaid

Harri VIII (1509–1547): Catholig
- Y Brenin yn bennaeth ar yr Eglwys yn lle'r Pab
- Gwasanaethau eglwysig yn dal i fod yn Lladin
- Gweddïau yn dal i fod yn Lladin
- Ni châi offeiriaid briodi

Edward VI (1547–1553): Protestannaidd
- Y Brenin yn bennaeth ar yr Eglwys
- Gwasanaethau eglwysig yn Saesneg
- Llyfr gweddi newydd gyda gweddïau Saesneg
- Offeiriaid yn cael priodi

Mari I (1553–1558): Pabyddol
- Y Pab yn bennaeth ar yr Eglwys unwaith eto
- Gwasanaethau eglwysig yn Lladin
- Llyfr gweddi newydd wedi ei wahardd
- Roedd rhaid i offeiriaid a'u gwragedd wahanu

Elisabeth I (1558–1603): Protestannaidd
- Y Frenhines yn 'Llywodraethwr' ar yr Eglwys
- Gwasanaethau eglwysig yn Gymraeg/Saesneg
- Llyfr gweddi newydd yn cynnwys gweddïau Cymraeg/Saesneg
- Offeiriaid yn cael priodi

▲ **Ffigur 1.5:** Newidiadau yng nghrefydd swyddogol Cymru a Lloegr dan y Tuduriaid

Dehongliad 2: Esboniad o'r rhesymau pam y daeth heresi yn drosedd ddifrifol yn ystod yr unfed ganrif ar bymtheg. Codwyd o wefan hanes ar gyfer ysgolion

Yn ystod teyrnasiad Mari, dienyddiwyd Protestaniaid am wrthod derbyn mai'r Pab oedd pennaeth yr Eglwys. Dienyddiwyd eraill am ddarllen y Beibl Saesneg. Fodd bynnag, roedd achos mwyaf cyffredin heresi yn ymwneud â thraws-sylweddiad. Credai Catholigion fod y bara a'r gwin a ddefnyddiwyd adeg y cymundeb yn troi'n gorff a gwaed Iesu Grist. Roedd Protestaniaid a wrthodai gredu bod y wyrth hon yn digwydd yn ystod cymundeb mewn perygl o gael eu dienyddio.

Effaith newid crefyddol – brad

Ar adeg pan oedd newid crefyddol yn rheoli bywydau pobl, pan oedd y brenin neu'r frenhines yn mynnu bod pobl yn addoli yn yr un ffordd â hwy, a phan oedd caledi economaidd yn creu mwy o grwydriaid, roedd terfysgoedd a gwrthryfeloedd yn gyffredin iawn. Os bwriad y gwrthryfeloedd, terfysgoedd neu gynllwynion hyn oedd bradychu neu ddymchwel y brenin neu'r frenhines neu'r llywodraeth yn anghyfreithlon, ystyriwyd bod yr unigolion dan sylw wedi cyflawni brad.

Yn dilyn y rhwyg gyda Rhufain a'i ymdrechion i ysgaru ei wraig gyntaf, Catrin o Aragon, ceisiodd Harri VIII dawelu ei wrthwynebwyr drwy gyflwyno cyfres newydd o gyfreithiau brad. Roedd y rhain yn datgan:

- Bod unrhyw un a ddywedai neu a ysgrifennai rywbeth yn erbyn y brenin, ei wraig ac/neu ei etifeddion, neu a oedd yn cefnogi'r Pab, yn euog o frad.
- Bod unrhyw un a ddywedai fod credoau'r brenin yn gwrth-ddweud athrawiaeth yr eglwys, neu fod y brenin yn defnyddio ei rym mewn ffordd anghyfiawn, yn euog o frad.
- Bod unrhyw un a fynnai gadw'n dawel pan gâi ei gwestiynu am hawliau ac awdurdod y brenin yn euog o frad.

Roedd hyn yn golygu y gallai barn wleidyddol yn ogystal â chrefyddol gael ei hystyried yn frad. Y gosb am frad oedd marwolaeth. Yn aml iawn byddai hyn yn golygu **crogi, diberfeddu a phedrannu**.

YSTYRIWCH

1. Defnyddiwch Ddehongliad 2 a'ch gwybodaeth eich hun i esbonio pam y daeth heresi yn fwy cyffredin yn ystod yr unfed ganrif ar bymtheg.
2. Pam y datblygodd brad yn drosedd ddifrifol yn ystod yr unfed ganrif ar bymtheg a'r ail ganrif ar bymtheg?

GWEITHGAREDD

Copïwch a chwblhewch y tabl isod i ddangos sut newidiodd achosion troseddau crefyddol yn ystod cyfnod y Tuduriaid.

Brenin Tuduraidd /brenhines Tuduraidd	Crefydd swyddogol	Rhesymau dros gyhuddo unigolyn o fod yn heretic yn ystod y teyrnasiad hwn	A yw'r rheswm wedi newid ers y teyrnasiad blaenorol?

Pwysau diwydiannu a threfoli yn y ddeunawfed ganrif a'r bedwaredd ganrif ar bymtheg

O ganlyniad i'r **Chwyldroadau Amaethyddol a Diwydiannol**, roedd y ddeunawfed ganrif a'r bedwaredd ganrif ar bymtheg yn gyfnodau o newid mawr. Oherwydd y defnydd cynyddol o ddulliau a pheiriannau newydd ar ffermydd roedd llai o angen am weithwyr fferm. O ganlyniad, gorfodwyd nifer fawr i adael cefn gwlad a mudo i'r trefi diwydiannol oedd yn tyfu'n gyflym, fel Merthyr Tudful yn ne Cymru. Yma daethant o hyd i waith yn y ffatrïoedd, pyllau glo a gweithfeydd haearn.

Wrth i fwy a mwy o bobl adael cefn gwlad, tyfodd y trefi yn gyflym a datblygodd rhai, fel Lerpwl, Manceinion, Leeds a Birmingham, yn ddinasoedd ar ddechrau'r bedwaredd ganrif ar bymtheg. Oherwydd y proses hwn o ddiwydiannu a **threfoli** bu newidiadau dramatig yn y ffordd roedd pobl yn byw ac yn gweithio. Arweiniodd y twf ym mhoblogaeth y trefi a'r dinasoedd at lefelau troseddu uwch ac, mewn rhai achosion, at droseddau newydd.

Datblygiad trefi mawrion

Disgrifiodd haneswyr nifer o ffactorau 'gwthio a thynnu' i esbonio'r cynnydd sydyn ym maint trefi a dinasoedd yn y bedwaredd ganrif ar bymtheg. Y ffactorau gwthio oedd y rhai hynny oedd yn peri i bobl adael cefn gwlad, tra bo'r atyniad i weithio yn y trefi diwydiannol newydd yn gweithredu fel ffactorau tynnu.

- Roedd hi'n mynd yn anoddach dod o hyd i waith yng nghefn gwlad wrth i ffermydd ddechrau defnyddio dulliau a pheiriannau newydd.
- Roedd cyflog gweithiwr fferm dipyn yn is na chyflog gweithiwr diwydiannol.
- Wedi cynaeafau gwael roedd llawer o bobl dlawd oedd yn byw yng nghefn gwlad bron â llwgu.
- Roedd poblogaeth cefn gwlad yn tyfu a doedd dim digon o waith fferm ar gael.
- Wrth i'r rheilffyrdd ddatblygu, daeth hi'n haws ac yn rhatach i deithio.
- Roedd angen llawer o weithwyr mewn ffatrïoedd, pyllau glo a gweithfeydd haearn ac roedd angen iddynt fyw yn agos.
- Adeiladodd y diwydianwyr dai i'w gweithwyr wrth ymyl y ffatrïoedd, y pyllau glo a'r gweithfeydd haearn.
- Roedd gwaith ar gael mewn diwydiant drwy'r flwyddyn, yn wahanol i ffermio, a oedd yn dymhorol.
- Roedd gwaith ar gael mewn diwydiant i'r teulu cyfan – dynion, menywod a phlant.
- Yr effaith luosi – wedi i un aelod o'r teulu symud i'r dref a dod o hyd i waith, byddai aelodau eraill o'r teulu yn gwneud yr un peth.
- Roedd pobl yn y trefi yn priodi'n iau na'r rheiny yn y wlad ac yn tueddu i gael teuluoedd mwy.

Roedd y newid economaidd a chymdeithasol a welwyd yn sgil twf sydyn y trefi a'r dinasoedd diwydiannol yn ffactor pwysig a gyfrannodd at y cynnydd mewn troseddau yn ystod y cyfnod hwn. Llundain welodd y twf mwyaf, gyda'r boblogaeth yn cynyddu o 675,000 yn 1750 i 2.3 miliwn yn 1851. Canlyniad hyn oedd gorboblogi ac amodau byw aflan, yn enwedig yn nwyrain Llundain (East End). Roedd bywyd yn anodd iawn yn yr ardaloedd hyn a daeth troseddu yn broblem fawr. Roedd troseddwyr yn hoffi byw mewn ardaloedd lle roedd lonydd cul, troellog, poblog y gallent eu defnyddio i ddianc yn gyflym rhag unrhyw un oedd yn eu herlid.

Tref/Dinas	1750	1801	1851
Lerpwl	35,000	82,000	376,000
Birmingham	30,000	71,000	233,000
Manceinion	45,000	75,000	303,000
Leeds	14,000	53,000	172,000
Merthyr Tudful	400	7,705	46,378

▲ **Tabl 1.2:** Y cynnydd dramatig ym maint poblogaeth y trefi a'r dinasoedd diwydiannol newydd

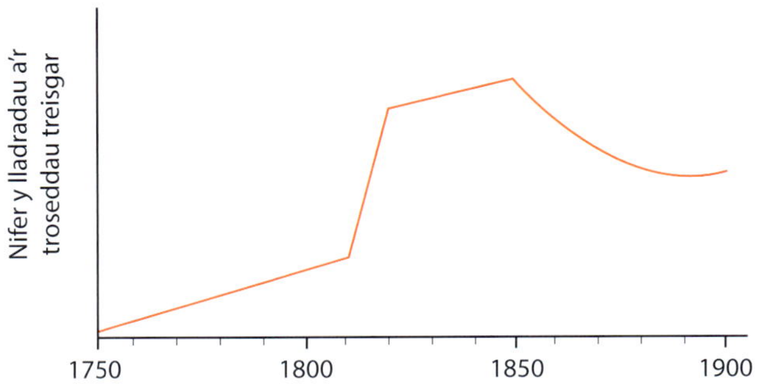

▲ **Ffigur 1.6:** Graff yn dangos tueddiadau mewn troseddau, 1750–1900

Rhesymau dros y cynnydd mewn troseddau yn y bedwaredd ganrif ar bymtheg

Twf poblogaeth
Cynyddodd poblogaeth Cymru a Lloegr o 16 miliwn yn 1800 i 42 miliwn yn 1900. Mewn canolfannau trefol y gwelwyd y cynnydd mwyaf. Yng Nghymru, cynyddodd y boblogaeth o 587,245 yn 1800 i 2,012,875 yn 1900.

Aflonyddwch gwleidyddol
Cynhaliodd unigolion o'r dosbarth gweithiol brotestiadau yn mynnu newidiadau gwleidyddol, economaidd a chymdeithasol. Yn aml iawn, byddai protestiadau o'r fath yn arwain at drais a difrod troseddol, fel Protestiadau'r Ludiaid yn 1812–13, a ymosodai ar beiriannau ffatri, a Therfysgoedd Swing yn 1830–31, a ymosodai ar beiriannau fferm.

Twf trefi diwydiannol
Canlyniad diwydiannu oedd twf sydyn ym mhoblogaeth trefi a dinasoedd diwydiannol. Cynyddodd poblogaeth Manceinion o 75,000 yn 1801 i 303,000 yn 1851; cynyddodd poblogaeth Merthyr Tudful o 7,705 i 46,378 yn ystod yr un cyfnod (gweler Tabl 1.2).

Problemau economaidd
O ganlyniad i ddiwedd Rhyfel Napoleon yn 1815 cynyddodd diweithdra yn sydyn gan arwain at dlodi. Roedd hyn yn cyd-daro â chyfnod o gynaeafau gwael a phrisiau bwyd uchel. Gan nad oedd ganddynt fawr o incwm, neu ddim incwm o gwbl, nid oedd gan unigolion ddewis ond troi at droseddu er mwyn goroesi.

Amodau byw gwael
Roedd tai o safon isel ac amodau byw budr, afiach yn creu'r amgylchedd delfrydol ar gyfer troseddau. Canlyniad hyn oedd fod llawer iawn o bobl yn byw mewn ardal fechan heb fawr o ddiogelwch, neu ddim diogelwch o gwbl. Roedd meddwdod yn broblem a oedd yn gysylltiedig â'r budreddi hwn ac roedd hefyd yn achos troseddau.

▲ **Ffigur 1.7:** Ffactorau a gyfrannodd at y cynnydd mewn troseddau yn ystod y bedwaredd ganrif ar bymtheg

YSTYRIWCH

1 Cymharwch a chyferbynnwch Dabl 1.2 a Ffigur 1.6. Pa wybodaeth a geir o'r data hyn i esbonio'r tueddiadau mewn lefelau troseddau rhwng 1750 ac 1850?

GWEITHGAREDD

Defnyddiwch wybodaeth o'r adran hon i restru'r rhesymau dros ddatblygiad y trefi a'r dinasoedd mawrion yn ystod y bedwaredd ganrif ar bymtheg. Copïwch a chwblhewch y tabl isod, gan rannu eich rhesymau yn ffactorau 'tynnu' a 'gwthio'.

Ffactorau gwthio	Ffactorau tynnu

Pwysau'r ugeinfed ganrif, gan gynnwys technoleg yn newid

Parhaodd nifer o droseddau a oedd yn gyffredin yn y canrifoedd blaenorol, fel lladrata, dwyn, ymosodiadau a llofruddiaeth, yn yr ugeinfed ganrif ac, mewn nifer o achosion, yr un oedd achos y troseddau traddodiadol hyn. O ganlyniad i newidiadau o fewn cymdeithas, fodd bynnag, yn enwedig datblygiadau mewn technoleg, cafodd troseddwyr gyfleoedd newydd i droseddu. Arweiniodd datblygiad y car modur at ystod eang o droseddau moduro (gweler Pennod 2), tra bo'r twf mewn technoleg cyfrifiaduron wedi arwain at droseddau cyfrifiadurol.

A welwyd gwir gynnydd mewn troseddau yn ystod yr ugeinfed ganrif?

Cynyddodd ffigurau trosedd yn sydyn er 1900 ond mae hynny'n bennaf oherwydd bod mwy yn adrodd am droseddau, a mwy ohonynt yn cael eu cofnodi, gwell dulliau plismona a gwell defnydd o dechnoleg wyddonol i ganfod troseddau.

Tra bo Ffigurau 1.8 ac 1.9 i weld yn dangos cynnydd sydyn mewn troseddau, gall ffigurau o'r fath fod yn gamarweiniol ac, mewn gwirionedd, nid yw'r cynnydd yn y raddfa droseddau mor ddramatig ag y mae'n ymddangos. Rhaid i'r cynnydd ymddangosiadol, a nifer o ffactorau, gael eu hystyried yn eu cyd-destun cyn barnu'n derfynol:

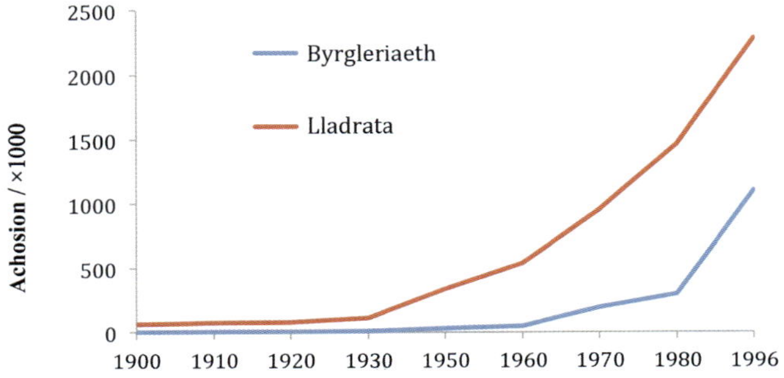

▲ **Ffigur 1.8:** Nifer yr achosion o fyrgleriaeth a lladrata a gofnodwyd rhwng 1900 ac 1996

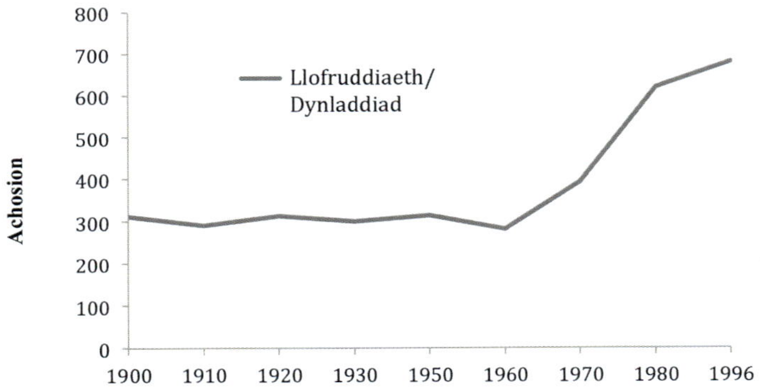

▲ **Ffigur 1.9:** Nifer yr achosion o lofruddiaeth a dynladdiad a gofnodwyd rhwng 1900 ac 1996

- **Gwir gynnydd mewn rhai troseddau:** Er i nifer yr achosion o rai troseddau gynyddu yn ystod yr ugeinfed ganrif, gostyngodd eraill. Arhosodd troseddau treisiol fwy neu lai yr un peth, er bod nifer y llofruddiaethau o'i gymharu â nifer y bobl wedi gostwng. Yn yr 1880au cafwyd 15 llofruddiaeth i bob miliwn o bobl; erbyn yr 1980au roedd y ffigur wedi gostwng i 11, sef gostyngiad o 26 y cant. Dynion oedd yn dal i fod yn gyfrifol am tua 85 y cant o droseddau, gyda dynion 25 oed neu iau yn gyfrifol am dros hanner ohonynt. Yn ystod yr ugeinfed ganrif cododd y gyfradd droseddau ymysg bechgyn ifanc yn gyflymach nag ymysg unrhyw grŵp oedran arall.
- **Adrodd mwy am droseddau:** Mae adroddiadau'r cyfryngau am droseddau yn hybu gwerthiant papurau newydd ac yn denu cynulleidfaoedd teledu. Mae troseddau sy'n ymwneud â thrais neu ymosodiadau ar hen bobl neu blant ifanc iawn yn cael tipyn o sylw gan y cyfryngau. Gall adroddiadau o'r fath fod yn gamarweiniol, drwy awgrymu bod blynyddoedd olaf yr ugeinfed ganrif wedi profi ton enfawr o droseddau. Ffactor arwyddocaol arall yw fod mwy o ddioddefwyr trosedd bellach yn adrodd amdanynt.
- **Cofnodi mwy o droseddau:** Er bod 'ffigurau tywyll' sylweddol o droseddau heb eu cofnodi wedi bodoli erioed, mae'r bwlch rhwng cyfanswm y troseddau a'r troseddau a gofnodwyd wedi lleihau dros yr hanner can mlynedd diwethaf. Un rheswm am hyn yw bod mwy o bobl yn hysbysu'r heddlu am droseddau at ddibenion yswiriant, ac mae'r cynnydd yn nifer y bobl sy'n berchen ar ffôn symudol yn golygu ei bod hi'n haws eu hysbysu. Mae datblygiadau mewn technoleg cyfrifiaduron wedi galluogi'r heddlu i wella eu dulliau o gofnodi troseddau ac mae newid yn y math o ddata sy'n cael eu casglu wedi peri cynnydd yn y gwahanol fathau o droseddau a gofnodir.

Cynnydd mewn troseddau

Er gwaethaf esboniadau o'r fath, fodd bynnag, gwelwyd cynnydd mewn troseddau yn ystod yr ugeinfed ganrif a chyflwynwyd nifer o awgrymiadau i esbonio'r cynnydd hwn (gweler Ffigur 1.10).

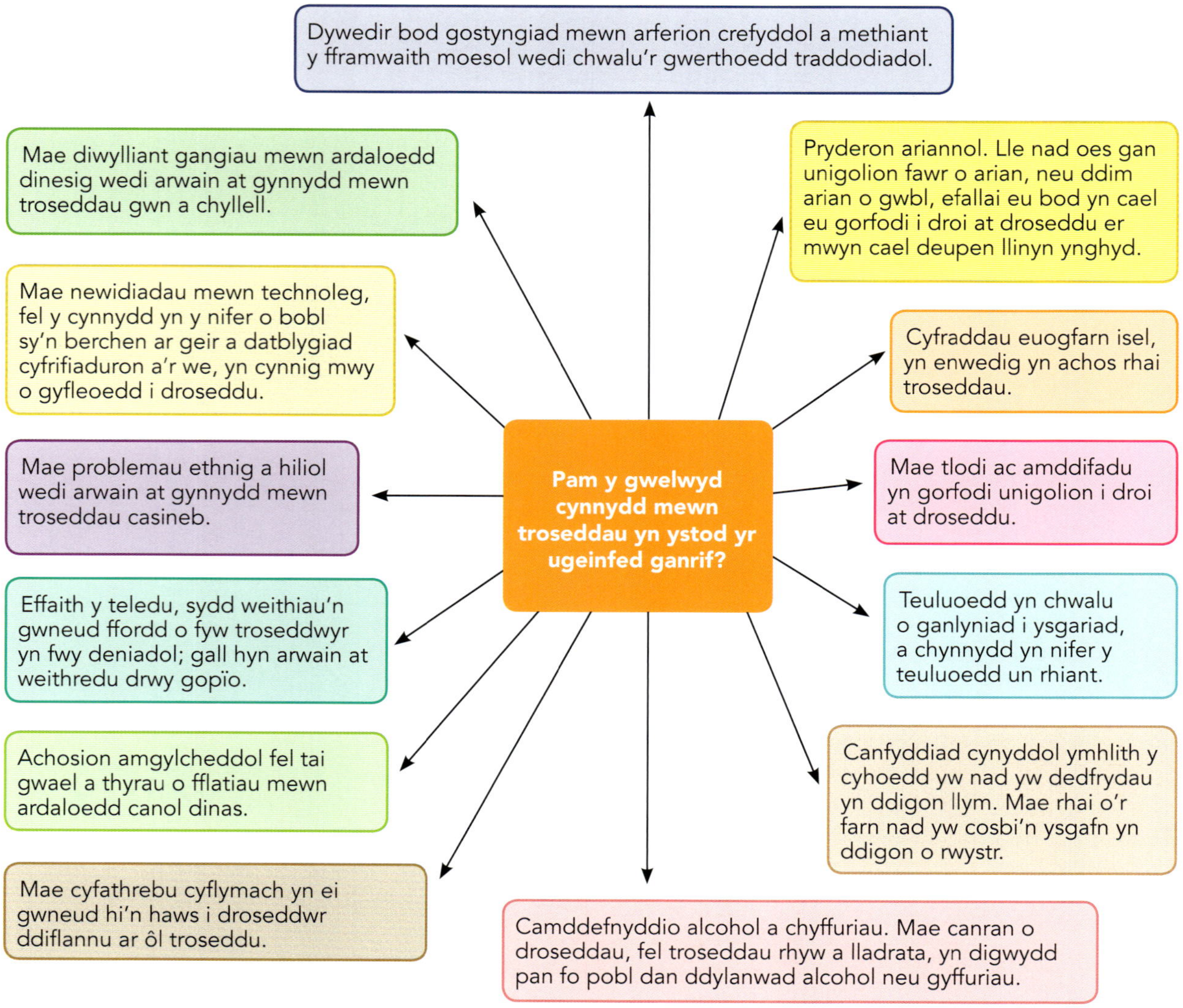

▲ **Ffigur 1.10:** Rhesymau posib dros y cynnydd ymddangosiadol mewn troseddau yn ystod yr ugeinfed ganrif

GWEITHGAREDD

Astudiwch Ffigur 1.10. Gweithiwch mewn parau i rannu achosion troseddau yn ddau fath, cyn copïo a chwblhau'r tabl isod

Achosion troseddau sy'n gyffredin i bob canrif	Achosion troseddau sy'n unigryw i'r ugeinfed ganrif a'r unfed ganrif ar hugain

Achosion newydd troseddau

Troseddau moduro

Wrth i nifer y perchnogion ceir gynyddu, cafwyd mwy o gyfleoedd i gyflawni troseddau moduro. Harold Bater, a oedd yn yrrwr i Ardalydd (*Marquis*) Môn, oedd un o'r gyrwyr cyntaf yng Nghymru i gael dirwy am yrru'n rhy gyflym, a hynny yn 1902. Yn ôl tyst, roedd ei gar yn teithio dros 25 mya. Erbyn 1939 roedd 60 y cant o'r holl achosion a ddaeth o flaen ynadon yn ymwneud â throseddau moduro. Yn 1996 cofnodwyd dros 1.3 miliwn o droseddau moduro, gan gynnwys dros hanner miliwn o achosion o ddwyn ceir.

O ganlyniad i'r cynnydd yn nifer y bobl sy'n berchen ar geir, mae troseddau yn ymwneud â moduro bellach yn un o'r categorïau mwyaf o droseddau, ac yn ymwneud â phobl o bob cefndir a dosbarth cymdeithasol. Ymddangosodd ystod o droseddau sy'n ymwneud yn benodol â moduro, fel gwefryrru (*joyriding*) a herwgipio ceir (gweler Pennod 2).

Twf troseddau cyfrifiadurol

Mae'r cynnydd aruthrol yn y defnydd a wnaed o dechnoleg cyfrifiaduron ym mlynyddoedd olaf yr ugeinfed ganrif wedi cynnig cyfleoedd newydd i droseddwyr. Gan fod busnesau erbyn hyn yn dibynnu ar dechnoleg gwybodaeth, mae troseddau cyfrifiadurol yn gyffredin iawn. Fel gyda moduro, mae datblygiad cyfrifiaduron wedi arwain at droseddau newydd fel hacio, gwe-rwydo (*phishing*) a seibr-derfysgaeth. Ym Mai 2017 cafodd ymosodiad seibr ar feddalwedd pridwerth byd-eang effaith ddifrifol ar y Gwasanaeth Iechyd Gwladol (GIG), gan beri i nifer o systemau cyfrifiadurol ysbytai gael eu cau am sawl diwrnod.

Hwliganiaeth pêl-droed

Mae hwliganiaid yn aml yn perthyn i gang ac mae bod yn aelod o gang yn debyg i fod yn aelod o lwyth. Mae trais yn aml yn cael ei gysylltu â diwylliant gangiau. Nid yw hwliganiaeth pêl-droed yn fygythiad newydd i gymdeithas ond daeth yn broblem fawr o'r 1970au. Roedd nifer o resymau dros hynny:

- Roedd yn gyffredin i weld gangiau o gefnogwyr timau gwahanol, yn aml dan ddylanwad alcohol, yn ymladd gyda'i gilydd neu'n ymosod ar eiddo.
- Roedd bod yn aelod o gang yn debyg i fod yn aelod o lwyth, ac roedd trais yn beth cyffredin.
- Yn aml iawn, dynion dosbarth canol rhwng 18 a 25 oed fyddai'n rheoli'r gangiau hyn, ac roeddent yn drefnus iawn. Roedd gan yr arweinwyr arian a gwybodaeth ac roeddent yn rhy gyfrwys i'r heddlu fedru eu rheoli.

Troseddau cyffuriau

Nid yw troseddau cyffuriau yn beth newydd, ond daethant yn fwy amlwg yn ystod ail hanner yr ugeinfed ganrif. Ar hyd y blynyddoedd roedd **smyglo** nwyddau anghyfreithlon neu rai sydd â threth uchel arnynt wedi annog troseddwyr i dorri'r gyfraith yn y gobaith o wneud elw. Flynyddoedd yn ôl, nwyddau fel tybaco, rym, brandi a the fyddai'n cael eu smyglo. Yn fwy diweddar, mae'r gwaharddiad ar gyffuriau penodol fel cocên wedi arwain at gynnydd yn yr achosion o smyglo. Mae smyglo cyffuriau bellach yn fusnes rhyngwladol wrth i gangiau rhyngwladol cyfundrefnol sy'n delio â chyffuriau ddefnyddio dulliau mwyfwy soffistigedig i smyglo cyffuriau i'r DU. Mae'r gangiau'n defnyddio awyrennau, dronau, llongau, tryciau a phobl i smyglo cyffuriau anghyfreithlon ar draws y Sianel i wledydd Prydain.

Ym mhen arall yr ymgyrch, mae defnyddwyr cyffuriau wedi achosi cynnydd mewn troseddau. Mae dibyniaeth ar gyffuriau wedi arwain at gynnydd mewn rhai troseddau, yn enwedig byrgleriaeth, mygio a lladrata. Mae angen cyflenwad cyson o arian ar bobl sy'n gaeth i gyffuriau fel y gallant fwydo'r ddibyniaeth ac, os na allant ennill yr arian drwy weithio, yn aml iawn mae'n rhaid iddynt droi at droseddu.

Ffynhonnell B: Adroddiad ar y cynnydd dramatig mewn troseddau cyffuriau rhwng gangiau, a ymddangosodd yn *The Sunday Times*, 24 Hydref 1993

Mae'r diwylliant o drais yn ymwneud â chyffuriau sy'n gafael yn Llundain a dinasoedd eraill Prydain yn adlewyrchu'r hyn sydd eisoes wedi creu llanast ar strydoedd Efrog Newydd, Miami, Toronto a Kingston, Jamaica. Yr un yw'r defnydd amlwg o ynnau, y cymhelliad a hyd yn oed nifer o'r unigolion dan sylw ... Eu prif weithgaredd yw gwerthu cocên crac, a phrif nodwedd eu gweithgareddau yw'r defnydd o drais eithafol wrth geisio gwneud elw.

▲ **Ffigur 1.11:** Troseddau cyllell

Troseddau gwn a chyllell

Mae cysylltiad agos rhwng y cynnydd mewn troseddau cyffuriau a'r twf mewn troseddau gwn a chyllell, a gysylltir yn aml iawn â gangiau o bobl ifanc. Mae twf yn y diwylliant gangiau, yn enwedig mewn ardaloedd canol dinas, yn rhoi synnwyr o berthyn i bobl ifanc. Mae aelodau'r gangiau'n cario cyllyll, neu hyd yn oed ynnau, i'w hamddiffyn eu hunain. Canlyniad hyn yw cynnydd enfawr yn y troseddau gwn a chyllell. Mewn ardaloedd sydd dan ddylanwad y diwylliant gangiau, defnyddir gynnau i setlo dadleuon rhwng gangiau gwahanol yn ogystal â 'rhyfeloedd tir' (*turf wars*) rhwng y rheiny sy'n delio mewn cyffuriau.

Awgrymwyd sawl rheswm dros y cynnydd yn y diwylliant gangiau ymysg yr ifanc:

- tlodi
- diffyg cyfleoedd
- diwylliant 'rhaid ei gael nawr'
- y bwlch cynyddol rhwng y cyfoethog a'r tlawd
- diffyg gwerthoedd teuluol a disgyblaeth.

Ffynhonnell C: Adroddiad ar gangiau o bobl ifanc a'r troseddau gwn a chyllell cysylltiedig, a gynhyrchwyd gan y Llyfrgell Brydeinig yn 2009

Bu farw dros 70 o bobl ifanc drwy law gangiau ym Mhrydain yn 2008. Yn Llundain, trywanwyd 26 i farwolaeth. Enwodd yr heddlu dros 170 o gangiau yn Llundain yn unig, gydag aelodau mor ifanc â deg oed. Mae nifer ohonynt yn grwpiau o ffrindiau o'r un ardal sy'n benderfynol o reoli 'darn tir' neu diriogaeth, a ddiffinnir yn aml gan y cod post. Y gosb am grwydro i'r ardal anghywir yw cael eiddo wedi ei ddwyn, cael eich curo neu gael eich trywanu. Mae nifer o arddegwyr, fel mater o drefn, yn cario cyllell mewn ofn, er mwyn amddiffyn eu hunain mewn ymosodiad.

YSTYRIWCH

Astudiwch Ffynonellau B a C. Beth mae'r ffynonellau hyn yn ei ddweud wrthych am natur newidiol troseddau ym Mhrydain yn ystod blynyddoedd olaf yr ugeinfed ganrif?

GWEITHGAREDD

Defnyddiwch yr wybodaeth yn yr adran hon i restru prif achosion troseddau newydd yn yr ugeinfed ganrif. Copïwch a chwblhewch y tabl canlynol.

Mathau o drosedd	Rhesymau dros gynnydd yn y math hwn o drosedd yn ystod yr ugeinfed ganrif	I ba raddau y mae hon yn drosedd newydd, neu'n drosedd draddodiadol y rhoddwyd enw newydd arni? Ystyriwch: parhad/newid
Troseddau moduro		
Troseddau cyfrifiadurol		
Hwliganiaeth pêl-droed		
Troseddau cyffuriau		
Troseddau gwn a chyllell		

Twf terfysgaeth yn yr unfed ganrif ar hugain

Mae troseddau modern fel troseddau moduro a throseddau cyfrifiadurol wedi parhau i dyfu yn yr unfed ganrif ar hugain a hynny, yn achos yr olaf, yn rhyngwladol. Wedi'r ymosodiad ar Ganolfan Fasnach y Byd yn Efrog Newydd ym Medi 2001, gwelodd y byd dwf trosedd arall, sef terfysgaeth ryngwladol.

Rhwng 1969 a 2005, roedd Byddin Weriniaethol Iwerddon (IRA – *Irish Republican Army*) yn cyflawni gweithredoedd terfysgol yng Ngogledd Iwerddon er mwyn ceisio ymwahanu oddi wrth y Deyrnas Unedig ac ymuno â Gweriniaeth Iwerddon. Yng Nghymru, ymosododd y grŵp cenedlaethol Cymreig Meibion Glyndŵr ar dai Saeson yng Nghymru trwy eu llosgi'n fwriadol rhwng 1979 ac 1994. (I weld mwy ar derfysgaeth, gweler tudalennau 35–6.)

▲ **Ffynhonnell D:** Gweddillion bws yn Llundain ar ôl ymosodiad terfysgol ar y brifddinas gan eithafwyr Mwslimaidd yng Ngorffennaf 2005

Pam y gwelwyd cynnydd mewn gweithgareddau terfysgol?

Y gred mewn gweithredoedd treisgar
Cred rhai grwpiau terfysgol mai drwy drais yn unig y gallant gael yr hyn maent yn ei ddymuno.

Sylw yn y cyfryngau
Mae ymosodiadau treisgar yn arwain at sylw eang yn y cyfryngau, ac mae hyn yn codi proffil y mudiad dan sylw. Gall hefyd annog grwpiau eraill i weithredu mewn modd tebyg.

Ffordd o weithredu'n uniongyrchol
Mae'n dangos bod grŵp terfysgol yn gallu brifo eu 'gelynion'.

Rhoi pwysau ar lywodraethau/mudiadau
Gall gweithredoedd treisgar beri i lywodraethau/mudiadau gytuno i ofynion terfysgwyr.

Technoleg newydd
Mae datblygiadau technolegol yn golygu bod y byd yn fwy agored i ymosodiadau terfysgol.

Y twf mewn ffwndamentaliaeth
Mae ffwndamentaliaeth grefyddol ar gynnydd, yn enwedig ymysg grwpiau Islamaidd.

Credoau cryf
Mae gan y mwyafrif o derfysgwyr gredoau gwleidyddol neu grefyddol cryf i'r fath raddau fel eu bod yn troi'n eithafwyr. Mae rhai terfysgwyr yn barod i farw wrth gyflawni'r weithred.

Grwpiau terfysgol yn barod i gydweithio
Mae dulliau cyfathrebu gwell, fel y rhyngrwyd, yn galluogi grwpiau radicalaidd i gydweithio'n agosach a chyd-drefnu ymosodiadau.

▲ **Ffigur 1.12:** Rhesymau dros y cynnydd mewn gweithgareddau terfysgol yn yr unfed ganrif ar hugain

YSTYRIWCH ?

- Esboniwch pam y bu twf mewn terfysgaeth ers yr 1970au.
- Defnyddiwch Ffigur 1.12 a'ch gwybodaeth eich hun i esbonio pam mae terfysgwyr yn cyflawni troseddau mor dreisgar.

AILYMWELD Â'R DASG FFOCWS

Wrth weithio drwy'r bennod hon, rydych wedi cwblhau siart yn cofnodi enghreifftiau o achosion troseddau ar hyd y cyfnod o tua 1500 hyd heddiw. Roedd rhai o'r achosion hyn yn gyffredin i'r holl gyfnodau, roedd eraill yn benodol i gyfnod arbennig. Defnyddiwch eich canfyddiadau i ateb y cwestiynau canlynol:

1 Beth, yn eich barn chi, fyddai tri achos mwyaf cyson troseddu ar hyd y blynyddoedd o tua 1500 hyd heddiw?

2 Rhestrwch dri achos troseddu sy'n perthyn yn benodol i gyfnod arbennig ac esboniwch y rheswm dros ymddangosiad y drosedd hon bryd hynny.

3 Ym mha gyfnodau y gwelwyd y cynnydd mwyaf yn yr achosion newydd o droseddau? Awgrymwch resymau i gefnogi'r ateb.

CRYNODEB O'R PWNC

- Gwelwyd troseddu drwy'r oesoedd, a'r troseddau mwyaf cyffredin yw lladrata a llofruddiaeth.
- Mae achosion troseddau cyffredin wedi bod yn gyson dros amser ac yn aml iawn yn cael eu cysylltu â thlodi, newidiadau i'r gyfraith neu ddylanwadau cymdeithasol ac economaidd.
- Arweiniodd pwysau economaidd yn ystod yr unfed ganrif ar bymtheg at dwf tlodi, a achosodd, yn ei dro, gynnydd yn nifer y troseddau a oedd yn gysylltiedig â chrwydraeth.
- Arweiniodd newid crefyddol yn yr unfed ganrif ar bymtheg at dwf heresi fel trosedd gyffredin.
- Yn yr unfed ganrif ar bymtheg a'r ail ganrif ar bymtheg, gwelwyd cynnydd yn y drosedd o frad, wrth i unigolion wrthod derbyn newidiadau crefyddol a/neu wleidyddol.
- O ganlyniad i ddiwydiannu a thwf yn y boblogaeth, gwelwyd twf trefi a dinasoedd mawrion, ac roedd yr anheddau trefol, aflan hyn yn amgylchedd delfrydol ar gyfer mwy o gyfleoedd i droseddu.
- Yn ôl ystadegau troseddau, ymddengys fod cynnydd sydyn mewn troseddau yn ystod yr ugeinfed ganrif, ond nid yw'r ffigurau hyn mor ddramatig ag y maent yn ymddangos a gellir eu hegluro'n rhannol oherwydd bod mwy o gofnodi troseddau wedi digwydd, ac adrodd amdanynt.
- Arweiniodd newidiadau technolegol yn ystod yr ugeinfed ganrif at fathau newydd o droseddau fel troseddau cyfrifiadurol.
- Bu cynnydd yn yr achosion o derfysgaeth – rhai ohonynt yn rhyngwladol ac yn aml iawn yn gysylltiedig â thwf ffwndamentaliaeth – yn fwrn ar yr unfed ganrif ar hugain.

Cwestiynau ymarfer

1 Cwblhewch y brawddegau isod gan ddefnyddio'r term cywir:
   a) Achos mwyaf cyffredin crwydraeth yn yr unfed ganrif ar bymtheg oedd ....
   b) Canlyniad y dymuniad i osgoi talu tolldaliadau yn ystod y ddeunawfed ganrif oedd twf ....
   c) Roedd diwydiannu yn achos cynnydd mewn troseddau yn ystod y .... ganrif.
   ch) Bu twf ffwndamentaliaeth yn brif achos twf .... ryngwladol.
   (I gael cyfarwyddyd, gweler tudalen 124.)

2 Disgrifiwch brif achosion tlodi yn ystod yr unfed ganrif ar bymtheg. *(I gael cyfarwyddyd, gweler tudalen 127.)*

3 Disgrifiwch brif achosion lladrata pen ffordd yn y ddeunawfed ganrif. *(I gael cyfarwyddyd, gweler tudalen 127.)*

4 Esboniwch pam y cynyddodd y cyfleoedd i droseddu yn ystod ail hanner yr ugeinfed ganrif. *(I gael cyfarwyddyd, gweler tudalen 129.)*

5 Esboniwch arwyddocâd trefoli wrth achosi cynnydd mewn troseddau yn ystod y bedwaredd ganrif ar bymtheg. *(I gael cyfarwyddyd, gweler tudalen 129.)*

6 I ba raddau y bu cyfreithiau a basiwyd gan y llywodraeth yn brif achos troseddu drwy'r oesoedd?
   Yn eich ateb dylech wneud y canlynol:
   - dangos sut y bu cyfreithiau'r llywodraeth yn achos trosedd dros dri chyfnod hanesyddol
   - trafod pwysigrwydd achosion eraill o drosedd dros dri chyfnod hanesyddol
   - cyfeirio'n uniongyrchol at hanes Cymru.

   (I gael cyfarwyddyd, gweler tudalennau 132.)

2 Natur troseddau

Mae'r bennod hon yn canolbwyntio ar y cwestiwn allweddol: Sut mae natur troseddu yn wahanol, ac wedi newid, dros amser?

Yn ystod y cyfnod o tua 1500 hyd heddiw gwelwyd llawer o barhad o ran y mathau o droseddau a gyflawnwyd; y troseddau mwyaf cyffredin yn ystod y cyfnod hir hwn yw'r mân droseddau fel dwyn symiau bach o arian, ynghyd â throseddau llai cyffredin, ond mwy treisgar, fel lladradau, ymosodiadau a llofruddiaethau. Gellir nodi hefyd, fodd bynnag, ddatblygiad mathau penodol o droseddau yn ystod rhai cyfnodau. Yn ystod yr unfed ganrif ar bymtheg, er enghraifft, arweiniodd newidiadau yng nghrefydd swyddogol y wlad at gynnydd mewn troseddau fel heresi a brad, ac o ganlyniad i gyflwyno trethi uchel ar fewnforion yn y ddeunawfed ganrif gwelwyd cynnydd mewn smyglo. Arweiniodd dulliau newydd o drafnidiaeth yn ystod yr ugeinfed ganrif at gynnydd dramatig mewn troseddau moduro, ac ym mlynyddoedd olaf yr ugeinfed ganrif a blynyddoedd cynnar yr unfed ganrif ar hugain gwelwyd mwy a mwy o droseddau treisgar sy'n gysylltiedig â therfysgaeth, a therfysgaeth ryngwladol yn arbennig. Wrth i chi weithio drwy'r bennod dylech ystyried pa fathau o droseddau sy'n gyffredin i bob cyfnod a pha fathau o droseddau sy'n gysylltiedig â chyfnodau penodol, a'r rhesymau dros hynny.

TASG FFOCWS

Wrth i chi weithio drwy'r bennod hon, lluniwch gerdyn 'Troseddau sy'n gyffredin i'r ganrif hon' – bydd angen chwe cherdyn i gofnodi'r canrifoedd rhwng 1500 a heddiw. Ar bob cerdyn, defnyddiwch bwyntiau bwled i gofnodi:

- troseddau cyffredin yn ystod y ganrif
- natur y troseddau
- pa droseddau sy'n benodol i'r ganrif.

Mae'r cerdyn cyntaf wedi ei ddechrau ar eich cyfer.

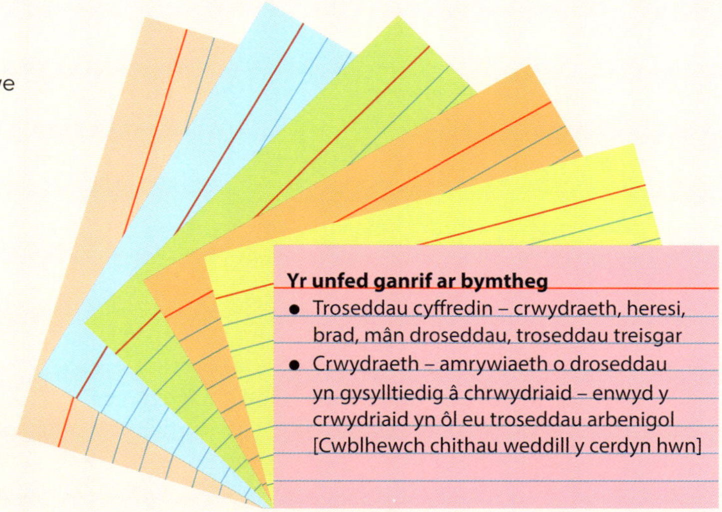

Trosedd yn ystod yr unfed ganrif ar bymtheg a'r ail ganrif ar bymtheg

Er bod mân droseddau fel dwyn symiau bach o arian a rhai troseddau treisgar yn dal yn gyffredin, gwelodd y cyfnod hwn dwf troseddau penodol oedd yn gysylltiedig â chrwydraeth a heresi.

Crwydraeth yn yr unfed ganrif ar bymtheg

Daeth crwydraeth yn broblem sylweddol yn ystod yr unfed ganrif ar bymtheg, yn enwedig yn ystod oes Elisabeth I. Roedd y crwydriaid yn cael eu cysylltu'n gyffredinol â thwf mewn troseddau a gweithgarwch troseddol.

Twf yn nifer y crwydriaid

Gwelwyd ym Mhennod 1 fod lefelau cynyddol o ddiweithdra a chaledi economaidd yn ystod yr unfed ganrif ar bymtheg a'r ail ganrif ar bymtheg (gweler tudalennau 3–4). Canlyniad hyn oedd cynnydd yn nifer y cardotwyr digartref a fyddai'n teithio o amgylch y wlad mewn grwpiau neu'n ymgasglu mewn trefi, ac yn achosi problemau i'r awdurdodau. Byddai eu cyfoeswyr yn cyfeirio atynt fel 'cardotwyr holliach' neu grwydriaid ac weithiau fel 'dihirod'. Rhywun a oedd yn goroesi trwy droseddu oedd y person olaf hwn.

Yn 1560 deliodd carchar Bridewell yn Llundain â 69 o grwydriaid, ond erbyn yr 1570au roedd y ffigur hwn wedi cynyddu i gyfartaledd o 200 y flwyddyn ac erbyn 1600 roedd yn fwy na 550. Hyd yn oed mewn tref fach fel Caersallog (*Salisbury*), gwelwyd cynnydd o tua 20 crwydryn y flwyddyn yng nghanol y ganrif i 96 crwydryn yn 1598. Gan nad oedd llawer o **gymorth i'r tlodion** ar gael, gorfodwyd y crwydriaid i gardota am fwyd ac arian. Nid oedd gan nifer ohonynt ddewis ond troi at droseddu i gadw eu hunain yn fyw.

Mathau o grwydriaid

Amcangyfrif y clerigwr Tuduraidd William Harrison oedd fod tua 10,000 o grwydriaid yn crwydro o amgylch cefn gwlad yng nghanol yr unfed ganrif ar bymtheg, gan achosi problemau yn y trefi a'r pentrefi, yn enwedig pan fyddent yn troi at droseddu (gweler Ffynonellau A a B). Yn 1566 cyhoeddodd Thomas Harman astudiaeth o fywyd y crwydriaid, sef *A Caveat or Warning for Common Cursitors, vulgarly called vagabonds*. Yn y llyfr hwn, enwodd 23 categori gwahanol o grwydryn a'u disgrifio yn unol â'r dulliau a ddefnyddient i ennill bywoliaeth. Dyma oedd y mathau mwyaf cyffredin:

***Clapper dudgeon* (a)** – byddai hwn yn rhoi arsenig ar ei groen er mwyn iddo waedu, gan obeithio y byddai'n ennyn cydymdeimlad wrth gardota.

Pysgotwr *(Hooker or angler)* (b) – byddai hwn yn cario ffon bren hir ac yn cnocio ar ddrysau tai yn ceisio cardod yn ystod y dydd i weld beth gellid ei ddwyn. Ar ôl iddi nosi byddai'n dychwelyd ac yn defnyddio'r ffon â bachyn arni i estyn drwy'r ffenestri i ddwyn dillad ac eitemau gwerthfawr eraill, cyn ceisio eu gwerthu'n ddiweddarach.

Cyffoden (*Doxy*) (c) – cardotes gyfrwys a fyddai'n cario bag mawr ar ei chefn ac yn gwau ar yr un pryd er mwyn rhoi'r argraff fod y gwau yn mynd i'w bag, ond yr hyn a wnâi mewn gwirionedd oedd cerdded o gwmpas a gafael mewn pethau gwerthfawr, eu rhoi yn ei bag a rhedeg i ffwrdd. Un o'i thriciau cyffredin oedd dwyn cywion ieir drwy eu bwydo â bara oedd ynghlwm wrth fachyn, a chario'r adar oddi yno yn y sach fawr ar ei chefn.

Gŵr Abraham (ch) – byddai'n esgus bod yn wallgof, gan obeithio y byddai ei ymddygiad bygythiol yn ennyn tosturi, a rhoddion.

Swagrwr (*Ruffler*) (d) – cyn-filwyr a ddaeth yn grwydriaid ac a oedd yn goroesi drwy ddwyn, bygwth neu gardota, wrth i'r cyfleoedd godi.

Mudion ffug (*Dummerers*) (dd) – byddai'r rhain yn cymryd arnynt eu bod yn fud er mwyn ceisio cardod gan bobl oedd yn mynd heibio.

Cranc ffug (*Counterfeit crank*) (e) – byddai'n gwisgo dillad carpiog ac yn esgus ei fod yn dioddef o 'glefyd cwympo' (epilepsi), gan sugno sebon er mwyn ffugio ewyn yn y geg.

Ffynhonnell A: Achos Griffith Jones o'r Fflint, a gofnodwyd yng nghofnodion llys Caernarfon, 1624

Cyhuddir Griffith Jones o'r Fflint, crwydryn a chardotyn, o ddwyn clogyn yn perthyn i David Lewis. Caiff ei amau hefyd o ddwyn amryw o byrsau ar yr un diwrnod, ond mae'n gwadu hyn yn gryf.

Ffynhonnell B: Manylion troseddau dau grwydryn a gofnodwyd yng nghofnodion tref Warwick yn ystod teyrnasiad Elisabeth I

Cyfaddefodd dau grwydryn o'r gogledd iddynt ddwyn hwyaid, gwyddau a moch ar hyd eu taith; aethant ati naill ai i'w bwyta yn y fan a'r lle neu eu gwerthu i dalu am le i aros.

YSTYRIWCH

Defnyddiwch Ffynonellau A a B, a'ch gwybodaeth eich hun, i ddisgrifio'r mathau o droseddau sy'n cael eu cysylltu â chrwydriaid fel arfer.

Ofni crwydriaid

Roedd pobl gyffredin yn amheus iawn o'r cardotwyr ffug hyn, gan eu beio am y cynnydd mewn troseddau. Roedd gan y crwydriaid hyn eu bratiaith eu hunain, hyd yn oed, ac roedd hyn yn ychwanegu at eu natur sinistr. Roedd Nicholas Blunt yn granc ffug drwg-enwog a fyddai'n newid ei wedd i edrych fel y cardotyn Nicholas Jennings er mwyn atal pobl rhag ei adnabod (gweler Ffynhonnell Ch).

Ffynhonnell C: Dyfyniad o lythyr a anfonodd Edward Hext, ynad heddwch yng Ngwlad yr Haf, at yr Arglwydd Burghley, Prif Weinidog y Frenhines Elisabeth, ar 25 Medi 1596

Gallaf ddweud yn gyfiawn mai nifer diderfyn y crwydriaid diog a lladron sydd yn y wlad yw prif achos y broblem oherwydd nad ydynt yn gweithio ac eto maent yn gwario ddwywaith gymaint ag y mae'r gweithiwr gan eu bod yn gorwedd yn segur yn y tafarnau ddydd a nos yn gorfwyta ac yn goryfed. Y mwyaf peryglus yw'r milwr crwydrol a chnafon cadarn eraill. O'r bobl grwydrol, ddiog hyn y mae oddeutu dri neu bedwar cant mewn sir ac er iddynt fynd fesul dau neu dri mewn cwmni bydd pob un, neu o leiaf y mwyafrif yn y sir, yn cyfarfod naill ai mewn ffair neu dafarn unwaith yr wythnos.

▲ **Ffynhonnell Ch:** Nicholas Blunt neu Jennings, wedi ei wisgo fel gŵr bonheddig ac fel crwydryn. Cafodd ei gyfweld gan Thomas Harman ar gyfer ei lyfr am grwydriaid

YSTYRIWCH

1. Pa mor ddefnyddiol yw Ffynhonnell C i hanesydd sy'n astudio problem crwydraeth yn ystod blynyddoedd olaf cyfnod y Tuduriaid?
2. Pam y daeth pobl oedd yn byw yn ystod ail hanner yr unfed ganrif ar bymtheg i ofni crwydriaid?

Heresi yn yr unfed ganrif ar bymtheg

Gwelwyd ym Mhennod 1 fod crefydd yn yr unfed ganrif ar bymtheg yn newid wrth newid brenin/brenhines (gweler tudalennau 5–6). Nid oedd y fath beth â rhyddid crefydd yn bod yn y cyfnod hwn, yn enwedig yng nghanol yr unfed ganrif ar bymtheg. Roedd yn rhaid i unigolion dderbyn a dilyn crefydd swyddogol y wlad, yn unol â phenderfyniad yr arweinydd – y ffydd Brotestannaidd dan Edward a'r ffydd Gatholig dan Mari. Roedd methiant i dderbyn y grefydd swyddogol yn cael ei ystyried yn frad, a byddai'r unigolyn yn cael ei gyhuddo o fod yn heretic a'i roi i sefyll ei brawf. Yn ystod yr achos llys byddai'r diffynnydd yn cael y cyfle i wadu. Pe bai'r diffynnydd yn **gwadu**, byddai'n cael ei ddedfrydu i garchar, ond pe bai'n gwrthod, byddai'r llys yn ei gael yn euog o heresi a'i ddedfrydu i farwolaeth. Cyrhaeddodd y drosedd ei hanterth yng nghanol yr unfed ganrif ar bymtheg (gweler Tabl 2.1).

Roedd pobl yn credu bod hereticiaid wedi gwrthryfela yn erbyn Duw, felly roedd yn rhaid dinistrio eu cyrff drwy eu llosgi. Roedd eraill yn credu bod llosgi'r corff yn rhyddhau'r enaid ac yn caniatáu iddo esgyn i'r nefoedd.

Brenin/brenhines	Teyrnasiad	Dienyddiwyd am heresi
Harri VII	1485–1509	24
Harri VIII	1509–1547	81
Edward VI	1547–1553	2
Mari I	1553–1558	280
Elisabeth I	1558–1603	4

▲ **Tabl 2.1:** Nifer y bobl a ddienyddiwyd am heresi yng Nghymru a Lloegr yn ystod cyfnod y Tuduriaid

Yn ystod teyrnasiad byr 'Mari Waedlyd', dienyddiwyd 280 o ddynion a menywod cyffredin am wrthod diarddel eu ffydd Brotestannaidd. Dau o'r rhai mwyaf adnabyddus oedd yr esgobion Hugh Latimer a Nicholas Ridley, a losgwyd fel hereticiaid Protestannaidd yn 1555 (gweler Ffynhonnell D).

Cafodd tri Chymro eu dienyddio yn ystod teyrnasiad Mari am wrthod troi i'r ffydd Gatholig:

- Robert Ferrar, Esgob Tyddewi, a gafodd ei losgi yng Nghaerfyrddin yn 1555
- Rawlins White, pysgotwr, a gafodd ei losgi yng Nghaerdydd yn 1555
- William Nichol, labrwr, a gafodd ei losgi yn Hwlffordd yn 1558.

Er i'r Frenhines Elisabeth I geisio dilyn 'llwybr canol' (gan fabwysiadu arferion Protestannaidd a Chatholig) roedd ei hymgynghorwyr bob amser yn wyliadwrus o eithafwyr crefyddol. Yn ystod ei theyrnasiad, tro'r Catholigion oedd hi i gael eu gwylio. Athro o Lanidloes o'r enw Richard Gwyn oedd y Catholigyn cyntaf yng Nghymru i gael ei ddienyddio, a hynny yn Wrecsam yn 1584 am ledaenu syniadau Catholig. Yn 1593 dienyddiwyd yr esgob Catholig William Davies o Fiwmaris, a gafodd ei eni yn Sir Ddinbych. Cafodd ei gyhuddo o helpu i gyhoeddi llenyddiaeth Gatholig, drwy ddefnyddio gwasg argraffu gyfrinachol wedi ei chuddio mewn ogof yn Rhiwledyn, Llandudno. Roedd Protestaniaid eithafol, sef Piwritaniaid, yn cael eu gwylio'n ofalus hefyd ac yn 1593 cafwyd y Cymro John Penry yn euog o ledaenu syniadau Piwritanaidd a chafodd ei ddienyddio yn Llundain.

▲ **Ffynhonnell D:** Yr esgobion Protestannaidd Latimer a Ridley yn cael eu llosgi yn 1555

YSTYRIWCH

1. Astudiwch Dabl 2.1. Beth mae'n ei ddangos am drosedd heresi yn ystod yr unfed ganrif ar bymtheg?
2. Beth mae Ffynhonnell D yn ei ddweud wrthych am drosedd heresi yn ystod yr unfed ganrif ar bymtheg?
3. 'Yng Nghymru, fel yn Lloegr, roedd trosedd heresi yn fwyaf cyffredin yn ystod teyrnasiadau Mari ac Elisabeth.' Pa dystiolaeth allwch chi ddod o hyd iddi i gefnogi'r datganiad hwn?

Trosedd yn ystod y ddeunawfed ganrif a'r bedwaredd ganrif ar bymtheg

Parhaodd mân droseddau yn droseddau mwyaf cyffredin y ddeunawfed ganrif a'r bedwaredd ganrif ar bymtheg, ond yn ystod y cyfnod hwn gwelwyd hefyd dwf rhai troseddau penodol a oedd yn gysylltiedig â smyglo a lladrata pen-ffordd.

Twf smyglo yn ystod y ddeunawfed ganrif

Smyglo yw'r drosedd o fewnforio neu allforio nwyddau yn gyfrinachol er mwyn osgoi tolldaliadau. Yn y ddeunawfed ganrif nid oedd smyglo yn drosedd 'go iawn' yng ngolwg llawer o bobl. Roedden nhw'n casáu'r trethi mewnforio ac allforio llym ac yn ystyried smyglo yn ffordd gyfreithlon o wneud bywoliaeth ac yn fodd derbyniol o osgoi talu trethi annheg. Yn aml iawn cyfeirir at y cyfnod hwn fel 'Oes Aur' smyglo a chyflwynwyd nifer o syniadau i esbonio'r cynnydd dramatig yn y drosedd benodol hon.

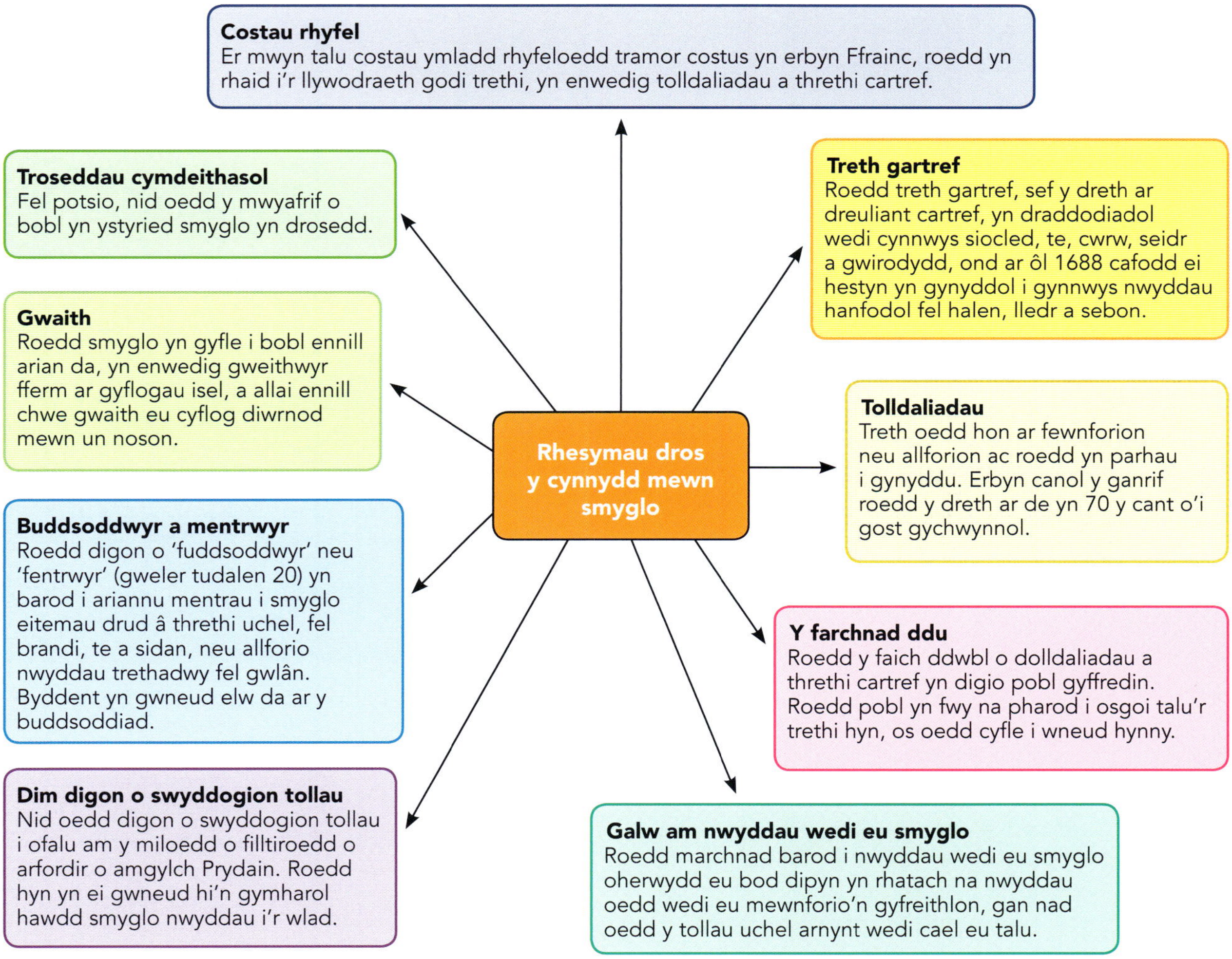

▲ **Ffigur 2.1:** Y prif resymau dros y cynnydd mewn smyglo

Ffynhonnell Dd: Sylwadau ar smyglo a wnaeth John Taylor, ceidwad carchar Newgate, yn 1747

Ystyria pobl gyffredin Lloegr ar y cyfan nad yw smyglo yn drosedd ... teimla'r tlodion fod ganddynt yr hawl i osgoi talu unrhyw drethi ar eu nwyddau.

YSTYRIWCH

Astudiwch Ffigur 2.1. Yn eich barn chi, beth yw'r pedwar rheswm pwysicaf dros y cynnydd mewn smyglo yn ystod y ddeunawfed ganrif? Rhowch resymau dros eich dewis ym mhob achos.

Smyglo cyfundrefnol

Erbyn canol y ddeunawfed ganrif roedd smyglo yn fusnes mawr. Byddai grwpiau mawr fel gangiau Hawkhurst a Hadleigh, a weithredai ar hyd arfordir deheuol Lloegr, yn delio â sawl llwyth o nwyddau wedi eu smyglo bob wythnos. Cyflogai pob gang rhwng 50 a 100 o unigolion. Gweithwyr fferm oedd yn gwneud y rhan fwyaf o'r gwaith gan fod hynny'n ffordd gyflymach o wneud arian. Roedd smyglo wedi esblygu'n weithred wedi ei threfnu'n dda, gyda gweithredwyr ar bob lefel:

Y mentrwr

Yn ben ar unrhyw weithred smyglo roedd y buddsoddwr neu'r mentrwr, sef unigolyn neu grŵp o unigolion cyfoethog, cudd a fyddai'n ariannu'r fenter gyfan o'r cychwyn. Roeddent yn derbyn taliad am eu buddsoddiad pan fyddai'r nwyddau'n cael eu gwerthu ar ôl glanio'n ddiogel.

Y spotsmon

Y spotsmon oedd yn gyfrifol am ddod â'r llong yn llawn nwyddau wedi eu smyglo i'r man cywir ar yr arfordir. Roedd yn adnabod y clogwyni, y baeau bychain a'r traethau ar hyd ei ran ef o'r arfordir yn drylwyr.

Y glaniwr

Ar y tir, y glaniwr oedd yn gyfrifol am drefnu bod nifer o gychod bach yn rhwyfo allan i gasglu'r llwyth oddi ar y llong a oedd filltiroedd o'r lan. Byddai hyn yn digwydd yn ystod y nos fel arfer. Byddai'n defnyddio llusern â phig (gweler Ffynhonnell F) i anfon golau allan i'r môr fel signal i'r llong, ond ni allai pobl ar y lan weld y golau. Y glaniwr oedd yn trefnu'r merlod, ceffylau a cherti, a'r gweithwyr llaw oedd eu hangen i gludo'r nwyddau ar ôl iddynt gyrraedd y tir.

Cychwyr a batsmyn

Y cychwyr oedd yn gyfrifol am godi a chario'r holl nwyddau trwm. Roedd batsmyn, a oedd yn cario pastynau derw cryf neu ynnau llaw, yn eu hamddiffyn rhag unrhyw swyddogion y tollau a fyddai'n ceisio atal y fenter.

Ffynhonnell E: Cofnod o weithgareddau smyglwyr a wnaed mewn adroddiad i'r Comisiynwyr Tollau yn 1734

Mae'r smyglwyr yn mynd heibio dro ar ôl tro, yn ôl ac ymlaen o lan y môr, 40 neu 50 mewn gang, yn ystod y dydd, wedi eu llwytho â the a brandi. Gwelwyd dros 200 o smyglwyr ar gefn ceffylau ar y traeth yno [Lydd, Caint] un noson, yn aros i chwech o gychod gael eu llwytho. Aethant fel un o'r traeth am tua phedair milltir i'r wlad ac yna gwahanu yn grwpiau llai.

▲ **Ffynhonnell F:** Llusern â phig

▲ **Ffynhonnell Ff:** Darlun yn dangos grŵp o smyglwyr yn dod â'u nwyddau i fae ger Rye yn Sussex

YSTYRIWCH

Disgrifiwch sut roedd gangiau smyglo yn cael eu trefnu.

Smyglo ar hyd arfordir Cymru

Roedd smyglo yn gyffredin iawn yng Nghymru oherwydd ei milltiroedd maith o arfordir:

Roedd smyglo halen yn gyffredin iawn ar hyd yr arfordir rhwng Abergwaun a Cheinewydd. Yn 1704 bu ffrwgwd rhwng smyglwyr a swyddogion y tollau o Aberdyfi. Daeth yr wyth swyddog wyneb yn wyneb â 150–200 o bobl leol yn dadlwytho halen oddi ar dri chwch ar y traeth. Taniodd y swyddogion i'r dorf, gan anafu un person yn ddifrifol.

Roedd Morfa Bychan, rhwng Cricieth a Phorthmadog, yn boblogaidd iawn gyda smyglwyr a fyddai'n dadlwytho eu nwyddau adeg y trai ac yn eu storio mewn ogofâu ym mhen gogleddol y traeth.

Mae arfordir Sir Benfro yn llawn ogofâu a thraethau anghysbell/ynysig ac roedd yn ddelfrydol felly ar gyfer smyglo. Mae'r ffaith fod enwau lleoedd fel 'Brandy Brook', 'Ogof Tybaco' ac 'Ogof Whisgi' wedi goroesi yn awgrymu cysylltiadau blaenorol â smyglwyr.

Roedd Brandy Cove, Gŵyr, yn un o hoff gyrchfannau William Arthur a'i gang hyd y 1800oedd cynnar. Hyd heddiw, gelwir un o'r lonydd ar ben y clogwyn yn Smuggler's Lane.

Roedd Ynys y Barri yn enwog am ei smyglwyr hefyd. Yn ôl dynion y tollau, yn 1782 gwelwyd llong wedi ei harfogi â 24 gwn a chriw o 40 yn gorwedd oddi ar yr ynys, yn symud nwyddau anghyfreithlon (contraband) yn hollol agored. Yn 1798 arweiniodd y Casglwr Tollau grŵp o ddynion tollau ar yr ynys a llwyddwyd i gipio 300 casgen o frandi a thair cist o de.

Roedd sawl smyglwr enwog yng Nghymru, gan gynnwys:

William Owen

Ysgrifennodd William Owen ei hunangofiant yng Ngharchar Caerfyrddin tra oedd yn disgwyl achos llys yn ei erbyn am lofruddio cynorthwyydd yn ystod lladrad a aeth o'i le. Roedd yn rheoli gang o smyglwyr ar hyd arfordir Cymru yn ystod yr 1720au a'r 1730au, gan redeg brandi a halen anghyfreithlon o'i ganolfan ar Ynys Manaw, a dod â hwy i'r lan mewn gwahanol fannau ar hyd Bae Ceredigion a Phenrhyn Llŷn. Cafodd ei ddienyddio yn 1747.

Siôn Cwilt

Smyglwr a oedd yn gweithredu yng nghanol y ddeunawfed ganrif oedd Siôn Cwilt. Cafodd ei enw oherwydd y clytiau lliwgar oedd ar ei ddillad. Roedd yn byw mewn tŷ unnos ger Synod Inn, Ceredigion, ardal a elwir yn Banc Siôn Cwilt hyd heddiw. Dywedir iddo storio'r nwyddau yr oedd yn eu smyglo yn ogofâu'r môr.

Y teulu Lucas

Roedd y teulu hwn yn byw yn Stout Hall, Gŵyr, a bu aelodau'r teulu yn ymwneud â smyglo am dros 200 mlynedd. Daeth eu teyrnasiad i ben pan fu farw John Lucas yn 1703. Yn ei gartref, Salt House, roedd seleri a oedd yn ddigon mawr i yrru cart a cheffyl i mewn iddynt. Roedd llwybr cudd yn arwain o'r seleri at ogof Culver Hole, lle roedd y nwyddau anghyfreithlon yn cael eu dadlwytho.

> **YSTYRIWCH**
> I ba raddau roedd smyglo yn broblem yng Nghymru?

Ymdrechion i leihau smyglo

Pasiodd y llywodraeth nifer o ddeddfau i geisio cyfyngu ar smyglo:

- **Deddf Hofran 1718** – roedd hon yn ei gwneud hi'n anghyfreithlon i longau llai na 50 tunnell aros o fewn chwe milltir i'r lan; byddai smyglwyr yn cael eu cosbi trwy gael eu trawsgludo i'r trefedigaethau.
- **Deddf Indemniad 1736** – cyflwynodd hon y gosb eithaf am anafu swyddogion ataliol a oedd yn cyflawni eu dyletswydd, dirwyon trwm am lwgrwobrwyo a phardwn i smyglwyr fyddai'n datgelu enwau smyglwyr eraill.

Y swyddogion ataliol oedd yn gyfrifol am ddal smyglwyr, a'r enw swyddogol arnynt oedd Dynion Refeniw y Gwasanaeth Tollau Tramor a Chartref. Eu gwaith oedd gwylio arfordir Cymru a Lloegr, a rannwyd yn 33 o ardaloedd, pob un â'i chasglwr, cwsmer a rheolwr ei hun. Roedd staff o bum swyddog ychwanegol ym mhob porthladd. Roedd timau o swyddogion ar gefn ceffylau wedi eu lleoli bob ychydig filltiroedd i wylio'r llwybrau arfordirol, gyda goruchwyliwr i bob chwe dyn. Gan fod smyglo mor gyffredin, fodd bynnag, tasg anodd iawn oedd atal pob gweithrediad masnachol, ac nid oedd y swyddogion ataliol yn dda i ddim yn erbyn gangiau mawr wedi eu gwarchod gan fatsmyn.

Hyd yn oed pe bai smyglwyr yn cael eu dal, roedd hi'n anodd iawn eu dedfrydu. Roedd ar yr ynadon ormod o ofn dedfrydu smyglwyr, rhag i gangiau mawr eu bygwth. Roedd unrhyw un a feiddiai roi gwybodaeth i'r awdurdodau hefyd mewn perygl o gael ei ladd. Roedd cymunedau arfordirol yn anfodlon siarad, gan fod nifer fawr o'r trigolion yn ymwneud tipyn â smyglo.

> **Ffynhonnell G: Adroddiad gan Ddug Richmond yn 1749 am anawsterau dal smyglwyr**
>
> Gweithredai'r smyglwyr am gyfnod hir heb unrhyw reolaeth … Pe câi un ohonynt ei ddal, a'r dystiolaeth yn ei erbyn yn hollol glir, ni feiddiai'r un ynad yn y sir ei garcharu. Pe byddai'n gwneud hynny, byddai ei dŷ neu ei ysguboriau yn siŵr o gael eu llosgi, pe bai mor ffodus â dianc yn fyw.

> **Ffynhonnell Ng: Gwybodaeth a roddwyd gan Abraham Walter, gwerthwr te a arferai fod yn smyglwr, i Gomisiwn Ymholiad i smyglo a drefnwyd gan y llywodraeth yn 1748**
>
> Mae'n beryglus dros ben i Swyddogion y Tolldy geisio cipio nwyddau yn y siroedd arfordirol gan fod nifer o smyglwyr yno a all ymgasglu pa bryd bynnag sydd angen. Byddai naw o bob deg person yn yr ardal yn cynnig cymorth iddynt ac maent yn benthyca eu ceffylau a'u timoedd i'r smyglwyr i gludo eu nwyddau.

Gostyngiad mewn gweithgareddau smyglo

Cynhaliodd y llywodraeth Bwyllgor Ymholiad yn gynnar yn yr 1780au a daethant i'r casgliad mai'r trethi uchel oedd yn gyfrifol am yr holl smyglo. Yn 1784 torrwyd y dreth ar de o 119 y cant i 12.5 y cant, ac felly nid oedd gwerth smyglo te mwyach. Yn gynnar yn y bedwaredd ganrif ar bymtheg lleihawyd y dreth ar eitemau eraill gan ddod â smyglo ar y raddfa hon i ben.

Cyfrannodd **Rhyfel Napoleon** (1804–15) at y gostyngiad hefyd. Adeiladwyd tyrau Martello (amddiffynnol) ar hyd arfordir de-ddwyrain Lloegr oherwydd ofnau y byddai'r Ffrancwyr yn ymosod ar y wlad. Roedd y tyrau hyn yn fannau gwych i wylwyr gadw golwg ar bwy oedd yn mynd a dod ar y môr. Roedd y Llynges Frenhinol yn gwylio'r

> **YSTYRIWCH**
> 1 Astudiwch Ffynonellau G a Ng. Esboniwch pam roedd hi mor anodd i'r awdurdodau ddal smyglwyr a sicrhau euogfarnau.
> 2 Esboniwch pam y cafwyd gostyngiad mewn smyglo ar ddiwedd y ddeunawfed ganrif ac ar ddechrau'r bedwaredd ganrif ar bymtheg.

Sianel ac yn cadw porthladdoedd Ffrengig dan warchae, ac roedd hyn yn cyfyngu ar unrhyw fasnach gyda Ffrainc. Yn yr 1820au sefydlwyd gwasanaeth Gwylwyr y Glannau, gan greu rhwystr arall i smyglwyr.

Twf lladrata pen-ffordd

Roedd cymdeithas yn mynd yn fwyfwy symudol erbyn y ddeunawfed ganrif. O ganlyniad i ddatblygiad diwydiant, cynnydd sydyn yn y boblogaeth a thwf trefi, roedd pobl yn symud o gwmpas y wlad yn amlach. Fodd bynnag, roedd gwell cludiant a mwy o drafnidiaeth hefyd yn golygu mwy o gyfleoedd i gyflawni troseddau (gweler Ffynhonnell H).

Roedd lladrata pen-ffordd yn bodoli yn yr unfed ganrif ar bymtheg a'r ail ganrif ar bymtheg, ond daeth yn fwy cyffredin yn ystod y ddeunawfed ganrif. Cafodd nifer o ffyrdd enw drwg am fod yn arbennig o beryglus oherwydd y tebygolrwydd o ddioddef ymosodiad gan ladron arfog. Am sawl rheswm, hon oedd oes y lleidr pen-ffordd.

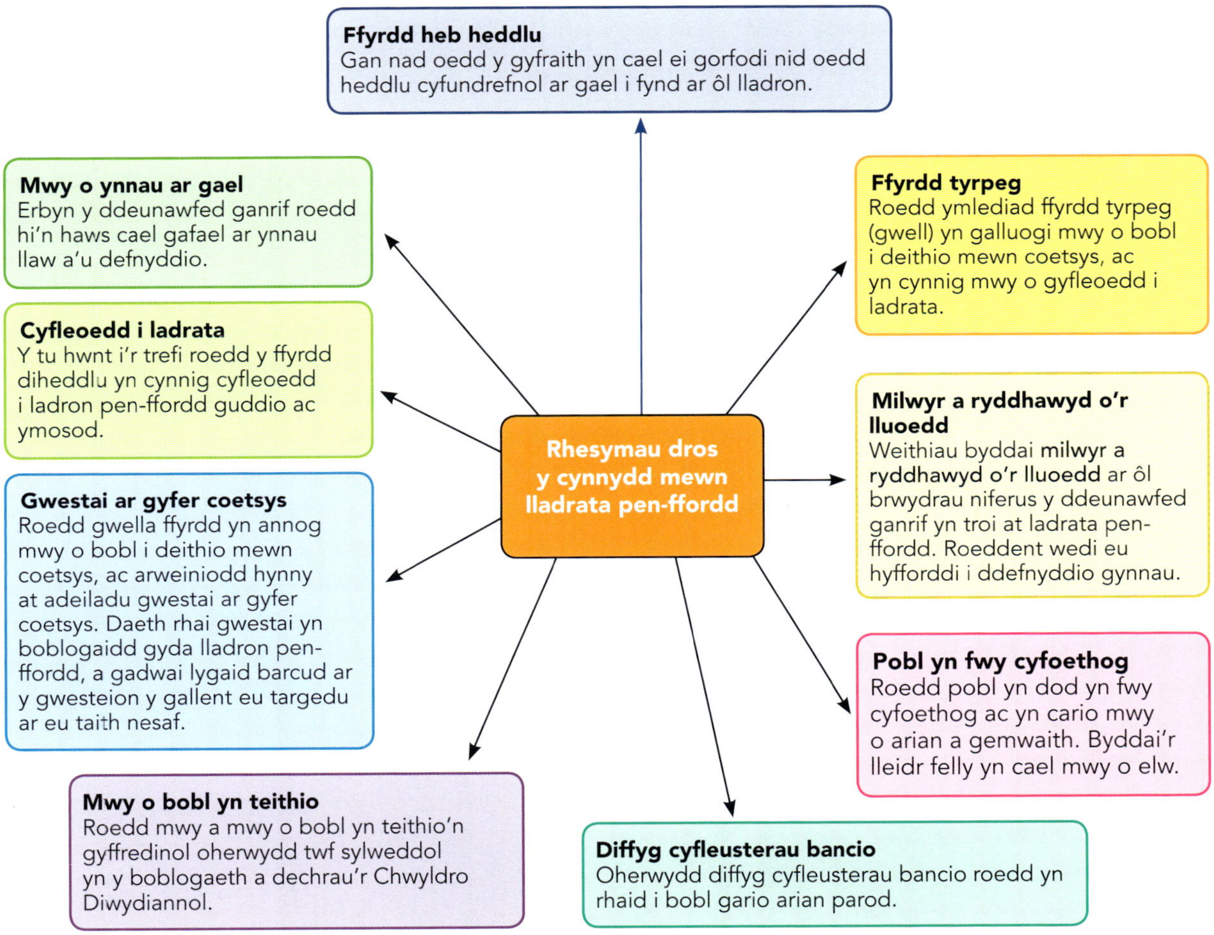

▲ **Ffigur 2.2:** Ffactorau a gyfrannodd at y cynnydd mewn lladrata pen-ffordd

YSTYRIWCH

Cymharwch a chyferbynnwch Ffynhonnell H a Ffigur 2.2. Pa ffactorau cyffredin sy'n helpu i esbonio pam yr ehangodd lladrata pen-ffordd yn ystod y ddeunawfed ganrif?

Ffynhonnell H: Y Parch. John Evans yn disgrifio gwelliannau i'r ffyrdd yn *The Beauties of England and Wales* (1812)

Erbyn hyn gellir croesi'r wlad [Cymru] i bob cyfeiriad mwy neu lai, a nifer fach o drefi yn unig sydd heb y cerbyd cymwynasgar, trap-y-post [*post-chaise*]. Mae nifer o ffyrdd y mewndir yn gul, ac ... yn llawn o esgyniadau a disgyniadau hir niferus; ond nid ydynt bellach fel yr oeddent ers talwm ... Cafodd nifer o ffyrdd eu lledu, eu byrhau, a'u gwella fel arall drwy ychwanegu ffosydd, bwâu, pontydd, ac ati er mawr hwylustod i deithwyr, a budd cyffredinol i'r trigolion.

Lladrata pen-ffordd

Roedd lladrata ar ochr y ffordd yn achosi pryder mawr, gan ei fod fel arfer yn golygu dwyn drwy drais neu drwy fygwth trais, ac weithiau'n arwain at lofruddiaeth. Roedd dau fath o leidr ar y ffordd – y lleidr ar droed (*footpad*) a'r lleidr pen-ffordd (*highwayman*).

Lladron ar droed

Byddai'r rhain yn ymosod ar bobl ar droed, a chan nad oedd ganddynt geffylau roeddent yn tueddu i arbenigo mewn dwyn oddi ar deithwyr troed na allent ddianc yn hawdd. Nid oedd ganddynt yr un ddelwedd hudol â lladron pen-ffordd ac roedd pobl yn eu hystyried yn droseddwyr israddol. Yn aml iawn byddent yn ymosod yn ffyrnig ar deithwyr.

Lladron pen-ffordd

Lladron ar gefn ceffyl oedd y rhain a gallent ymosod ar goetsys mawr a theithwyr ar gefn ceffyl. Roedd teithwyr o'r fath yn tueddu i fod yn fwy cyfoethog ac, oherwydd bod y lladrad yn aml yn arwain at fwy o ysbail, roedd pobl yn tueddu i feddwl bod lladron pen-ffordd yn uwch o ran statws na'r lladron ar droed cyffredin. Yn aml iawn defnyddiwyd gynnau mewn lladradau o'r fath. Byddai rhai yn lladrata ar eu pennau eu hunain, ond roedd y mwyafrif yn tueddu i weithredu mewn parau neu grwpiau bychain. Coetsys preifat a choetsys mawr cyhoeddus oedd y targedau mwyaf cyffredin, yn ogystal â bechgyn oedd yn cludo'r post.

Roedd lladrata pen-ffordd ar ei waethaf ar y ffyrdd a arweiniai i mewn ac allan o Lundain. Roedd y ffyrdd o Lundain i Gaerfaddon ac i Gaerwysg (*Exeter*) yn croesi ardal unig Hounslow Heath, ac roedd hwn yn un o hoff fannau lladron. Roedd Comin Finchley ar y Great North Road yn fan arall lle roedd ymosodiadau yn gyffredin.

Ffynhonnell I: Cofnod o ladrad pen-ffordd yn *The Proceedings of the Old Bailey*, 12 Medi 1781

Tystiolaeth John Mawson: 'Wrth i mi ddychwelyd adref, yng nghwmni Mr Andrews, o fewn dau gae i'r ffordd newydd sydd wrth borthdy Arglwydd Baltimore, gwnaethom gyfarfod â dau ddyn; ymosodwyd ar y ddau ohonom; ni welais y dyn a ymosododd arnaf i byth ers hynny. Daliodd fidog wrth fy mrest, a dywedodd, gyda rheg, Eich arian, neu eich bywyd! Roedd yn gwisgo gwasgod a throwsus milwr. Symudais y bidog i'r ochr, a rhoi fy arian iddo, oddeutu dri neu bedwar swllt.'

Ffynhonnell L: Cofnod cyfoes o ymosodiad arfog ar yr Arglwydd Eglington ar Hounslow Heath, Llundain, gan y lleidr pen-ffordd James MacLaine ym mis Mehefin 1750

Ar y 26ain o Fehefin, wrth i f'Arglwydd groesi Hounslow Heath yn gynnar, penderfynodd MacLaine a'i gydymaith, gan wybod y byddai'r ysbail yn dda, ladrata oddi arno. Ond gan ei fod wedi ei arfogi â gwn byr [*blunderbuss*] roedd angen bod yn ddyfeisgar. Cytunwyd, felly, y dylai un fynd o flaen trap-y-post a'r llall y tu ôl iddo; aeth yr un oedd o flaen y trap ati i stopio'r Gyrrwr, gan guddio ei hun yn y fath fodd fel na allai f'Arglwydd saethu ei wn ato heb ladd ei was ei hun; ar yr un pryd tyngodd MacLaine, a oedd y tu ôl, y byddai'n saethu ei ymennydd drwy ei wyneb pe na bai f'Arglwydd yn taflu'r gwn allan o'r trap. Gorfodwyd f'Arglwydd, dan yr amgylchiadau, i gydymffurfio a chafodd ei bortmanto a 50 gini eu dwyn oddi arno. Roedd gan f'Arglwydd ddau was hanner milltir y tu ôl iddo.

▲ **Ffynhonnell Ll:** Darlun cyfoes o'r lleidr pen-ffordd James MacLaine yn atal coets yr Arglwydd Eglington ar Hounslow Heath, Mehefin 1750

YSTYRIWCH

1. Pa mor ddefnyddiol yw Ffynhonnell I i hanesydd sy'n astudio lladrata pen-ffordd yn y ddeunawfed ganrif?
2. Defnyddiwch Ffynonellau L a Ll, a'ch gwybodaeth eich hun, i ddisgrifio trosedd lladrata pen-ffordd.

Astudiaeth achos: Richard 'Dick' Turpin (1706–1739)

Mae'n bosib mai Dick Turpin yw un o ladron pen-ffordd mwyaf adnabyddus y ddeunawfed ganrif, ac ysgrifennwyd am ei anturiaethau yn nofelau rhamantus y bedwaredd ganrif ar bymtheg. Erbyn hyn, mae haneswyr wedi dangos mai chwedlau yw'r mwyafrif o'r straeon hudolus hyn am Turpin yn hytrach na ffeithiau hanesyddol. Mewn gwirionedd, bu ei yrfa yn un dreisgar a chreulon.

Ganed Turpin yn Essex yn 1706 a hyfforddodd fel cigydd. Yn ei arddegau dechreuodd ddwyn gwartheg, cyn ymuno â gang o ladron treisgar. Yn ystod ymosodiad ar dŷ yn Loughton, Essex, yn 1735, dywedir i Turpin fygwth rhoi'r wraig weddw ar y tân pe na bai'n dweud lle roedd ei harian wedi ei guddio. Pan arestiwyd rhai o'r gang a'u crogi, trodd Turpin at ladrata pen-ffordd, gan ymuno â Tom King i ymosod ar deithwyr ar Ffordd Caergrawnt. O ganlyniad i'r troseddau hyn, cynigiwyd gwobr o £100 am eu dal, a bu'n rhaid i'r pâr fyw mewn ogof yng Nghoedwig Epping. Ym mis Mai 1737 cafodd Turpin a King eu cornelu yn ystod ymosodiad. Llwyddodd Turpin i ddianc ond lladdwyd King gan fwled a daniwyd o wn Turpin. Dihangodd Turpin i Swydd Efrog, lle cychwynnodd fusnes dan enw ffug yn prynu a gwerthu ceffylau. Ym mis Chwefror 1739 cafodd ei arestio am ddwyn ceffylau, ei gael yn euog a'i grogi yng Nghaerefrog ar 7 Ebrill 1739. Roedd yn 33 mlwydd oed.

Yn groes i'r gred gyffredin, nid oedd gan Turpin geffyl o'r enw 'Black Bess', ac ni lwyddodd i farchogaeth o Lundain i Gaerefrog mewn 16 awr – byddai hynny bron yn amhosib, gan fod coets fawr yn cymryd tri diwrnod i gwblhau'r daith. A dweud y gwir, John Nevison wnaeth y daith hon yn 1680 ar ôl iddo ymosod ar forwr yn Gadshill yng Nghaint am 4 o'r gloch y bore a cheisio creu alibi iddo'i hun drwy gyrraedd Caerefrog erbyn 7.45 yr hwyr. Yn y nofel *Rookwood* a ysgrifennwyd yn 1834 honnwyd mai Turpin, ac nid Nevison, wnaeth y daith.

Rhesymau dros y gostyngiad mewn lladrata pen-ffordd

Erbyn dechrau'r bedwaredd ganrif ar bymtheg roedd ymosodiadau ar y ffyrdd yn llai cyffredin a chofnodwyd y lladrad pen-ffordd olaf yn 1831. Cyfrannodd nifer o ffactorau at y gostyngiad mewn lladrata pen-ffordd:

- Roedd Llundain yn tyfu'n gyflym a chodwyd adeiladau ar rai o'r mannau agored mwyaf peryglus ger y ddinas, fel Comin Finchley a Hounslow Heath. Roedd hyn yn ei gwneud hi'n anoddach i guddio ac ymosod ar goetsys.
- Roedd arian papur yn dod yn fwyfwy cyffredin, ac roedd hi'n haws olrhain rhain na darnau arian ac aur.
- Roedd plismona gwell yn Llundain. Trefnodd y brodyr Fielding (gweler tudalen 43) batrôl ar gefn ceffyl i atal lladron pen-ffordd ac yn 1805 cychwynnwyd patrôl newydd o 54 o ddynion i warchod y ffyrdd allan o'r brifddinas.
- Roedd datblygiad y ffyrdd tyrpeg gyda'u tollbyrth â gofalwyr yn ei gwneud hi'n anoddach i ladron pen-ffordd osgoi cael eu gweld tra oeddent yn dianc.
- Gwrthodai ynadon heddwch roi trwydded i dafarnau oedd yn boblogaidd ymysg lladron pen-ffordd.

YSTYRIWCH

'Erbyn 1831 roedd achosion o ladrata pen-ffordd wedi gostwng yn sydyn.' Pam?

GWEITHGAREDD

Ysgrifennwch ysgrif goffa i'r lleidr pen-ffordd Dick Turpin, fel y gallai fod wedi ymddangos mewn papur newydd yn Llundain yn 1739.

Troseddau oedd yn gysylltiedig â threfoli yn y bedwaredd ganrif ar bymtheg

Wrth i aneddleoedd trefol dyfu'n gyflym o ran eu maint a'u poblogaeth, cafwyd mwy o gyfleoedd i droseddu ymddangos a datblygu.

Y dosbarth troseddol

Nododd awduron y bedwaredd ganrif ar bymtheg, fel Henry Mayhew, fod 'dosbarth troseddol' yn byw mewn ardaloedd o'r dinasoedd mawr lle roedd troseddau'n gyffredin iawn. Yr enw a roddwyd ar yr ardaloedd hyn oedd nythfaoedd (*rookeries*). Yn Llundain, y nythfa â'r enw gwaethaf oedd St Giles ar ben dwyreiniol Oxford Street, lle byddai troseddwyr yn byw a bod yn y lonydd cul a'r blociau tenement gorboblog. Dosbarthodd Mayhew droseddwyr yn ôl eu troseddau hyd yn oed, gan enwi dros gan math gwahanol, gan gynnwys:

- *buzzers* – dwyn hancesi o bocedi gwŷr bonheddig
- *thimble-screwers* – dwyn watshys poced oddi ar eu cadwyni
- *prop-nailers* – dwyn pinnau a thlysau oddi ar fenywod bonheddig
- *till-friskers* – gwagio'r arian o'r til ar ôl tynnu sylw'r siopwr
- *drag-sneaks* – dwyn nwyddau neu fagiau o gerti neu goetsys
- *snoozers* – aros mewn gwestai rheilffordd i ddwyn bagiau ac eiddo teithwyr.

Er i droseddau fel lladrata pen-ffordd ostwng, ymddangosodd troseddau newydd yn eu lle, fel troseddau ar y rheilffyrdd. Roedd dros 90 y cant o droseddau yn gysylltiedig ag eiddo, a lladrata ar raddfa fach oedd y mwyaf cyffredin. Daeth pigo pocedi yn gyffredin iawn, yn enwedig ymysg pobl ifanc. Yn 1876 amcangyfrifodd Dr Barnardo fod 30,000 o blant yn cysgu ar y stryd, ac roedd yn rhaid i nifer fawr ohonynt droi at droseddu i oroesi.

Ffynhonnell M: Bachgen o'r cyfnod, John Binny, yn disgrifio dulliau o hyfforddi plant i bigo pocedi yng nghanol y bedwaredd ganrif ar bymtheg

Mae côt â chloch ynghlwm wrthi yn hongian ar y wal, a bydd y bachgen yn ceisio tynnu'r hances o'r boced heb i'r gloch ganu. Oni bai ei fod yn medru gwneud hyn yn gelfydd nid ystyrir ei fod wedi ei hyfforddi'n dda. Dull arall o'u hyfforddi yw hyn: Bydd yr hyfforddwr - os yw'n ddyn - yn cerdded i fyny ac i lawr yr ystafell gyda hances yng nghynffon ei gôt, a bydd y bechgyn carpiog yn diddanu eu hunain drwy ei dwyn hyd nes iddynt ddysgu gwneud hyn mewn modd deheuig.

Oliver amazed at the Dodger's Mode of 'going to work'

▲ **Ffynhonnell N:** Yr Artful Dodger yn pigo pocedi mewn ysgythriad gan George Cruikshank o'r argraffiad cyntaf o *Oliver Twist* gan Charles Dickens, 1837–38

YSTYRIWCH

Defnyddiwch Ffynhonnell M a'ch gwybodaeth eich hun i ddisgrifio natur troseddau yn yr aneddleoedd trefol oedd yn tyfu ym Mhrydain yn y bedwaredd ganrif ar bymtheg.

Anhrefn ddiwydiannol ac amaethyddol yn ystod y Chwyldro Diwydiannol

Daeth blynyddoedd cynnar y Chwyldro Diwydiannol â chaledi mawr i bobl gyffredin. Collodd nifer o grefftwyr eu swyddi oherwydd y peiriannau newydd. Daeth technoleg newydd, fel peiriannau dyrnu, i gymryd lle gweithwyr fferm. Roedd cyflogau yn isel, yn enwedig ym myd ffermio, ac roedd prisiau bwyd uchel, yn arbennig ar ôl cynhaeaf gwael, yn golygu caledi a diflastod i nifer. Doedd dim llawer y gallai'r bobl gyffredin ei wneud am hyn, a throdd nifer at drais.

Rhwng 1790 ac 1840 roedd perygl gwirioneddol o chwyldro. Ymatebodd y llywodraeth drwy gyhoeddi cosbau llym am unrhyw aflonyddwch. Yn 1799 ac 1800 pasiwyd y Deddfau Cyfuno, a oedd yn gwahardd gweithwyr rhag dod ynghyd i wella eu sefyllfa. Dechreuodd nifer o brotestiadau poblogaidd yn ystod y cyfnod hwn.

Anhrefn ddiwydiannol

Y Ludiaid

Roedd cyflwyno peiriannau newydd, fel y gwyddiau hosanau (*stocking-frames*), yn drychinebus i'r gwehyddion llaw traddodiadol. Er bod y brethyn a gynhyrchwyd ar beiriannau o safon is, yr oedd yn llawer rhatach na brethyn wedi'i wehyddu â llaw. Yn 1797 roedd rholyn o frethyn llaw yn costio 27 swllt, ond erbyn 1827 gellid prynu rholyn o frethyn peiriant am cyn lleied â thri swllt. Yn y pen draw, daeth gweithwyr a gollodd eu swyddi ynghyd gan dorri i mewn i'r ffatrïoedd yn ystod y nos a chwalu'r gwyddiau hosanau. I ddechrau, anfonwyd llythyron yn gofyn i berchnogion y melinau ddinistrio'r peiriannau, a'r rheiny wedi eu harwyddo gan 'Nedd Lud'. Oherwydd hynny, gelwid y chwalwyr peiriannau yn 'Ludiaid'.

▲ Ffynhonnell O: Ludiaid yn chwalu peiriant tecstiliau

Dechreuodd yr ymosodiadau yn Nottingham yn 1812 a chyn hir roeddent wedi lledaenu i Sir Gaerhirfryn a Swydd Efrog. Ym mis Ebrill 1812, ymosododd 150 o Ludiaid arfog ar Felin Rawfolds ger Huddersfield, ac yn Swydd Efrog llofruddiwyd William Horsfall, a oedd yn berchennog melin. Ymatebodd y llywodraeth drwy anfon 12,000 o filwyr i'r ardal a chyhoeddi deddf newydd – bellach y gosb am dorri gwyddiau oedd marwolaeth. Yn 1813, dienyddiwyd 17 o Ludiaid, tri ohonynt am lofruddio Horsfall a phump ohonynt am yr ymosodiadau ar Felin Rawfolds. Cafodd sawl un eu dirwyo a chafodd eraill eu trawsgludo. O ganlyniad i'r cosbau llym diflannodd Ludiaeth, ond aros wnaeth y peiriannau newydd.

Ffynhonnell P: Disgrifiad o ymosodiad gan Ludiaid a ymddangosodd ym mhapur newydd y *Manchester Gazette* ar 2 Mai 1812

Brynhawn Llun dechreuodd torf fawr, nid llai na 2,000, ymosod, ar daniad gwn, sef, fe ymddengys, yr arwydd i gychwyn; taflwyd cawodydd o gerrig, a malwyd y ffenestri'n yfflon; roedd ardal fewnol yr adeilad yn cael ei hamddiffyn, felly taniwyd mwsged yn y gobaith y byddai'n dychryn yr ymosodwyr ac yn eu gwasgaru. Mewn amser byr iawn, gwelwyd yr effeithiau ofnadwy ym marwolaeth tri ohonynt ac, yn ôl y sôn, anafu tua deg.

Protestiadau'r Siartwyr yng Nghymru, 1839

Mudiad dros hawliau democrataidd oedd Siartaeth, a ddechreuwyd yn Llundain yn 1838 pan gyhoeddwyd 'Siarter y Bobl'. Roedd y Siarter hon yn galw am ddiwygio'r senedd a rhoi'r bleidlais i bob dyn dros 21 oed. Apeliai Siartaeth yn bennaf at bobl y dosbarth gweithiol a sefydlwyd y Gymdeithas y Gweithwyr gyntaf yng Nghymru yng Nghaerfyrddin yn 1837.

Yn ystod 1839 cafwyd protestiadau Siartaeth mewn nifer o ardaloedd yng nghanolbarth a de Cymru:

Terfysgoedd Llanidloes, Ebrill 1839

Yn ystod 1838 teithiodd Henry Hetherington, arweinydd Siartwyr Birmingham, o amgylch canolbarth Cymru, gan annog sefydlu Cymdeithasau Gweithwyr mewn trefi fel Llanidloes a'r Trallwng. Ar 3 Ebrill 1839 cafwyd gwrthryfel Siartaeth yn Llanidloes pan ymosodwyd ar westy'r Trewythen Arms, lle roedd rhai o'r cwnstabliaid a anfonwyd o Lundain i gadw'r heddwch yn aros. Ar 3 Mai cyrhaeddodd milwyr y dref i adfer trefn ac yn ystod yr wythnosau canlynol arestiwyd 32 o Siartwyr honedig. Anfonwyd hwy i'r llys ac fe'u cafwyd yn euog a'u dedfrydu naill ai i'r carchar neu eu trawsgludo dramor.

Gwrthryfel Casnewydd, Tachwedd 1839

Digwyddodd yr achos mwyaf difrifol o drais gan y Siartwyr yng Nghasnewydd yn ne-ddwyrain Cymru. Bwriad y Siartwyr lleol John Frost, Zephaniah Williams a William Jones, oedd arwain gorymdaith o 20,000 o ddynion o'r Coed-duon, Glynebwy a Phont-y-pŵl, drwy'r cymoedd i Gasnewydd. Fel y digwyddodd hi, 5,000 yn unig oedd ar yr orymdaith. Ar fore 3 Tachwedd ymgasglodd y dynion y tu allan i Westy'r Westgate yng Nghasnewydd. Roedd yr awdurdodau wedi gosod 30 o filwyr y tu mewn i'r gwesty. Wrth i'r dorf ymgasglu, taniwyd bwledi ac o ganlyniad bu farw wyth o'r Siartwyr ac anafwyd llawer ohonynt. Yn hwyrach, arestiwyd Frost a'r arweinwyr eraill, eu hanfon i sefyll eu prawf a'u cael yn euog o frad. Cawsant eu dedfrydu i farwolaeth ond newidiwyd hyn i drawsgludo dramor yn ddiweddarach.

Y Teirw Scotch, 1830au

Digwyddodd protestiadau'r Teirw Scotch yn ardaloedd diwydiannol cymoedd de Cymru, yn enwedig yn ardal blaenau'r cymoedd. Glowyr ifanc Cymraeg eu hiaith oedd y mwyafrif o aelodau'r mudiad, a byddent yn cuddio eu hunain drwy dduo eu hwynebau a gwisgo crwyn anifeiliaid. Galwai'r arweinydd ei hun y Tarw Scotch. Roedd y dynion yn ddig am y system dryc, y rhenti uchel a'r gostyngiadau di-baid yn eu cyflogau. Galwent am streiciau ac anfon llythyron yn rhybuddio'r rheiny a oedd yn gwrthod rhoi'r gorau i weithio. Ymosodwyd ar eiddo diwydianwyr a chodwyd ofn ar unrhyw un fyddai'n achwyn arnynt. Daeth materion i'r pen yn 1835 pan gafwyd glöwr ifanc o'r enw John Morgan yn euog o ladd menyw mewn ymosodiad ar dŷ ym Medwellte. Cafodd ei grogi yn Nhrefynwy a thawelodd pethau wedi hynny.

▲ **Ffynhonnell Ph:** Argraffiad artist o'r ymosodiad ar y Siartwyr y tu allan i Westy'r Westgate yng Nghasnewydd, Tachwedd 1839

Ffynhonnell R: Cofnod am drais oedd ynghlwm wrth fudiad y Teirw Scotch a ymddangosodd ym mhapur newydd *The Monmouth Merlin* ar 12 Mai 1832

Mae'n ddyletswydd arnom i gofnodi gweithredoedd o warth a thrais gan y 'Teirw Scotch' unwaith eto ... Ddydd Mercher diwethaf, ganol nos, aeth 200 o ddynion o ardal Pont-y-pŵl ati ... i niweidio tai drwy daflu cerrig enfawr atynt ... Ymddengys fod y dynion yn benderfynol o gael eu talu'n wythnosol yn arian cyfredol y deyrnas, ac ni fynnant gael eu gorfodi, fel o'r blaen, i ddelio yn siopau eu cyflogwyr.

Anhrefn amaethyddol

Y Terfysgoedd Swing, 1830–32

Rhwng 1830 ac 1832 ymosododd gangiau o brotestwyr ar eiddo ffermwyr cyfoethog, gan losgi tasau gwair a chwalu peiriannau fferm, mewn terfysgoedd a ledaenodd ar draws de a dwyrain Lloegr. Gweithwyr amaethyddol oedd y protestwyr yn bennaf, ac roeddent yn anfodlon â'r tlodi a'r defnydd cynyddol o beiriannau. Roedd cyflogau gweithwyr fferm yn llawer is na chyflogau gweithwyr diwydiannol ac roedd y gwaith yn dymhorol. Yn ystod misoedd y gaeaf byddent yn cadw'n brysur drwy ddyrnu, ond pan gyflwynwyd peiriannau dyrnu doedd dim gwaith ar gael iddynt.

Roedd cynaeafau 1828 ac 1829 yn rhai gwael a gyrrodd hyn brisiau bwyd i fyny. Yn eu rhwystredigaeth trodd y gweithwyr at drais. Roedd y peiriannau dyrnu a'r tlotai yn dargedau amlwg. Yn aml iawn anfonwyd llythyron bygythiol ymlaen llaw, a'r rheiny wedi eu harwyddo gan 'Capten Swing'. Rhwng Ionawr 1830 a Medi 1832 cofnodwyd 316 achos o losgi bwriadol ac ymosodwyd ar 390 o beiriannau dyrnu. Cafodd y rhai a ddaliwyd eu cosbi'n llym. Anfonwyd cannoedd i'r carchar, cafodd 481 eu trawsgludo dramor a chrogwyd 19 ohonynt.

Ffynhonnell S: Disgrifiad o ymosodiad ar fferm Mr Ellerby, o atgofion Caleb Rawcombe, bugail o Wiltshire

Mr Ellerby oedd y cyntaf i gyflwyno'r dulliau newydd. Ni chredai y byddai'r gweithwyr yn codi yn ei erbyn gan y gwyddai eu bod yn ei ystyried yn ddyn caredig a chyfiawn ... Un diwrnod, daeth y pentrefwyr ynghyd a daethant at ysguboriau Mr Ellerby, lle aethant ati i ddinistrio ei beiriant dyrnu newydd. Pan ddywedodd rhywun wrtho, brysiodd allan ac aeth â'i wynt yn ei ddwrn at y man. Wrth iddo nesáu, taflodd un o'r dorf forthwyl ato, gan ei daro ar ei ben a'i daflu'n anymwybodol i'r llawr.

▲ **Ffynhonnell Rh:** Engrafiad cyfoes yn dangos terfysgwyr Swing yng Nghaint yn llosgi tasau gwair

Terfysgoedd Beca, 1839–43

Rhwng 1839 ac 1843 bu gangiau o ffermwyr tlawd, pob un mewn dillad merched ac yn dilyn arweinydd o'r enw 'Beca', yn ymosod ar dollbyrth ar hyd ffyrdd de-orllewin Cymru. Mae'n bosib i'r enw ddod o adnod yn y Beibl sy'n cyfeirio at Rebecca a'i phlant ac yn dweud wrthynt am 'etifeddu porth eu gelynion'.

Roedd y ffermwyr yn ddig am y rhenti uchel, y degwm roedd yn rhaid iddynt ei dalu i Eglwys Loegr (er bod nifer ohonynt yn gapelwyr anghydffurfiol) a newidiadau i weithrediad Cyfraith y Tlodion ar ôl 1834, a arweiniodd at adeiladu tlotai newydd. Gwaethygodd y sefyllfa pan godwyd mwy o dollbyrth ar y ffyrdd o amgylch Caerfyrddin er mwyn codi tollau ar ffermwyr oedd yn cludo calch, a gâi ei ddefnyddio i wrteithio'r tir. Pan gododd Ymddiriedolaeth Tyrpeg Hendy-gwyn ar Daf (*Whitland Turnpike Trust*) glwyd newydd yn Efailwen, ymosodwyd arni deirgwaith rhwng mis Mai a mis Gorffennaf 1839. Wedi'r trydydd ymosodiad gorchmynnodd yr ynadon iddi beidio â chael ei hailgodi eto.

Roedd y cynhaeaf yn wael yn 1839–41, ac yn 1842 ailddechreuodd y trafferthion, gan ledaenu i ardaloedd cyfagos. Erbyn mis Mai 1843 roedd 20 tollborth wedi cael eu dinistrio a throdd y terfysgwyr eu golygon at dargedau eraill. Ym mis Mehefin 1843 ymosododd y terfysgwyr ar dloty Caerfyrddin. Ym mis Medi 1843 lladdwyd Sarah Davies, ceidwad tollborth, a oedd yn 75 oed, mewn ymosodiad. Anfonwyd milwyr a chwnstabliaid arbennig i'r ardal a chynigiwyd gwobrau am wybodaeth am derfysgwyr Beca. Yn y pen draw daliwyd yr arweinwyr ac, fel cosb am yr ymosodiad ar Sarah Davies, dedfrydwyd David Davies (Dai'r Cantwr) i 20 mlynedd o garchar a chafodd John Jones (Shoni Sgubor Fawr) ei drawsgludo dramor am oes. Yn 1844 trefnodd y llywodraeth Gomisiwn Ymholi Brenhinol ac arweiniodd hyn at safoni tollau. Erbyn canol yr 1840au roedd de-orllewin Cymru yn lle heddychlon unwaith eto.

Ffynhonnell T: Adroddiad ym mhapur newydd *The Carmarthen Journal*, 16 Rhagfyr 1842, am weithgareddau Beca

Roedd arweinwyr y dorf wedi cuddio eu hunain drwy beintio eu hwynebau mewn gwahanol liwiau, gan wisgo barfau o wallt ceffyl a dillad merched ... Roedd drysau pob un o'r tai yn y cyffiniau wedi eu cloi a'r trigolion dan glo y tu mewn, heb feiddio dangos golau yn eu ffenestri ... stopiodd y dorf bob porthmon a ddeuai i gyfeiriad Caerfyrddin gan fynnu cyfraniad ganddynt, gan ddweud eu bod wedi dinistrio pob tollborth.

Ffynhonnell Th: Cartŵn a ymddangosodd yng nghylchgrawn *Punch* yn 1843 yn dangos Terfysgwyr Beca yn ymosod ar dollborth ac arno restr o gŵynion

YSTYRIWCH

1 Defnyddiwch Ffynonellau O i Th i gwblhau'r tabl canlynol er mwyn cofnodi achosion, digwyddiadau a chanlyniadau protestiadau poblogaidd dechrau'r bedwaredd ganrif ar bymtheg.

Ffynhonnell	Enw'r mudiad protest	Math o brotest – diwydiannol neu amaethyddol?	Prif achosion y brotest	Crynodeb o'r prif ddigwyddiadau	Canlyniad y protestiadau
Ffynhonnell O					
Ffynhonnell P					
Ffynhonnell Ph					
Ffynhonnell R					
Ffynhonnell Rh					
Ffynhonnell S					
Ffynhonnell T					
Ffynhonnell Th					

2 Astudiwch y tabl y gwnaethoch ei gwblhau yng Nghwestiwn 1 uchod. Pa rai o'r protestiadau oedd y bygythiad mwyaf difrifol i gyfraith a threfn? Rhowch resymau dros eich ateb.

Twf troseddau yn yr ugeinfed ganrif a'r unfed ganrif ar hugain

Roedd yr ugeinfed ganrif yn gyfnod o newid enfawr, yn enwedig o ran datblygiadau mewn technoleg a thrafnidiaeth, ac mae'r datblygiadau hyn wedi parhau yn yr unfed ganrif ar hugain. Canlyniad hyn yw datblygiad mathau newydd o droseddau fel troseddau moduro, troseddau cyfrifiadurol a therfysgaeth.

Datblygiad troseddau trafnidiaeth

Ymddangosodd ceir modur ar ffyrdd Prydain am y tro cyntaf yn 1894. Gosododd y Deddfau Locomotif (neu Ddeddfau'r Faner Goch), a gyflwynwyd yn hwyr yn y bedwaredd ganrif ar bymtheg, gyfyngiad cyflymder a gweithdrefnau diogelwch ar gerbydau oedd yn gyrru eu hunain. Gosododd deddf yn 1865 gyflymder uchaf o 4 mya yn y wlad a 2 mya mewn trefi, ac roedd yn rhaid i berson gerdded 60 llath o flaen pob cerbyd yn dal baner goch neu lamp. Pasiwyd deddf yn 1896 i godi'r cyfyngiad cyflymder i 14 mya a dileu'r orfodaeth i gael person yn cerdded o flaen y cerbyd.

Cofnodwyd y farwolaeth gyntaf yng Nghymru o ganlyniad i ddamwain car yn Llanisien, Caerdydd, yn 1903, pan laddwyd menyw 75 oed ar ôl cael ei tharo gan gar oedd yn teithio rhwng 5 ac 8 mya. Dysgwr oedd y gyrrwr.

Ar y dechrau dim ond pobl gyfoethog y dosbarth uwch a allai fforddio prynu ceir. Fodd bynnag, wrth i wneuthurwyr ceir fel William Morris a Herbert Austin gyflwyno technegau masgynhyrchu yn ystod yr 1920au, gostyngodd cost ceir. Erbyn yr 1930au roedd miloedd o geir ar y ffordd. Rhwng 1924 ac 1936 gostyngodd prisiau ceir o fwy na 50 y cant felly gallai'r dosbarth canol eu fforddio. Wrth i fwy a mwy o geir ymddangos ar y ffyrdd roedd rhaid cyflwyno deddfau penodol i reoli trafnidiaeth. Roedd dros 7,000 o ddamweiniau angheuol y flwyddyn yn 1933 ac 1934, felly gweithredodd y Weinyddiaeth Trafnidiaeth drwy gyflwyno nifer o fesurau diogelwch, fel cyfyngiadau cyflymder, profion ar gyfer gyrwyr newydd a Goleufâu Belisha wrth groesfannau. O ganlyniad i'r ymgyrch ddiogelwch, gostyngodd nifer y marwolaethau i oddeutu 6,500 y flwyddyn.

▲ **Ffynhonnell U:** Yn ôl rheolau Deddf y Faner Goch yn 1865 roedd yn rhaid i berson gerdded o flaen car modur i rybuddio cerddwyr bod cerbyd yn dod

Creu troseddau moduro newydd

Wrth i nifer y perchnogion ceir gynyddu, cafwyd mwy o gyfleoedd i bobl gyflawni troseddau moduro.

Yn ystod hanner cyntaf yr ugeinfed ganrif daethant â'r heddlu wyneb yn wyneb â'r dosbarth canol, sef y rhan fwyaf o berchnogion ceir. Cyn hynny, troseddwyr o'r dosbarth gweithiol oedd yn gyfrifol am bedair rhan o bump o'r holl droseddau.

1908	Cyflwyno arwyddion ffordd
1924	Cyflwyno llinellau gwyn ar y ffyrdd
1925	Ei gwneud hi'n drosedd i fod yn feddw yng ngofal cerbyd â modur
1926	Cyflwyno goleuadau traffig
1930	Cyflwyno yswiriant cerbyd gorfodol
1934	Gosod cyfyngiad cyflymder o 30 mya ar ffyrdd mewn ardaloedd trefol (*built-up areas*)
1935	Cyflwyno prawf gyrru gorfodol i yrwyr newydd
1956	Cyflwyno llinellau melyn i gyfyngu ar barcio
1960	Caniatáu i wardeiniaid traffig roi dirwyon am barcio'n anghyfreithlon
1967	Cyflwyno'r anadliedydd (*breathalyser*) i brofi lefel yr alcohol yn anadl gyrwyr
1977	Cyflwyno cyfyngiad cyflymder o 70 mya ar ffyrdd deuol a 60 mya ar ffyrdd sengl
1983	Ei gwneud hi'n orfodol i yrwyr a theithwyr yn y sedd flaen wisgo gwregys diogelwch
1991	Ei gwneud hi'n orfodol i deithwyr yn y sedd gefn wisgo gwregys diogelwch
1991	Cyflwyno'r gyfraith newydd o 'Achosi marwolaeth drwy yrru dan ddylanwad alcohol neu gyffuriau'
2003	Ei gwneud hi'n anghyfreithlon i ddefnyddio ffonau symudol llaw neu ddyfeisiau tebyg wrth yrru

▲ **Tabl 2.2:** Enghreifftiau o ddeddfwriaethau trafnidiaeth ar y ffordd

Mae'r troseddau sy'n gysylltiedig â moduro yn amrywio o yrru'n feddw i fân droseddau trafnidiol, ac maent yn cymryd llawer iawn o amser yr heddlu a'r llysoedd (gweler Ffigur 2.3)

Pan fydd unigolyn yn gyfrifol am gerbyd, yn ôl y gyfraith mae'n rhaid iddo wneud sawl peth cyn iddo fynd yn agos at y ffordd:

- Rhaid trethu ac yswirio'r cerbyd ac, os ydyw dros deirblwydd, rhaid sicrhau tystysgrif MOT ddilys.
- Rhaid i'r gyrrwr fod wedi pasio prawf gyrru a meddu ar drwydded yrru.
- Unwaith y bydd ar y ffordd, rhaid gyrru yn unol â chyfreithiau'r ffordd, gan ddilyn Rheolau'r Ffordd Fawr ac ufuddhau i arwyddion a chyfyngiadau cyflymder.
- Ni ddylid gyrru dan ddylanwad alcohol na chyffuriau.

Os nad yw'r gyrrwr yn ufuddhau i'r amodau hyn i gyd, gall gael ei erlyn.

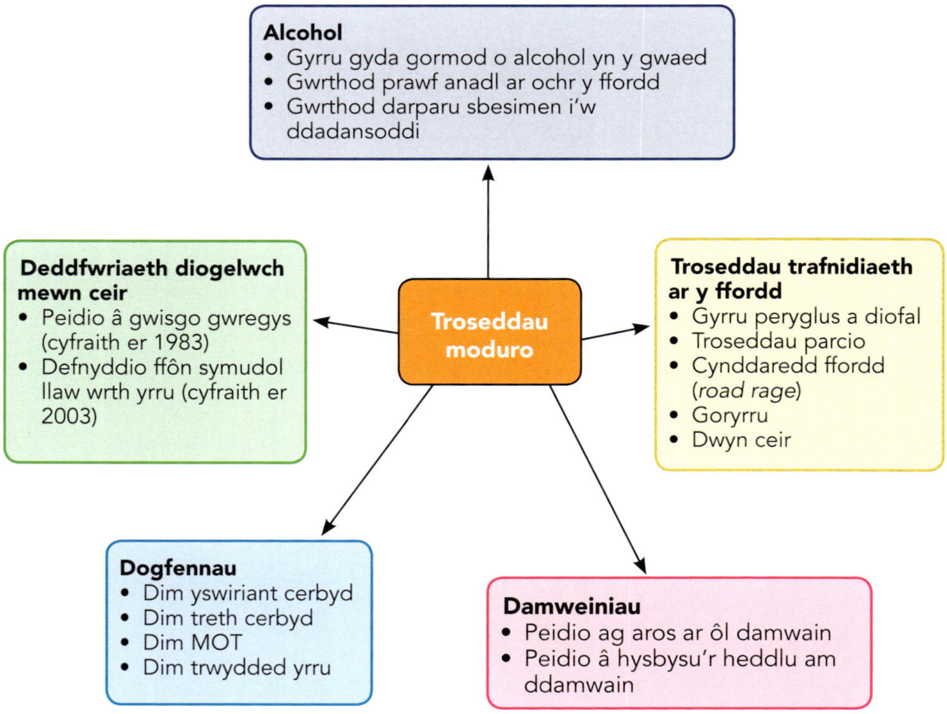

▲ **Ffigur 2.3:** Y mathau mwyaf cyffredin o droseddau moduro heddiw

Mathau o droseddau moduro

Dwyn ceir

Yn draddodiadol, dwyn ceir yw un o'r categorïau mwyaf o droseddau. Roedd cloeon gwael a diffyg teclynnau diogelwch yn golygu bod ceir yn dargedau hawdd i ladron, naill ai i ddwyn eiddo o'r car neu i yrru'r car i ffwrdd. Yn 1996 cafodd dros hanner miliwn o geir eu dwyn yn y DU, ond ers yr 1990au cafwyd gwelliannau sylweddol mewn mesurau diogelwch fel gosod cloeon gwell, larymau ceir, teclynnau atal symud a dyfeisiau tracio. Mae hyn yn ei gwneud hi'n anoddach i ladron ac oherwydd hyn mae nifer y ceir sy'n cael eu dwyn yn gostwng bob blwyddyn.

Fodd bynnag, mae lladron wedi addasu wrth i ddiogelwch ceir wella, ac un canlyniad yw'r cynnydd yn nifer y byrgleriaethau o dai er mwyn dwyn allweddi ceir. Mae'n bosib towio ceir a'u gosod ar drelar, a gellir defnyddio gliniaduron (*laptops*) i osgoi rheolyddion y peiriant ac ailraglennu prosesau'r car. Caiff ceir drudfawr eu targedu'n benodol yn aml iawn ac o fewn ychydig oriau o'u dwyn gallant fod mewn cynhwysydd; o fewn 24 i 72 awr byddant ar fwrdd llong ar y ffordd i fannau ar draws y byd fel Ewrop a'r Dwyrain Canol.

Un dull eithafol o ddwyn ceir yw herwgipio ceir (*car-jacking*). Weithiau bydd herwgipiwr yn taro car arall yn 'ddamweiniol', gan orfodi'r gyrrwr i ddod allan ohono, cyn neidio i'r car ei hun a'i yrru i ffwrdd. Mae mwy a mwy o ladron yn osgoi torri i mewn i geir sydd wedi eu cloi ac yn ceisio cael gafael ar yr allweddi yn lle hynny. Mewn achosion eithafol, bydd y lleidr yn bygwth y gyrrwr â dryll er mwyn cael gafael ar yr allweddi.

Dwyn o geir

Yn ystod yr 1980au hwyr a'r 1990au cynnar ymddangosodd math newydd o drosedd ceir, sef dwyn ffonau symudol o gerbydau. Byddai lladron yn aml yn pwyso'r botwm wrth groesfan pelican i stopio'r traffig cyn dwyn ffonau oddi ar yrwyr a oedd yn aros wrth y goleuadau. Dygwyd dros 145,000 o ffonau yn 1993. Mewn nifer o geir modern mae'r holl ddrysau bellach yn cael eu cloi'n awtomatig ar ôl tanio'r injan a symud y car.

Gwefryrru

Gwefryrru (*joyriding*) yw'r enw ar y drosedd o yrru car heb ganiatâd y perchennog, ac mae'n fwyaf cyffredin ymysg dynion ifanc. Cofnodir tua 10,000 o achosion bob blwyddyn, a thra bo'r gwefryrwyr fel arfer rhwng 17 a 25 oed, daliwyd plant llawer iau yn gyrru cerbydau. Ym mis Mai 2012 daeth bachgen ysgol 11 oed yn wefryrrwr ieuengaf Prydain.

Troseddau gyrru yn ymwneud ag alcohol a chyffuriau

Cynyddodd nifer yr erlyniadau am yfed a gyrru ers cyflwyno'r anadliedydd (*breathalyser*) yn 1967. Mae hwn yn profi lefel yr alcohol yn y gwaed. Ar gyfartaledd, caiff 3,000 o bobl eu lladd neu eu hanafu'n ddifrifol bob blwyddyn yn y DU o ganlyniad i ddamweiniau yfed a gyrru. Mae bron un o bob chwech marwolaeth ar y ffordd yn ymwneud â gyrwyr sydd â mwy na'r lefel gyfreithiol o alcohol yn eu gwaed. Mae'r drosedd yn gyffredin iawn ymysg dynion rhwng 17 a 29 oed. Cynyddodd nifer y marwolaethau o ganlyniad i yfed a gyrru yn ystod blynyddoedd cynnar yr unfed ganrif ar hugain cyn dechrau gostwng yn sylweddol o 2004 ymlaen. Yn 2004 codwyd y ddedfryd uchaf am achosi marwolaeth drwy yfed a gyrru i 14 blynedd o garchar.

Tueddiad newydd o ran troseddau moduro yw'r nifer cynyddol o yrwyr sy'n cael eu dal yn gyrru dan ddylanwad cyffuriau. Yn 2011 roedd gan bron i chwarter (22 y cant) o'r bobl hynny a laddwyd mewn damweiniau ffordd yn y DU gyffuriau anghyfreithlon yn eu gwaed, a'r mwyaf cyffredin oedd canabis. Ymysg pobl 20 i 24 oed y mae gyrru dan ddylanwad cyffuriau fwyaf cyffredin.

Troseddau goryrru

Gellir erlyn gyrwyr am ystod eang o droseddau trafnidiol. Goryrru yw'r drosedd foduro fwyaf cyffredin. Er 1934 mae cyfyngiad cyflymder o 30 mya wedi bodoli mewn ardaloedd trefol, ac ers hynny cyflwynwyd ystod eang o gyfyngiadau cyflymder i gyd-fynd â gwahanol amgylcheddau gyrru. Y gosb am oryrru fel arfer yw dirwy a phwyntiau cosb ar y drwydded. Pan fydd gyrrwr wedi derbyn 12 o bwyntiau caiff ei wahardd rhag gyrru am gyfnod o chwe mis. Yn yr 1990au cyflwynwyd camerâu cyflymder parhaol yn ogystal â systemau canfod cyflymder symudol. Mae technoleg newydd

Ffynhonnell W: Ers yr 1990au hwyr cyflwynwyd camerâu cyflymder parhaol yn ogystal â faniau dros dro ledled y DU

GWEITHGAREDD

Copïwch a chwblhewch y siart isod, gan ddefnyddio eich gwybodaeth i lenwi pob adran.

Math o drosedd ceir	Disgrifiad o'r drosedd	Pryd daeth y drosedd yn gyffredin	Enghreifftiau o'r adran hon
Dwyn ceir			
Dwyn o geir			
Herwgipio ceir			
Gwefryrru			

yn caniatáu i gamerâu cyflymder gofnodi troseddau heb yr angen i blismon fod yn bresennol (gweler Ffynhonnell W).

Datblygiad troseddau technoleg a chyfrifiadurol

Gan ddefnyddio'r rhyngrwyd, gall troseddwyr gael mynediad o bell i gyfrifiaduron a chyflawni troseddau heb orfod torri i mewn i gartrefi neu swyddfeydd.

Mae rhai troseddau cyfrifiadurol yn newydd, ac eraill yn ffurfiau newydd ar hen droseddau. Er enghraifft, twyll yw defnyddio cyfrifiadur i gael gafael ar gyfrinair er mwyn trosglwyddo arian yn anghyfreithlon o gyfrif banc rhywun, ac mae twyll yn hen drosedd.

Trosedd gyfrifiadurol sydd ar gynnydd yw dwyn hunaniaeth (*identity theft*) a thwyll (*fraud*). Defnyddir gwe-rwydo (*phishing*) i dwyllo pobl i ddatgelu gwybodaeth bwysig fel cyfrineiriau neu fanylion cardiau credyd. Mae busnesau ac unigolion yn cael eu targedu fwyfwy drwy dwyll ar-lein. Yn ystod 2015 cynyddodd nifer yr ymosodiadau gwe-rwydo o 21 y cant o'u cymharu â'r flwyddyn flaenorol, gan gostio mwy na £174 miliwn i ddioddefwyr troseddau cyfrifiadurol yn y DU.

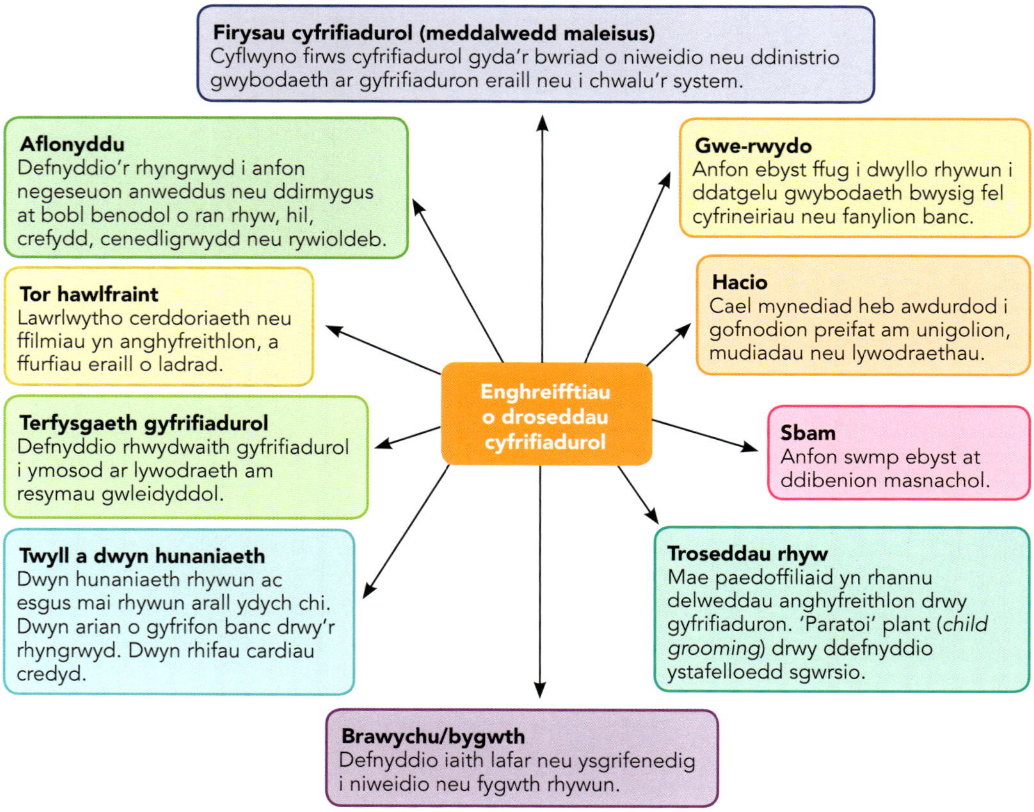

▲ **Ffigur 2.4:** Y twf dramatig mewn troseddau cyfrifiadurol

GWEITHGAREDD

Astudiwch Ffigur 2.4. Gweithiwch mewn parau i benderfynu pa rai o'r troseddau cyfrifiadurol a ddangosir yn y diagram sy'n droseddau newydd a pha rai sy'n ffyrdd newydd o gyflawni hen droseddau.

Ffynhonnell Y: Dyfyniad o ddogfen a gyflwynwyd i'r Senedd ym mis Mawrth 2010 gan yr Ysgrifennydd Cartref, 'Cyber Crime Strategy', yn cyfeirio at y problemau a achosir gan drosedd gyfrifiadurol

Mae natur y rhyngrwyd nid yn unig yn caniatáu i ddrwgweithredwyr leoli eu hunain mewn gwlad wahanol i'r dioddefwr, ond gallant hefyd dargedu miloedd lawer o unigolion ar yr un pryd. Gellir yn hawdd anfon e-bost gwe-rwydo at gannoedd o filoedd o bobl o un cyfrifiadur, a gall un person heintio nifer o gyfrifiaduron â meddalwedd maleisus ....

Caiff unigolion eu targedu'n bennaf am eu henwau defnyddiwr a'u cyfrineiriau er mwyn galluogi troseddwyr i gael mynediad i gyfrifon ar-lein, ac weithiau i'w rheoli. Cyfrifon banc yw'r rhain fel rheol.

YSTYRIWCH

Astudiwch Ffynhonnell Y. Esboniwch pam mai troseddau cyfrifiadurol yw un o'r meysydd gweithgareddau troseddol sy'n tyfu gyflymaf mewn llawer o wledydd.

Datblygiad terfysgaeth

Mae terfysgaeth yn golygu defnyddio trais a bygythiadau i sicrhau gofynion gwleidyddol. Mae Prydain wedi byw yng nghysgod gweithgareddau terfysgol ers yr 1960au, gan fod amryw o grwpiau terfysgol wedi gweithredu yn y DU.

O ganlyniad i weithredoedd terfysgwyr yn ystod blynyddoedd cynnar yr unfed ganrif ar hugain cynyddwyd mesurau diogelwch, ac effeithiodd hyn ar fywyd bob dydd mewn sawl ffordd: gosod camerâu diogelwch yn y rhan fwyaf o ddinasoedd a threfi mawr; codi rhwystrau concrit i atal cerbydau rhag mynd yn rhy agos at adeiladau cyhoeddus; archwiliadau diogelwch a sganiau corff mewn meysydd awyr a phorthladdoedd; neu gyfyngu ar yr hyn y gellir ei gario mewn bag llaw ar awyren.

Mae'r dulliau a ddefnyddiwyd gan grwpiau terfysgol yn cynnwys:

- herwgipio
- llofruddio/lladd
- cymryd gwystlon
- bomio
- ymosodiadau/bomio sy'n arwain at y bomiwr yn cael ei ladd hefyd
- llosgi bwriadol a difrod troseddol i eiddo
- defnyddio arfau cemegol
- ymosodiadau cyfrifiadurol.

Ymosodiadau terfysgol yn y DU

Mae nifer o grwpiau terfysgol wedi gweithredu yn y DU, grwpiau o'r wlad hon a changhennau mudiadau terfysgaeth rhyngwladol.

'Y Trafferthion' yng Ngogledd Iwerddon, 1969–98

Un o'r bygythiadau troseddol mwyaf difrifol yn yr ugeinfed ganrif oedd gweithgareddau Byddin Weriniaethol Iwerddon (IRA – *Irish Republican Army*). Catholigion oedd aelodau'r IRA yn bennaf a'u nod oedd rhoi diwedd, drwy ddulliau treisgar, ar reolaeth Prydain dros Ogledd Iwerddon. Roeddent yn gwrthwynebu'r mwyafrif Protestannaidd yng Ngogledd Iwerddon ac arweiniodd eu gweithgareddau treisgar at ddatblygiad grwpiau terfysgol Protestannaidd fel Cymdeithas Amddiffyn Wlster (UDA – *Ulster Defence Association*). Rhwng 1969 a 2001, cyfnod a elwir 'Y Trafferthion', lladdwyd dros 3,500 o bobl o ganlyniad i'r trais yng Ngogledd Iwerddon. Bu'r IRA yn targedu aelodau o'r lluoedd arfog, yr heddlu a'r gwasanaeth carchardai a'r gymuned Brotestannaidd, tra bo'r grwpiau Protestannaidd teyrngarol treisgar yn ymosod ar aelodau o'r gymuned Gatholig.

Mae'r niferoedd dipyn yn fwy wrth gyfrif y marwolaethau a achosodd yr IRA ar dir mawr Prydain. Mae'r rhain yn cynnwys llofruddio gwleidyddion a ffrwydro bomiau mewn tafarnau, gorsafoedd trenau a chanolfannau siopa, fel y mae'r enghreifftiau canlynol yn dangos:

- Tachwedd 1974 – gosododd yr IRA fomiau mewn dwy dafarn yn Birmingham, gan ladd 19 o bobl
- Mawrth 1979 – lladdwyd Ysgrifennydd yr Wrthblaid yng Ngogledd Iwerddon, Airey Neave, pan ffrwydrodd bom yn ei gar wrth iddo adael maes parcio Tŷ'r Cyffredin
- Awst 1979 – lladdodd yr IRA Iarll Mountbatten, cefnder y Frenhines, drwy ffrwydro bom ar ei gwch
- Hydref 1984 – gwnaed ymgais i ladd aelodau o'r Cabinet Prydeinig drwy ffrwydro bom yng Ngwesty'r Grand yn Brighton. Roedd y Prif Weinidog, Margaret Thatcher, ac uwch weinidogion y llywodraeth yn aros yno yn ystod Cynhadledd Flynyddol y Blaid Geidwadol
- Chwefror 1991 – taniwyd sieliau morter i ardd rhif 10 Stryd Downing mewn ymgais i ladd y Prif Weinidog, John Major, a'i Gabinet Rhyfel, a oedd yn cyfarfod i drafod Rhyfel y Gwlff
- Mawrth 1993 – ffrwydrodd bom yr IRA yn Stryd Fawr Warrington, gan ladd dau fachgen bach
- Mehefin 1996 – ffrwydrodd bom yr IRA yng Nghanolfan Siopa Arndale ym Manceinion, gan anafu 212 o bobl, ond chafodd neb eu lladd. Hwn oedd y bom mwyaf i'w danio ar adeg o heddwch ym Mhrydain Fawr, ac achosodd werth £600 miliwn o ddifrod.

Arwyddwyd Cytundeb Gwener y Groglith yn 1998 i roi terfyn ar 30 mlynedd o drais, a rhoi i Ogledd Iwerddon ei chynulliad rhannu pŵer ei hun. Er i heddwch ddychwelyd i Ogledd Iwerddon, parhaodd grwpiau fel y '*Continuity IRA*', grŵp a dorrodd yn rhydd o'r IRA, i weithredu trwy drais.

Gweithredoedd Mudiad Amddiffyn Cymru (MAC), 1963–69

Rhwng 1963 ac 1969, roedd Mudiad Amddiffyn Cymru, mudiad cenedlaetholgar parafilwrol, yn gyfrifol am sawl achos o fomio. Yn 1967 ffrwydrodd MAC bibell oedd yn cludo dŵr o Lyn Efyrnwy i Lerpwl, ac yn 1968 ffrwydrwyd bomiau y tu allan i adeiladau'r swyddfa drethi a'r Swyddfa Gymreig yng Nghaerdydd.

Cyrhaeddodd yr ymgyrch uchafbwynt adeg arwisgo'r Tywysog Siarl yn Dywysog Cymru yng Nghastell Caernarfon ar 1 Gorffennaf 1969. Ar y diwrnod hwnnw, lladdwyd dau aelod o MAC, Alwyn Jones a George Taylor, pan ffrwydrodd y bom roeddent yn ei gario, gyda'r bwriad o ddinistrio swyddfeydd yn Abergele yng ngogledd-ddwyrain Cymru, yn rhy gynnar. Arweiniodd hyn at chwilio mawr am arweinydd MAC, John Jenkins, y Cyfarwyddwr Cyffredinol. Daliwyd ef ymhen y flwyddyn a chafodd ei gyhuddo o 19 trosedd, ei gael yn euog a'i ddedfrydu i ddeg mlynedd o garchar. Oherwydd hynny chwalwyd y mudiad.

Gweithredoedd Meibion Glyndŵr yn yr 1980au a'r 1990au

Roedd y grŵp cenedlaetholgar Cymreig hwn yn gryf yn erbyn yr hyn roeddent yn ei ystyried yn ddirywiad yn yr iaith Gymraeg a diwylliant Cymreig yng nghadarnleoedd yr iaith, oherwydd bod pobl ddi-Gymraeg yn symud i'r ardaloedd hynny. Rhwng 1979 ac 1994 cynhaliwyd ymgyrch o losgi bwriadol, gan losgi tai haf yng Nghymru oedd yn eiddo i Saeson. Roeddent yn honni mai dyma oedd yn gyfrifol am y cynnydd ym mhrisiau tai, a olygai na allai pobl leol fforddio eu cartrefi eu hunain. Difrodwyd tua 220 eiddo dros gyfnod o 15 mlynedd.

▲ **Ffynhonnell AA:** Sion Aubrey Roberts, aelod o Feibion Glyndŵr, yn cael ei dywys i mewn i Orsaf Heddlu Caergybi wedi iddo gael ei arestio ym mis Rhagfyr 1991

Grwpiau terfysgol rhyngwladol yn gweithredu o fewn y DU

Yn ystod degawdau olaf yr ugeinfed ganrif ymosododd nifer o grwpiau terfysgol rhyngwladol ar dir mawr Prydain.

Y bomio yn Lockerbie, 1988

Ar 21 Rhagfyr 1988 roedd Hediad 103 Pan Am newydd adael maes awyr Heathrow, Llundain ar ei ffordd i Efrog Newydd pan ffrwydrodd bom tra bod yr awyren yn hedfan dros dref Lockerbie yn yr Alban. Lladdwyd pob un o'r 243 teithiwr a'r 16 aelod o'r criw, yn ogystal ag 11 o bobl ar y ddaear. Credir mai dau derfysgwr o Libya oedd yn gyfrifol am y ffrwydrad a chafodd un ohonynt ei garcharu yn 2009.

Ymosodiadau terfysgol Islamaidd

Byth ers digwyddiadau 11 Medi 2001 yn Efrog Newydd, bu grwpiau o derfysgwyr sydd â chysylltiad ag al-Qaeda a grwpiau Islamaidd eraill yn ymosod:

- Ar 7 Gorffennaf 2005 (cyfeirir atynt weithiau fel ymosodiadau 7/7) cyflawnwyd cyfres o ymosodiadau hunanladdol, cyd-drefnus yn Llundain wedi'u hanelu at sifiliaid oedd yn defnyddio cludiant cyhoeddus adeg brysuraf y bore. Taniodd pedwar terfysgwr Islamaidd bedwar bom – tri ar reilffordd danddaearol Llundain ac un ar fws deulawr yn Sgwâr Tavistock. Lladdwyd 52 o sifiliaid yn y ffrwydrad, yn ogystal â'r pedwar bomiwr, ac anafwyd 700 o bobl.
- Ar 30 Mehefin 2007 gyrrwyd jîp wedi ei lwytho â chaniau nwy propan i mewn i ddrysau gwydr adeilad Maes Awyr Rhyngwladol Glasgow a'i danio, gan anafu pum aelod o'r cyhoedd. Llwyddodd yr heddlu i ddal y ddau derfysgwr oedd yn gyfrifol. Bu farw un ohonynt, Kafeel Ahmed, yn ddiweddarach o'i anafiadau. Cafwyd y llall, Bilal Abdullah, yn euog o gynllwynio i lofruddio a'i ddedfrydu i 32 o flynyddoedd yn y carchar.
- Ym mis Mai 2013, ymosododd dau eithafwr Islamaidd yn filain ar filwr y tu allan i Wersyll Milwrol Woolwich, a'i ladd.
- Ym mis Mawrth 2017, gyrrodd Khalid Masood, ymosodwr a oedd yn gweithio ar ei ben ei hun, gerbyd yn gyflym iawn dros Bont Westminster yn Llundain, gan daro cerddwyr cyn gyrru'r car i mewn i reiliau Palas San Steffan. Fe ddaeth allan o'r cerbyd a thrywanu plismon i farwolaeth wrth geisio mynd i mewn i'r Senedd. Canlyniad ei weithredoedd oedd anafu dros 40 o bobl a lladd pump.

YSTYRIWCH ?

1. Esboniwch pam roedd grwpiau fel Mudiad Amddiffyn Cymru a Meibion Glyndŵr yn defnyddio trais yn rhan o'u hymgyrch.
2. I ba raddau yr effeithiodd terfysgaeth ar y DU ers yr 1970au?

AILYMWELD Â'R DASG FFOCWS

1 Eich tasg ffocws oedd creu cerdyn 'Troseddau sy'n gyffredin i'r ganrif hon' ar gyfer pob canrif rhwng 1500 a heddiw.
2 Edrychwch drwy'r cardiau rydych wedi eu cwblhau a defnyddio'r wybodaeth i:
   - ☐ nodi pa droseddau oedd yn gyffredin ar hyd y canrifoedd
   - ☐ nodi pa droseddau oedd yn gyffredin iawn yn ystod cyfnodau penodol ond yn llai cyffredin ar adegau eraill.
3 Pa batrymau a welwch yn y mathau o droseddau sy'n cael eu cyflawni rhwng tua 1500 a heddiw?
4 Meddyliwch am resymau pam mae rhai troseddau ddim ond yn gyffredin yn ystod cyfnodau penodol.

CRYNODEB O'R PWNC

- Yn ystod yr unfed ganrif ar bymtheg roedd crwydraeth yn broblem benodol ac roedd nifer o grwydriaid yn troi at droseddu.
- Enwyd rhai o'r crwydriaid ar ôl y troseddau roeddent yn arbenigo ynddynt, fel Gŵr Abraham, y Cranc Ffug a'r Pysgotwr.
- Roedd troseddau crefyddol yn gyffredin yn ystod yr unfed ganrif ar bymtheg, a byddai'r rheiny a oedd yn gwrthod dilyn y grefydd swyddogol yn cael eu cyhuddo o heresi.
- Arweiniodd cynnydd sydyn mewn trethi cartref a tholldaliadau yn ystod y ddeunawfed ganrif at gynnydd mewn smyglo.
- Roedd William Owen, Siôn Cwilt a'r teulu Lucas yn ymwneud â smyglo ar hyd arfordir Cymru.
- Roedd gwell trafnidiaeth, teithiau mwy rheolaidd a chynnydd mewn cyfoeth personol yn help i wneud lladrata pen-ffordd yn drosedd ddeniadol yn ystod y ddeunawfed ganrif.
- Dick Turpin oedd lleidr pen-ffordd enwocaf y cyfnod hwn.
- O ganlyniad i drefoli, datblygodd dosbarth troseddol newydd a daeth troseddau fel pigo pocedi yn gyffredin.
- O ganlyniad i'r chwyldroadau diwydiannol ac amaethyddol cynhaliwyd llawer o brotestiadau poblogaidd yn ystod blynyddoedd cynnar y bedwaredd ganrif ar bymtheg, fel protestiadau'r Ludiaid, Swing, y Siartwyr a Beca.
- Gwelodd yr ugeinfed ganrif dwf mathau newydd o droseddau a oedd yn gysylltiedig â datblygiadau mewn trafnidiaeth a thechnoleg.
- Daeth troseddau moduro yn fwyfwy cyffredin yn ystod yr ugeinfed ganrif, ymhlith pobl o bob dosbarth a chefndir cymdeithasol.
- Canlyniad newidiadau technolegol sy'n ymwneud â'r cyfrifiadur a'r rhyngrwyd yw datblygiad troseddau cyfrifiadurol.
- Cafwyd twf yn yr achosion o derfysgaeth yn ystod blynyddoedd olaf yr ugeinfed ganrif ac mae hyn yn parhau yn bryder mawr i ddiogelwch y wlad a'i thrigolion yn yr unfed ganrif ar hugain.

Cwestiynau ymarfer

1 Cwblhewch y brawddegau isod gan ddefnyddio'r term cywir:
   a) Byddai crwydryn a oedd yn defnyddio ffon bren hir i ddwyn eitemau yn cael ei alw yn ………….. .
   b) Lleidr pen-ffordd enwocaf y ddeunawfed ganrif oedd Dick ………….. .
   c) Digwyddodd Gwrthryfel Casnewydd yn 18……. .
   ch) Gofynnir i yrwyr dan amheuaeth o yrru dan ddylanwad alcohol anadlu i mewn i …………….. .
   (I gael cyfarwyddyd, gweler tudalennau 124.)
2 Edrychwch ar Ffynhonnell Ch [crwydriaid] (tudalen 17), Ffynhonnell Ll [lladrata pen-ffordd] (tudalen 24) a Ffynhonnell AA [terfysgaeth] (tudalen 36) i nodi un tebygrwydd ac un gwahaniaeth yn natur troseddau dros y canrifoedd. *(I gael cyfarwyddyd, gweler tudalennau 125–6.)*
3 Disgrifiwch brif nodweddion troseddau crefyddol yn ystod yr unfed ganrif ar bymtheg. *(I gael cyfarwyddyd, gweler tudalen 127.)*
4 Esboniwch pam y cynyddodd y cyfleoedd i droseddu yn ystod blynyddoedd olaf yr ugeinfed ganrif a blynyddoedd cynnar yr unfed ganrif ar hugain. *(I gael cyfarwyddyd, gweler tudalen 129.)*
5 I ba raddau y mae gweithgarwch troseddol wedi parhau yr un peth dros amser? Yn eich ateb, dylech wneud y canlynol:
   – dangos sut mae rhywfaint o weithgarwch troseddol wedi parhau yr un peth dros dri chyfnod hanesyddol
   – trafod sut mae rhai mathau o weithgarwch troseddol yn gyffredin i gyfnodau hanesyddol penodol
   – cyfeirio'n uniongyrchol at hanes Cymru. *(I gael cyfarwyddyd, gweler tudalennau 132–33.)*

3 Gorfodi cyfraith a threfn

Mae'r bennod hon yn canolbwyntio ar y cwestiwn allweddol: Sut mae'r cyfrifoldeb o orfodi cyfraith a threfn wedi newid dros amser?

Wrth i Brydain newid dros amser, roedd angen i'r dulliau o orfodi'r gyfraith newid hefyd. Drwy gydol yr Oesoedd Canol, y gymuned ei hun oedd yn bennaf cyfrifol am orfodi cyfraith a threfn, ac roedd y pwyslais ar hunanblismona. Grŵp bach o amaturiaid di-dâl a fyddai'n cyflawni'r gwaith am gyfnodau byr oedd swyddogion gorfodi'r gyfraith ond gallent alw ar gymorth eu cyd-ddinasyddion i ddod o hyd i droseddwyr a'u dal. Gweithiai'r system hon yn dda mewn cymunedau bychain gan barhau i'r unfed ganrif ar bymtheg a'r ail ganrif ar bymtheg, ond oherwydd twf trefi yn y ddeunawfed ganrif rhoddwyd straen cynyddol ar y system hon a'i gwneud yn llai effeithiol. Erbyn diwedd y ganrif roedd heddluoedd preifat wedi eu sefydlu a datblygwyd hyn ymhellach pan ffurfiwyd **yr Heddlu Metropolitan** yn 1829. O ganlyniad i lwyddiant y model hwn rhoddodd y llywodraeth orchymyn i sefydlu heddluoedd ledled y wlad. Erbyn yr ugeinfed ganrif roedd pobl yn ystyried gwasanaeth heddlu ffurfiol yn offeryn hanfodol wrth ymladd troseddau a gorfodi cyfraith a threfn. Wrth ddarllen drwy'r bennod hon dylech ystyried sut a pham mae'r cyfrifoldeb am orfodi cyfraith a threfn wedi newid dros amser a pha ffactorau oedd yn gyfrifol am y newidiadau hyn ac a gyfrannodd at newidiadau mewn agwedd.

TASG FFOCWS

Wrth i chi weithio drwy'r bennod hon, casglwch wybodaeth i'ch galluogi i gwblhau'r tabl isod. Defnyddiwch bwyntiau bwled ym mhob adran i amlygu prif nodweddion y cyfnod. Ar ddiwedd y bennod byddwch yn gallu defnyddio'r wybodaeth hon i amlinellu pwy oedd yn gyfrifol am orfodi'r gyfraith ar adeg benodol, ac i fynegi barn ar raddfa'r newid a'r parhad wrth orfodi cyfraith a threfn ar hyd y canrifoedd.

Canrifoedd	Beth oedd yr agwedd tuag at orfodi'r gyfraith yn ystod y cyfnod hwn?	Pwy oedd prif swyddogion gorfodi'r gyfraith yn ystod y cyfnod hwn?	A oedd hyn yn newid neu'n barhad o'r ganrif flaenorol?
1500 i 1700			
1700 i 1800			
1800 i 1900			
1900 hyd heddiw			

Twf cyfrifoldebau dinesig a phlwyf yn yr unfed ganrif ar bymtheg

Erbyn heddiw mae gan lywodraethau'r byd heddluoedd cymwys i ddal troseddwyr ac, mewn argyfwng, gellir galw ar y fyddin i helpu i gynnal cyfraith a threfn. Ceir hefyd nifer o garchardai i gadw'r rheiny a ganfyddir yn euog o droseddau difrifol. Ond roedd pethau'n wahanol iawn yn yr unfed ganrif ar bymtheg. Nid oedd heddlu, na byddin amser llawn, ac nid oedd fawr o garchardai. Roedd disgwyl i gyfraith a threfn gael eu cynnal gan grŵp bach o swyddogion amatur, di-dâl.

System yr Oesoedd Canol yn parhau

O'r Oesoedd Canol a thrwy gyfnodau'r Tuduriaid a'r Stiwartiaid, **ynadon heddwch (YH)**, **cwnstabliaid plwyf** a **gwylwyr tref** oedd yn gyfrifol am gadw'r heddwch, gyda'r pwyslais ar 'hunanblismona'. (Am ragor o wybodaeth am ynadon heddwch, cwnstabliaid a gwylwyr tref gweler Pennod 4.) Roedd hyn yn barhad o drefn yr Oesoedd Canol lle byddai'r gymuned yn ymwneud yn uniongyrchol â chynnal cyfraith a threfn o ddydd i ddydd.

Wrth geisio dal troseddwr gallai cwnstabl plwyf godi '**gwaedd ac ymlid**'. Byddai'r 'waedd' neu'r wŷs (*summons*) yn alwad i holl ddynion iach yr ardal ymuno â'r chwilio i ddilyn y troseddwr i'w wâl. Anfantais y dull hwn oedd na allai'r cwnstabl barhau â'r chwilio y tu hwnt i'w blwyf ei hun. Llwybr arall a oedd yn agored i'r cwnstabl oedd galw ynghyd *posse comitatus*, sef gwŷs i bob dyn dros 15 oed ddal troseddwyr neu helpu i ddod â therfysg i'w derfyn.

Datblygiad cyfrifoldeb dinesig

Gwelwyd twf mewn **cyfrifoldeb dinesig** yn ystod yr unfed ganrif ar bymtheg. Roedd safle cymdeithasol y boneddigion Tuduraidd yn is na'r uchelwyr cyfoethog ond eto i gyd roeddent yn dirfeddianwyr sylweddol eu hunain a dechreuasant gymryd mwy o gyfrifoldeb dros orfodi'r gyfraith. Roeddent yn dal swydd bwysig yr ynad heddwch, swydd a oedd yn rhoi statws iddynt yn y gymuned ac yn adlewyrchu eu pwysigrwydd yn lleol. Yn wir, daethant i ystyried y ddyletswydd ddi-dâl hon o weithredu fel ynad yn y llysoedd lleol a goruchwylio swyddogion gorfodi'r gyfraith yn lleol yn rhan o'u cyfrifoldeb cymdeithasol (gweler Ffynhonnell A).

Ffynhonnell A: Ar ddiwedd yr unfed ganrif ar bymtheg ysgrifennodd Syr Henry Killigrew at Robert Cecil, Ysgrifennydd Gwladol Elisabeth I, yn argymell y dylai William Treffry o Fowey yng Nghernyw gael ei benodi'n ynad heddwch

Gwn fod gan y bonheddwr hwn fywoliaeth ddigonol, a chrefydd a barn gadarn i weithredu'r fath awdurdod, a does dim ynad i'r gorllewin i'w gartref o fewn deng milltir ar hugain, nac i'r gogledd o fewn deuddeg, nac i'r dwyrain o fewn chwech; mae'r dref y mae'n byw ynddi yn fan sy'n dioddef llawer o anhrefn wrth i filwyr droi yn rheolaidd at yr harbwr hwnnw.

System gorfodi'r gyfraith dan straen cynyddol

Er bod swydd yr ynad heddwch yn ennyn statws cymdeithasol, roedd hefyd yn hawlio llawer o amser ac erbyn yr ail ganrif ar bymtheg cafwyd cwynion ynglŷn â'r llwyth gwaith eithafol a orfodwyd ar ynadon heddwch, yn enwedig y rheiny a weithiai yn y trefi a oedd yn ehangu. Yn yr un modd, oherwydd trefoli, roedd swyddi'r cwnstabl plwyf a'r gwyliwr tref yn dechrau mynd yn feichus ac yn llai effeithiol.

▲ **Ffynhonnell B:** Roedd gan ynadon heddwch Tuduraidd lawer o ddyletswyddau. Yn y darlun cyfoes hwn mae'r ynad heddwch yn trwyddedu pedler

YSTYRIWCH

1. Gan ddefnyddio Ffynhonnell A a'ch gwybodaeth eich hun, esboniwch y twf yn nifer yr ynadon heddwch yn ystod yr unfed ganrif ar bymtheg.
2. Pa mor ddefnyddiol yw Ffynhonnell B i hanesydd sy'n astudio twf cyfrifoldeb dinesig yn ystod yr unfed ganrif ar bymtheg?
3. 'Yn ystod yr unfed ganrif ar bymtheg a'r ail ganrif ar bymtheg roedd gorfodi cyfraith a threfn yn y dref a'r wlad yn disgyn ar nifer fechan o unigolion preifat di-dâl.' Pa dystiolaeth allwch chi ddod o hyd iddi i gefnogi'r datganiad hwn?

Y cysyniad o heddluoedd cyfundrefnol, a'u datblygiad, erbyn y bedwaredd ganrif ar bymtheg

Tyfodd poblogaeth Cymru a Lloegr yn gyson yn ystod yr unfed ganrif ar bymtheg a'r ail ganrif ar bymtheg. Yn 1500 roedd y ffigur tua 2.5 miliwn o bobl; erbyn 1600 roedd wedi tyfu i 4 miliwn ac erbyn 1700 roedd yn 5 miliwn. Golygai hyn fod maint y boblogaeth wedi dyblu yn ystod cyfnod o ddau gan mlynedd. O ganlyniad i'r twf hwn, rhoddwyd y system ganoloesol etifeddedig o hunanblismona cymunedol dan straen cynyddol. Roedd hyn yn arbennig o wir mewn canolfannau trefol mawr fel Llundain ac erbyn diwedd yr ail ganrif ar bymtheg ni allai gwylwyr y dref gystadlu â'r cynnydd sydyn mewn trosedd gyfundrefnol. Erbyn 1800 roedd poblogaeth Cymru a Lloegr wedi dyblu eto, gan godi i 10 miliwn erbyn diwedd y ganrif honno. Canlyniad cynnydd mor ddramatig yn y pen draw oedd gorfodi newid yn y dulliau a ddefnyddiwyd i orfodi cyfraith a threfn.

▲ **Ffynhonnell C:** Gwyliwr yn patrolio strydoedd Llundain yn gynnar yn y ddeunawfed ganrif

Agweddau tuag at orfodi'r gyfraith yn newid yn y ddeunawfed ganrif

Gwelwyd y twf mwyaf yn y boblogaeth yn y trefi a'r dinasoedd diwydiannol a oedd yn ehangu oherwydd datblygiad y Chwyldro Diwydiannol. Yn 1700 amcangyfrifwyd bod 500,000 o bobl yn byw yn Llundain ond roedd y ffigur hwn wedi dyblu erbyn 1800. Dim ond 6,000 oedd poblogaeth Manceinion yn 1700 ond roedd wedi tyfu i dros 50,000 erbyn 1788. Oherwydd y twf yn y diwydiant cynhyrchu haearn, erbyn dechrau'r bedwaredd ganrif ar bymtheg roedd Merthyr Tudful wedi datblygu i fod y dref fwyaf yng Nghymru, gyda phoblogaeth o dros 30,000, ac eto dim ond dau ynad heddwch oedd yn gyfrifol amdani.

Er gwaethaf y twf hwn yn y boblogaeth, roedd cyfraith a threfn yn dal i gael eu cynnal drwy fynnu bod pawb yn gwasanaethu fel cwnstabl am flwyddyn, dan oruchwyliaeth ynadon heddwch. Nid oedd y system hon wedi newid llawer ers cyfnod yr Eingl-Sacsoniaid. Roedd gwylwyr yn dal i weithredu dan gyfreithiau a basiwyd gan Siarl II, ond nid oeddent yn dda iawn am ddal troseddwyr nac am atal troseddau (gweler Ffynonellau C a Ch). Disgrifiodd yr awdur a'r ynad heddwch o'r ddeunawfed ganrif, Henry Fielding, y gwylwyr fel 'hen bobl druenus, musgrell na allant, oherwydd eu diffyg nerth corfforol, ennill eu bywoliaeth drwy waith'. Parodd y methiannau hyn yn y pen draw i unigolion arbrofi trwy sefydlu systemau mwy cyfundrefnol o atal ac ymladd troseddau.

Ffynhonnell Ch: Disgrifiad o wylwyr Llundain gan deithiwr o Ffrainc, Eugene Lami, yn ysgrifennu yn ei lyfr *Voyages en Angleterre* (1829)

Wrth i'r wawr dorri mae'r gwylwyr ... yn cropian adref ar ôl cadw gwyliadwriaeth dros ddiogelwch Llundain drwy'r nos. Hen ddynion gwan ydynt gan mwyaf, a'r unig arf sydd ganddynt yw polyn neu ffon ... Gyda'r perygl lleiaf, gall pob un alw ar ei gyd-weithiwr agosaf trwy ysgwyd ratl, ond eu hunig ddyletswydd fel arfer yw crio'r awr bob ugain munud fel clociau'n cerdded yn y tywyllwch mud.

YSTYRIWCH

1. Esboniwch pam roedd y twf yn y boblogaeth yn ystod y cyfnod o 1500 i 1700 yn gwneud gorfodi cyfraith a threfn yn fwy anodd.
2. Beth mae Ffynonellau C a Ch yn ei ddweud wrthych am effeithiolrwydd gwylwyr tref fel gorfodwyr y gyfraith?

Ymddangosiad 'cymerwyr lladron' (*thief-takers*)

Datblygiad y papurau dyddiol yn nechrau'r ddeunawfed ganrif oedd yn gyfrifol am ddod â throseddau a throseddwyr i sylw'r cyhoedd. O ganlyniad, ymddangosodd unigolion preifat o'r enw '**cymerwyr lladron**' a fyddai'n dal troseddwyr ac yn hawlio'r wobr ariannol. Oherwydd nad oedd heddlu ffurfiol, roeddent yn gweithredu fel swyddogion y gyfraith answyddogol a chanolwyr, gan drefnu bod eitemau a ddygwyd yn cael eu dychwelyd am ffi. Ystyrient eu hunain yn ymladdwyr troseddau a oedd yn gweithredu er lles y cyhoedd. Yn aml iawn, fodd bynnag, roeddent yn llwgr, ac yn mynnu arian amddiffyn gan y troseddwyr yr oeddent i fod i'w dal.

Roedd Charles Hitchen a Jonathan Wild yn ddau gymerwr lladron pwerus yn Llundain yn ystod blynyddoedd cynnar y ddeunawfed ganrif.

Astudiaeth achos: Charles Hitchen (c.1675–1727)

Er iddo ddod o deulu tlawd, llwyddodd Hitchen i ddefnyddio cyfoeth a etifeddodd ei wraig i brynu swydd Is-farsial y Ddinas yn Llundain. Gyda staff o chwe dyn, roedd disgwyl i Hitchen blismona'r ddinas am buteiniaid, crwydriaid a chrefftwyr di-drwydded. Fodd bynnag, manteisiodd ar y swydd yn gyflym iawn a mynnu llwgrwobrwyon gan buteindai a lladron poced yn gyfnewid am beidio â'u harestio. Yn ogystal, rhoddodd bwysau ar ladron i werthu'r nwyddau roeddent wedi eu dwyn drwyddo ef. Yna byddai'n esgus ei fod wedi dod o hyd i'r nwyddau ac yn trafod ffi gyda'r perchnogion i'w dychwelyd. Sicrhaodd wasanaeth Jonathan Wild i'w helpu i reoli ei ladron, a phan nad oeddent o unrhyw ddefnydd iddo mwyach byddai'n eu harestio, gan ennill yr enw 'cymerwr lladron'. Yn 1727 cafodd ei arestio am droseddau rhyw a bu farw'n fuan ar ôl cwblhau cyfnod o chwe mis yn y carchar.

Astudiaeth achos: Jonathan Wild (1683–1725) – 'Cymerwr Lladron Cyffredinol Prydain Fawr ac Iwerddon' ('*Thief-Taker General of Great Britain and Ireland*')

Ganed Jonathan Wild yn Wolverhampton, ac aeth yn brentis i wneuthurwr byclau (*buckles*) yn Birmingham pan oedd yn ddeuddeg oed. Yn 1706 symudodd i Lundain ac yn fuan iawn cafodd ei dynnu i fyd y lladron, gan ennill ei fywoliaeth drwy ddwyn a derbyn nwyddau wedi eu dwyn. Yn 1713 aeth i weithio fel cymerwr lladron cynorthwyol i Hitchen. Fodd bynnag, o fewn dim roedd wedi creu ei ymerodraeth o droseddwyr ei hun yn Cripplegate, gan gystadlu'n uniongyrchol â Hitchen.

Pan fyddai lleidr yn dod ato i werthu nwyddau wedi eu dwyn, byddai Wild yn darganfod o ble roedd y nwyddau wedi dod ac yn ymweld â'r dioddefwyr. Byddai'n addo 'gwneud ymholiadau' ynghylch yr eiddo coll ac yn eu perswadio i gynnig gwobr am eu dychwelyd. Ar ôl ychydig ddyddiau byddai Wild yn dychwelyd y nwyddau, yn hawlio'r wobr ac yn talu'r lleidr.

Rhannodd Llundain yn ardaloedd gwahanol, pob un o dan reolaeth un o'i gangiau. Byddai'n derbyn gwybodaeth gan ei rwydwaith o ysbiwyr am y lleoedd gorau i ladrata. Roedd yn cynllunio lladradau, yn hyfforddi ac yn trefnu'r lladron ac yn cyflogi ffugwyr a chrefftwyr i weithio ar eiddo na allai eu dychwelyd i'r perchnogion.

Yn ogystal â delio mewn nwyddau wedi eu dwyn, byddai Wild yn llwgrwobrwyo troseddwyr ac yna'n derbyn arian gan y llysoedd ar ôl eu rhoi yn nwylo'r awdurdodau. Cafodd yr enw 'Cymerwr Lladron Cyffredinol Prydain Fawr ac Iwerddon'

Ffynhonnell D: Hysbyseb gan Jonathan Wild ym mhapur newydd y *Daily Post* yn Llundain yn 1724

Collwyd, ar y 1af o Hydref, Lyfr Poced o raenledr du, ag ymyl Arian, gyda rhai Nodiadau â Llaw. Collwyd y Llyfr dywededig yn y Strand, ger Tafarn y Fountain, tua 7 neu 8 o'r gloch y Nos. Os daw unrhyw Berson â'r Llyfr rhagddywededig at Mr Jonathan Wild, yn yr Old Bailey, caiff Gini (*guinea*) fel gwobr.

▲ **Ffynhonnell Dd:** Tocyn crocbren i weld Jonathan Wild, 'Y Cymerwr Lladron Cyffredinol', yn cael ei grogi. Daeth tyrfa fawr i'r dienyddiad

YSTYRIWCH

Astudiwch yrfaoedd Charles Hitchen a Jonathan Wild.

a) Disgrifiwch rôl a phwrpas cymerwyr lladron.

b) 'Ymladdwr troseddau a oedd yn gweithredu er lles y cyhoedd.' A ydych yn cytuno â'r disgrifiad hwn o Jonathan Wild? Rhowch resymau i gefnogi eich ateb.

o ganlyniad i'r 'dyletswyddau plismona' hyn. Roedd gweithgareddau llwgr Wild yn gwylltio'r llywodraeth, ond roedd hi'n anodd casglu tystiolaeth am ei ymerodraeth droseddol. Fodd bynnag, ym mis Chwefror 1725 cafodd ei arestio. Safodd ei brawf yn yr Old Bailey, lle cafwyd ef yn euog a chafodd ei grogi yn Tyburn ar 24 Mai 1725.

Arbrofi â heddluoedd preifat

Yn ystod ail hanner y ddeunawfed ganrif dechreuodd nifer o ynadon heddwch arbrofi drwy sefydlu heddluoedd preifat er mwyn ceisio lleihau troseddau. Y mwyaf llwyddiannus ohonynt oedd dau frawd, Henry a John Fielding, a greodd heddlu bach o swyddogion y gyfraith a oedd yn cael eu cyflogi i batrolio strydoedd canol Llundain o'u canolfan yn Bow Street. Llwyddodd 'Ceidwaid Bow Street', fel y'u galwyd maes o law, i leihau lefelau troseddau (gweler Pennod 4), ond dim ond am ran gymharol fach o'r ddinas roeddent yn gyfrifol ac roedd troseddau yn parhau i gynyddu mewn mannau eraill. Byddai'r hen wylwyr, sef prif swyddogion y gyfraith ar y stryd, yn cael eu beirniadu fwyfwy am eu haneffeithiolrwydd wrth orfodi cyfraith a threfn (gweler Ffynhonnell E).

Ffynhonnell E: Gwybodaeth a roddwyd yn ystod gwrandawiad Pwyllgor yn Nhŷ'r Cyffredin yn 1817 am orfodi'r gyfraith yn ardal Soho, Llundain

[Cwestiwn] A yw'r gwylwyr yn eich plwyf chi yn ei hystyried yn ddyletswydd arnynt i gynorthwyo'r gwylwyr yn y plwyf nesaf?

[Ateb] Nac ydynt. Dyma anhawster sy'n codi dro ar ôl tro.

[Cwestiwn] Felly os bydd twrw yn digwydd yn yr un stryd, ond heb fod o fewn i'r plwyf, ni fyddai'r gwyliwr yn ei hystyried yn ddyletswydd arno i ymyrryd?

[Ateb] Na fyddai. Efallai y byddai'n sefyll yno a gwylio.

Gwrthwynebiad i'r syniad o greu heddlu ffurfiol

Nid o ganlyniad i ddatblygiad graddol y daeth heddlu ffurfiol i fodolaeth yng Nghymru a Lloegr. Nid oedd sefydlu'r Heddlu Metropolitan ac wedyn yr heddlu cenedlaethol yn esblygiad naturiol o Geidwaid Bow Street. Nid felly roedd hi o gwbl ac, mewn gwirionedd, tyfodd system yr heddlu fwy neu lai ar hap ac roedd yn amrywio'n fawr o ardal i ardal.

Un rheswm dros y datblygiad araf a thameidiog hwn oedd bod nifer o garfanau yn gwrthwynebu'n ffyrnig y syniad o heddlu sefydledig. Dyma rai o'r dadleuon yn erbyn:

- Credid yn gryf nad cyfrifoldeb y llywodraeth oedd gweithredu plismona ataliol, ac y dylai pobl yn hytrach wneud hyn eu hunain.
- Roedd llawer yn meddwl y byddai heddlu yn tresmasu ar breifatrwydd ac y byddai'n ddiwedd ar ryddid i fynegi barn, yn cynnwys y gallu i feirniadu'r llywodraeth.
- Barn nifer o bobl ryddfrydig oedd y byddai'r llywodraeth yn defnyddio'r heddlu i atal gwrthwynebiad gwleidyddol. Roedd yr heddlu mewn rhai gwledydd, fel Ffrainc, yn gweithredu fel ysbiwyr (gweler Ffynhonnell F).
- Roedd rhai yn gwrthwynebu ar sail cost – byddai mesurau o'r fath yn ddrud iawn ac yn arwain at drethi uwch. Roedd yn well gan bobl ddibynnu ar gwnstabliaid a chymerwyr lladron i ddelio â throseddau, yn enwedig yn y trefi.
- Y gred yn syml oedd na fyddai system o'r fath yn gweithio. Credid mai'r ffordd orau o atal troseddau oedd trwy osod cosb lem iawn, sef y **Cod Gwaedlyd**. Gan nad oedd troseddwyr yn ofni cwnstabliaid, roedd yn rhaid eu gwneud yn ymwybodol o'r cosbau llym y byddent yn eu derbyn pe baent yn cael eu dal.

YSTYRIWCH

1. Defnyddiwch Ffynhonnell E a'ch gwybodaeth eich hun i esbonio pam roedd gorfodi'r gyfraith yn parhau yn achos pryder ar ddechrau'r bedwaredd ganrif ar bymtheg.
2. Defnyddiwch Ffynhonnell F a'ch gwybodaeth eich hun i ysgrifennu araith a allai fod wedi ei chyflwyno ym mlynyddoedd cynnar yr 1800oedd, yn egluro pam y byddech yn gwrthwynebu sefydlu heddlu.

Ffynhonnell F: Aelod Seneddol (AS), yn siarad yn 1811, yn esbonio pam roedd yn gwrthwynebu sefydlu heddlu

Mae ganddynt heddlu clodwiw ym Mharis, ond yn talu'n ddigon drud amdano. Byddai'n well gennyf weld hanner dwsin o yddfau dynion yn cael eu torri ar Radcliffe Highway bob tair neu bedair blynedd na dioddef cyrchoedd ar dai, ysbiwyr ac yn y blaen.

Datblygiad heddluoedd cyfundrefnol yn ystod y bedwaredd ganrif ar bymtheg

Erbyn canol y bedwaredd ganrif ar bymtheg roedd heddluoedd proffesiynol wedi eu sefydlu, gan ddechrau gyda'r Heddlu Metropolitan yn 1829, cyn sefydlu heddluoedd gorfodol ar hyd a lled Cymru a Lloegr ar ôl 1856 (gweler Pennod 4). Roedd cwnstabliaid pentrefi ac ynadon heddwch a oedd yn gorweithio yn cael trafferth i ddelio â'r troseddau cynyddol a ddaeth yn sgil y Chwyldro Diwydiannol a thwf y trefi diwydiannol. Erbyn hyn, roedd y cwnstabliaid wedi eu disodli gan heddlu proffesiynol a oedd yn gallu canolbwyntio ar atal troseddu a dal drwgweithredwyr.

Bu sawl ffactor o help i newid barn y cyhoedd a goresgyn y gwrthwynebiad ffyrnig a fodolai ar ddiwedd y ddeunawfed ganrif.

Ofn chwyldro

Oherwydd y Chwyldro Ffrengig yn 1789 a'r cyfnod hir o ryfela â Ffrainc y Chwyldro a Ffrainc Napoleon rhwng 1793 ac 1815, roedd y llywodraeth a thirfeddianwyr ym Mhrydain yn ofni y byddai chwyldro tebyg yn digwydd yma. Roedd goresgyniad gan y Ffrancwyr hefyd yn bosibilrwydd cryf ac yn ychwanegu at yr ofn hwn.

Fel y gwelwyd eisoes ym Mhennod 2, roedd cyfres o ddigwyddiadau yn gwneud chwyldro yn fwy tebygol:

- Protestiadau Ludaidd 1812–13 – gwehyddion a gweithwyr tecstiliau yn dinistrio peiriannau a oedd yn gyfrifol, yn eu barn nhw, am y ffaith eu bod yn colli eu gwaith
- Peterloo 1819 – cyfarfod mawr yn St Peter's Field, Manceinion yn Awst 1819 yn galw am hawl gweithwyr cyffredin i bleidleisio
- Terfysgoedd Swing 1830–31 – ymosodiadau ar beiriannau ac adeiladau fferm gan weithwyr amaethyddol a oedd yn anfodlon â'u cyflogau isel a phrisiau bwyd uchel
- Gwrthryfel Merthyr 1831 – terfysgoedd treisgar gan weithwyr diwydiannol yn protestio yn erbyn gostyngiad mewn cyflog a chynnydd mewn diweithdra ac yn mynnu diwygio gwleidyddol
- Y Siartwyr 1838–50au – pobl a ymgyrchodd dros hawliau gweithwyr i bleidleisio
- Gwrthryfel Casnewydd 1839 – gorymdeithiodd Siartwyr blin drwy strydoedd Casnewydd, gan wrthdaro gyda milwyr
- Terfysgoedd Beca 1839–43 – protestiadau gan ffermwyr yn ne-orllewin Cymru yn erbyn tollau uchel ar y ffyrdd tyrpeg newydd.

Gorfodwyd y llywodraeth i alw ar y fyddin i ddelio â'r rhan fwyaf o'r terfysgoedd hyn. Prif amcan yr awdurdodau oedd cynnal cyfraith a threfn, heb ildio i'r protestwyr. Roedd yr hen ddulliau cyfraith a threfn yn dibynnu ar gefnogaeth leol, ond weithiau ni fyddai hynny ar gael pe bai'r bobl leol yn gwrthod cydweithredu â'r cwnstabl. Yn ystod y cyfnod hwn gorfodwyd y llywodraeth i ddibynnu ar **y Ddeddf Terfysg** a'r fyddin i ddelio â phrotestiadau o'r fath.

Ffynhonnell Ff: Yn 1769 gwnaeth Benjamin Franklin, Americanwr a oedd yn aros ym Mhrydain, sylw ar y cynnydd mewn terfysgoedd a chythrwfwl sifil. Parhaodd terfysgoedd o'r fath hyd at y bedwaredd ganrif ar bymtheg

Gwelais o fewn blwyddyn, derfysgoedd yn y wlad oherwydd ŷd; terfysgoedd oherwydd etholiadau; terfysgoedd oherwydd tlotai; terfysgoedd gan lowyr; terfysgoedd gan wehyddion; terfysgoedd gan gariwyr glo; terfysgoedd gan lifwyr; terfysgoedd gan ddiwygwyr gwleidyddol; terfysgoedd gan smyglwyr a welodd swyddogion tolldai a swyddogion tollau yn cael eu llofruddio a saethu at longau arfog a lluoedd y Brenin.

Ffynhonnell G: Yn 1817 gwelwyd terfysg ym mhorthladd Amlwch ar Ynys Môn. Roedd criw o bobl leol wedi dwyn llyw llong a oedd yn cario grawn, er mwyn ei rhwystro rhag gadael. Disgrifiodd ynad yr olygfa mewn llythyr i'r Swyddfa Gartref

Cyn gynted ag yr oedd y cwnstabliaid wedi tyngu llw roedd yn ymddangos eu bod yn ystyried bod eu dyletswydd ar ben a diflannu a wnaethant ac eithrio pump neu chwech a oedd yn gwbl segur. ... Ni ellid dod o hyd i'r un person i helpu'r cwnstabl i gludo'r troseddwyr i'r carchar ... a byddai'r arweinydd wedi dianc ... pe na bai Mr Wm Jones, Llawfeddyg o Amlwch, wedi gwirfoddoli ... i wasanaethu'r cwnstabl.

Ffynhonnell Ng: Adroddiad a gyflwynwyd i bwyllgor Tŷ'r Cyffredin yn 1839 gan ynadon Sir Forgannwg yn pryderu am ddefnyddio cwnstabliaid i orfodi cyfraith a threfn

Ni all heddlu presennol y rhan hon o'r wlad, drwy unrhyw bosibilrwydd, fod yn waeth nag ydyw ... Mae pob un o'r cwnstabliaid yn yr ardaloedd gwledig, heblaw ambell eithriad prin, yn berffaith anllythrennog.

Cynnydd mewn troseddau ac ofn cynyddol o droseddau

Roedd nifer o bobl mewn awdurdod yn ofni bod troseddau, a throseddau treisgar yn arbennig, ar gynnydd ac allan o reolaeth. Dengys yr ystadegau fod y gyfradd troseddu wedi codi yn y blynyddoedd ar ôl y Rhyfeloedd â Ffrainc (gweler Ffigur 3.1)

Diffygion y system bresennol

Yn y trefi mwy ni allai'r ynadon heddwch, cwnstabliaid a gwylwyr ymdopi â'r cynnydd mewn troseddau. Roedd eu hymdrechion yn fwyfwy aneffeithiol wrth geisio brwydro i leihau troseddau, dal drwgweithredwyr a'u rhoi i sefyll eu prawf (gweler Ffynonellau G a Ng).

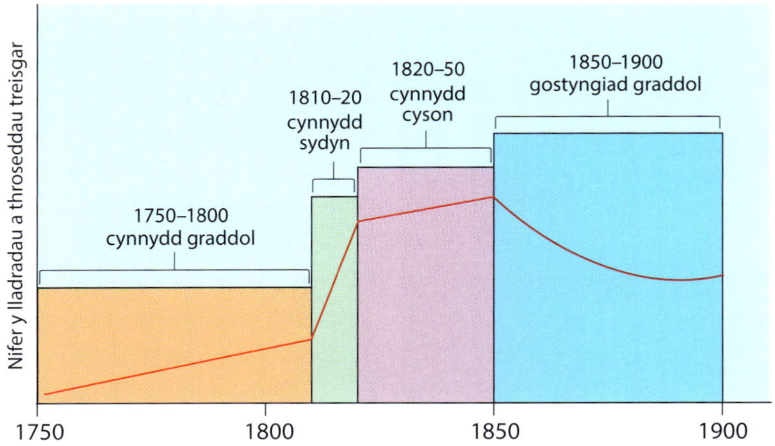

▲ **Ffigur 3.1:** Graff yn dangos tueddiadau mewn troseddau rhwng 1750 ac 1900

Twf trefi

Edrychai'r hen system o gwnstabliaid a gwylwyr yn hen ffasiwn ac aneffeithiol yn sgil twf sydyn trefi a dinasoedd fel Llundain. Yn syml, roedd gormod o bobl, wedi eu gwasgu i dai a strydoedd gorlawn, i gadw at yr hen ffyrdd o blismona.

Y llywodraeth yn chwarae rhan gynyddol

Daeth llywodraethau yn ystod y bedwaredd ganrif ar bymtheg i chwarae rhan gynyddol wrth ddiwygio a newid bywyd ym Mhrydain. Dechreuodd llywodraethau godi mwy o arian trwy drethi ac roeddent yn caniatáu i awdurdodau lleol godi trethi lleol i dalu am wasanaethau sylfaenol fel sefydlu heddlu.

GWEITHGAREDDAU

1 Copïwch a chwblhewch y tabl isod.

Ffynhonnell	Prif neges y ffynhonnell	Sut y gellid defnyddio'r ffynhonnell hon i gefnogi'r ddadl dros greu heddlu?
Ffynhonnell F		
Ffynhonnell Ff		
Ffynhonnell G		
Ffynhonnell Ng		

2 Astudiwch Ffynonellau A i Dd ar dudalennau 39–42. Yn eich barn chi, beth yw'r tri rheswm cryfaf y gellid eu defnyddio i gyfiawnhau sefydlu heddlu cyfundrefnol?

Newid agweddau: goresgyn gwrthwynebiad i'r heddluoedd

Roedd y syniad o heddlu ffurfiol wedi ei wrthsefyll ers amser hir ac, i gychwyn, gwrthwynebwyd a gwawdio'r heddluoedd a sefydlwyd ar ôl 1829 (gweler Ffynonellau H ac I). Fodd bynnag, wrth ddechrau gwerthfawrogi manteision cael llu cyfundrefnol o swyddogion y gyfraith, gwellodd enw'r heddlu yn raddol yn ystod y bedwaredd ganrif ar bymtheg (gweler Ffynhonnell L).

Erbyn diwedd y bedwaredd ganrif ar bymtheg roedd y cyfrifoldeb am orfodi cyfraith a threfn yn disgyn ar lu o heddweision proffesiynol, amser llawn a oedd yn derbyn cyflog. Erbyn 1900 roedd gan Gymru a Lloegr 46,800 o heddweision a 243 heddlu gwahanol. Roedd eu presenoldeb ar y strydoedd yn atal troseddau, yn enwedig mân ladradau, sef y drosedd fwyaf cyffredin ar hyd y blynyddoedd. Roedd rhai o'r ardaloedd trefol mwyaf anodd bellach yn cael eu patrolio'n rheolaidd gan yr heddlu ac roedd gwaith yr heddlu yn cael ei werthfawrogi'n arbennig yn yr ardaloedd tlotaf lle roedd siopwyr, landlordiaid a chrefftwyr yn cael eu bygwth gan ymddygiad troseddol. Roedd hyn yn welliant mawr ar weithredoedd y cymerwyr lladron ddwy ganrif cyn hynny pan oedd gorfodi cyfraith a threfn yn wael.

◀ **Ffynhonnell H:** Cartŵn gwrth-heddlu a gyhoeddwyd yn 1832 yn dangos y 'Peelers' wrth eu gwaith

Ffynhonnell I: Dyfyniad o'r cylchgrawn wythnosol *Fun* yn 1868 yn dilyn y Terfysgoedd Diwygio yn Hyde Park. Richard Mayne oedd pennaeth yr Heddlu Metropolitan

Mae Richard Mayne yn arweinydd gang cyfundrefnol o ddihirod sydd, ers peth amser, wedi cythruddo'r bobl barchus i gyd trwy "chwarae milwyr" ar sawl achlysur mewn mannau cyhoeddus. Mae'r dynion drwg yn gwisgo helmedau ac yn cyflawni gwiriondebau eraill.

Ffynhonnell L: Sylwadau James Grant ar effaith yr Heddlu Metropolitan newydd yn ei lyfr *Sketches in London* (1838)

Cafwyd lleihad mawr yn nifer y troseddau a gyflawnwyd yn Llundain, ers sefydlu'r heddlu newydd. Chwalwyd prif gyfundrefnau'r troseddwyr a'u gwasgaru i bob cyfeiriad.

YSTYRIWCH ?

1. Pa mor ddefnyddiol yw Ffynhonnell H i hanesydd sy'n astudio agweddau tuag at yr heddlu yn ystod hanner cyntaf y bedwaredd ganrif ar bymtheg?
2. Gan ddefnyddio Ffynonellau I a L yn ogystal â'ch gwybodaeth eich hun, esboniwch pam y newidiodd agweddau tuag at yr heddlu yn ystod ail hanner y bedwaredd ganrif ar bymtheg.

Newid yn natur a phwrpas plismona yn yr ugeinfed ganrif a'r unfed ganrif ar hugain

Mae'r heddlu yng Nghymru a Lloegr wedi newid yn sylweddol er 1900, yn enwedig o ganlyniad i gyflwyno technoleg newydd a sefydlu unedau arbenigol i fynd i'r afael â materion penodol. Mewn nifer o feysydd, fodd bynnag, mae'n bosib canfod parhad yn y modd y mae cyfraith a threfn yn cael eu gorfodi.

Meysydd sy'n parhau

Er gwaethaf newidiadau sylweddol yn y gyfundrefn ac adnoddau, mae prif ddyletswyddau'r heddlu wedi aros yr un peth ers i'r Heddlu Metropolitan gael ei sefydlu yn 1829:

- delio â throseddau bach a mawr
- cadw trefn gyhoeddus.

Ni fu llawer o newid yn eu pwerau dros y ganrif ddiwethaf chwaith:

- **arestio**: mae gan swyddogion yr heddlu y pŵer i arestio unigolion os ydynt yn amau eu bod wedi cyflawni trosedd
- **chwilio**: fel arfer, cyn y gall yr heddlu chwilio eiddo rhywun, mae'n rhaid iddynt feddu ar warant wedi ei chyhoeddi gan ynad, oni bai bod tor-heddwch yn digwydd
- **cadw**: gall swyddogion yr heddlu gadw rhywun sydd dan amheuaeth yn y ddalfa am hyd at 24 awr cyn eu cyhuddo neu eu rhyddhau; gallant wneud cais am estyniad o hyd at 96 awr
- **dirwyo a hysbysu**: gall plismon roi dirwy yn y fan a'r lle neu hysbysu'r heddlu am unigolyn, a'i alw i'r llys ymhen amser.

Mae'r cyhoedd yn dal i ystyried yr heddlu fel 'dalwyr lladron', ond rhan fach yn unig o'u gwaith yw delio â throseddau erbyn hyn. Mae plismyn yn llawer mwy tebygol o gael eu galw allan i ddelio â damwain ffordd, cymydog swnllyd neu ymddygiad gwrthgymdeithasol na threulio amser yn delio â lladrata a dwyn.

Meysydd sydd wedi newid

Trefniadaeth yr heddlu, cyflwyno a defnyddio technoleg, a hyfforddiant ac arbenigaeth yw rhai o'r newidiadau mwyaf sylweddol ym maes plismona.

Trefniadaeth

Un tueddiad amlwg yw cyfuno heddluoedd yn unedau mwy. Yn 1900 roedd 243 o heddluoedd gwahanol. O ganlyniad i Ddeddf Heddlu 1946 cyfunwyd heddluoedd trefol bach â heddluoedd sirol, gan leihau nifer yr heddluoedd i 117. Aeth Deddf Heddlu 1964 â'r proses gam ymhellach, gan leihau nifer yr heddluoedd yng Nghymru a Lloegr i 47. Erbyn heddiw mae 43 heddlu gwahanol. Dadl allweddol ar gyfer lleihau yw fod gan heddluoedd mwy adnoddau a gweithwyr gwell a'u bod yn fwy cost-effeithiol. Yr anfantais yw fod heddlu mwy yn gallu colli cysylltiad â chymunedau lleol, a all arwain at feirniadaeth ac ennyn drwgdeimlad tuag at yr heddlu gan eu bod yn cael eu hystyried yn gorff allanol.

Mae Prif Gwnstabl yn bennaeth ar bob heddlu ac mae Cymdeithas Prif Swyddogion yr Heddlu (*Association of Chief Police Officers*), a ffurfiwyd yn 1948, yn cyd-drefnu'r gwaith. Mae heddluoedd yn rhannu gwybodaeth drwy Gyfrifiadur Cenedlaethol yr Heddlu. Yn 2016 roedd cyfanswm o 124,066 o blismyn, ac roedd 35,498 (neu 29 y cant) o'r rhain yn fenywod.

Mae rhai wedi dadlau o blaid creu un heddlu cenedlaethol, ond cafwyd cryn wrthwynebiad i hyn. Yn ôl y gwrthwynebwyr, byddai hyn yn rhoi gormod o rym yn nwylo'r llywodraeth.

Blwyddyn	1900	1939	1964	1966	1990	2017
Nifer yr heddluoedd	243	183	117	49	43	43

▲ **Tabl 3.1:** Datblygiad yr heddlu yng Nghymru a Lloegr, 1900 hyd 2017

Tâl a recriwtio

Nid oedd unrhyw swyddogion heddlu benywaidd ar ddechrau'r ugeinfed ganrif. Fe'u cyflwynwyd am y tro cyntaf yn 1919 ac erbyn hyn mae 29 y cant o'r holl swyddogion yng Nghymru a Lloegr yn fenywod; ceir cynrychiolaeth o grwpiau ethnig yn ogystal.

Er mwyn denu a chadw swyddogion cymwys, mae plismyn yn derbyn codiad cyflog rheolaidd, ac erbyn hyn mae'r cyflog yn dda o gymharu â swyddi eraill. Mae'r cynllun pensiwn yn dda a gall plismyn ymddeol yn weddol ifanc (rhwng 55 a 60). Yn 1947 sefydlwyd Coleg Hyfforddi Heddlu i sicrhau bod pob plismon newydd yn derbyn hyfforddiant safonol; cynigir o leiaf 14 wythnos o hyfforddiant sylfaenol cyn iddynt ddechrau ar eu gwaith.

Ffynhonnell Ll: Adroddiad yn *The Police Service Advertiser* ar 29 Tachwedd 1872 gan PC Green, yn annerch cyfarfod o heddlu Birmingham yn 1872. Ynddo mae'n sôn am ymuno â'r heddlu i gychwyn:

... roedd cyfradd y cyflog mor isel fel na fyddai wedi derbyn oni bai iddo gael ei orfodi i wneud. Dyma'r swydd olaf un y byddai wedi ceisio amdani, oherwydd ... nid yn unig roedd dyletswyddau plismon yn ei amddifadu o'i fywyd cyfforddus, ond hefyd ei ryddid, ac wrth wisgo'r iwnifform deuai yn destun gwawd pob cythraul drwg yn y dref.

Cludiant a chyfathrebu

Yn 1900 byddai plismyn yn cyflawni eu dyletswyddau ar droed, yn cerdded eu rowndiau. Byddai cwnstabliaid yn treulio'r diwrnod ar eu rowndiau, gan gerdded hyd at ugain milltir y dydd. Byddent yn patrolio ar eu pennau eu hunain gyda dim mwy na chwiban i alw am gymorth. Roedd gan bob heddwas ei 'ardal' ei hun a byddai disgwyl iddo ei hadnabod yn dda. Mantais hyn oedd cysylltiad rheolaidd â'r bobl leol a meithrin perthynas o gyd-ymddiriedaeth a rhwydwaith o hysbyswyr.

Er yr Ail Ryfel Byd daeth yn haws i'r heddlu symud o gwmpas, ar feic modur yn wreiddiol ond fe'u gwelir yn amlach mewn car patrôl erbyn hyn. Canlyniad hyn oedd gorfod gadael eu rowndiau, a arweiniodd yn y pen draw at feirniadaeth fod yr heddlu bellach wedi ymddieithrio ac wedi cefnu ar blismona cymunedol. Roedd rhai o'r farn iddynt golli cysylltiad â'r ardal roeddent yn ei gwasanaethu. O ganlyniad, ailgyflwynodd rhai heddluoedd blismyn ar droed erbyn blynyddoedd olaf yr ugeinfed ganrif.

Yn ystod y degawdau diwethaf mae'r heddlu wedi defnyddio hofrenyddion i helpu wrth ddal troseddwyr, rheoli torfeydd ac â phroblemau traffig. Gallant hefyd ddefnyddio ceffylau, beiciau mynydd, cychod ac awyrennau ysgafn, os oes angen.

Plismona cymunedol

Yn ystod blynyddoedd olaf yr ugeinfed ganrif cyflwynwyd nifer o fentrau wedi eu cynllunio i ddychwelyd at y dull traddodiadol o orfodi cyfraith a threfn drwy ofyn i'r gymuned helpu â dyletswyddau plismona. Canlyniad hyn oedd sefydlu cynlluniau Gwarchod Cymdogaeth a chyflwyno swyddogion cyswllt â chymunedau. Cyflwynwyd Swyddogion Cymorth Cymunedol yr Heddlu (*PCSOs*) yn 2002 i gefnogi gwaith yr heddlu yn y gymuned. Maent yn darparu presenoldeb gweledol yn y gymuned, mynd i'r afael ag ymddygiad gwrthgymdeithasol a chasglu gwybodaeth wrth ddelio â mân ddigwyddiadau.

Arbenigaeth

Mae datblygiadau ym myd technoleg a gwyddoniaeth wedi achosi newidiadau sylweddol sy'n helpu i orfodi cyfraith a threfn. Mae'r radio, y rhyngrwyd a thechnoleg gyfrifiadurol yn cyflymu'r cyfathrebu ac yn galluogi gwell dulliau o gadw cofnodion yn ogystal â helpu i symleiddio gwaith ditectifs. Mae technoleg camera wedi gwella'r modd o ymladd troseddau ac wedi helpu i sicrhau euogfarnau. Mae datblygiadau ym maes gwyddoniaeth fforensig, fel proffilio DNA a pheirianneg genetig, wedi chwyldroi gwaith ditectif.

Agweddau tuag at yr heddlu

Er bod gan y rhan fwyaf o bobl hyder yn yr heddlu, mae lefel yr ymddiriedaeth yn gwanhau. Awgrymwyd nifer o ffactorau i esbonio hyn:

- Mae'n rhaid i'r heddlu orfodi cyfreithiau amhoblogaidd, fel cyfreithiau moduro (ddim yn gwisgo gwregys neu yrru wrth ddefnyddio ffôn symudol).
- Mae rhai pobl o'r farn fod gan yr heddlu ormod o rym a'u bod yn ymyrryd yn ormodol.
- Cyhuddir yr heddlu weithiau o 'bigo' ar rai rhannau o gymdeithas, fel lleiafrifoedd ethnig neu bobl ifanc.
- Dangoswyd bod rhai plismyn yn llwgr, yn anonest neu'n anghymwys, a chredir felly fod y gweddill yn adar o'r un lliw.

YSTYRIWCH

1 Astudiwch Ffynhonnell Ll. I ba raddau mae dyletswyddau plismon wedi newid ers yr 1830au?

2 Copïwch a chwblhewch y tabl isod gan ddefnyddio'r wybodaeth ar dudalennau 47–8.

Meysydd newid	Prif newidiadau ym maes plismona yn ystod yr ugeinfed ganrif a'r unfed ganrif ar hugain	Ym mha ffyrdd y mae'r newidiadau hyn wedi gwella gorfodi cyfraith a threfn?
Trefniadaeth		
Tâl a recriwtio		
Cludiant a chyfathrebu		
Plismona yn y gymuned		
Arbenigaeth		

3 Esboniwch pam mae rhai pobl o'r farn fod ymddiriedaeth yn yr heddlu wedi gostwng yn ystod y degawdau diwethaf.

AILYMWELD Â'R DASG FFOCWS

Wrth weithio drwy'r bennod hon rydych wedi cwblhau tabl yn nodi'r meysydd allweddol o barhad a newid wrth orfodi'r gyfraith ar draws y cyfnod o tua 1500 hyd heddiw. Bydd gennych felly drosolwg da o'r prif newidiadau yng nghyfrifoldebau gorfodi'r gyfraith dros amser. Mae'n bwysig eich bod yn defnyddio'r ffeil ffeithiau hon i greu darlun o ddatblygiadau o ran gorfodi'r gyfraith dros amser.

Defnyddiwch y tabl hwn i'ch helpu i ateb y cwestiynau isod:

1 Sut mae agweddau tuag at orfodi cyfraith a threfn wedi newid rhwng tua 1500 a heddiw?
2 Pa ganrifoedd welodd y newidiadau lleiaf yn y dulliau o orfodi'r gyfraith? Rhowch resymau i gefnogi eich ateb.
3 Pa ganrifoedd welodd y newidiadau mwyaf yn y dulliau o orfodi'r gyfraith? Cynigiwch resymau i gyfiawnhau eich dewis.

CRYNODEB O'R PWNC

- Nid oedd heddlu yn 1500.
- 'Swyddogion y gyfraith' amatur, di-dâl – yr ynad heddwch, y cwnstabl a'r gwyliwr – oedd yn gorfodi'r gyfraith.
- Roedd y pwyslais bryd hynny ar gyfrifoldeb dinesig – roedd gan bob unigolyn ddyletswydd i helpu i ymladd troseddau a dal drwgweithredwyr.
- Rhoddwyd straen enfawr ar y drefn hon o orfodi'r gyfraith oherwydd twf yn y boblogaeth a threfoli yn ystod yr ail ganrif ar bymtheg a'r ddeunawfed ganrif; canlyniad hyn oedd cynnydd mewn troseddau.
- Dechreuodd rhai unigolion preifat ymsefydlu fel cymerwyr lladron, gan addo dal troseddwyr a dychwelyd eiddo oedd wedi ei ddwyn. Roedd llawer ohonynt, fel Charles Hitchen a Jonathan Wild, yn llwgr.
- Yn ystod yr 1750au a'r 1760au arbrofodd y brodyr Fielding trwy sefydlu heddlu bach o gwnstabliaid a oedd yn derbyn cyflog ac yn gweithio o'u canolfan yn Bow Street yn Llundain.
- Roedd gwrthwynebiad cryf i'r syniad o'r llywodraeth yn ymwneud â chreu heddlu; y brif ddadl oedd y byddai'n cyfyngu ar ryddid pobl.
- Arweiniodd nifer o ffactorau at newid agwedd, fel ofn chwyldro, twf mewn troseddau a threfoli, a oedd yn tynnu sylw at ddiffygion y drefn bresennol.
- Yn ystod ail hanner y bedwaredd ganrif ar bymtheg cymerodd y llywodraeth gyfrifoldeb a gorchymyn sefydlu heddluoedd ar hyd a lled Cymru a Lloegr.
- Yn ystod yr ugeinfed ganrif cyfunwyd nifer o heddluoedd gwahanol.
- Mae'r prif newidiadau ym maes plismona yn yr ugeinfed ganrif wedi deillio o welliannau mewn cludiant a chyfathrebu, hyfforddiant, recriwtio a datblygiad unedau arbenigol i fynd i'r afael â meysydd troseddau penodol.
- Mae agwedd y cyhoedd tuag at yr heddlu wedi newid dros amser.

Cwestiynau ymarfer

1 Cwblhewch y brawddegau isod gan ddefnyddio'r term cywir.
   a) Yn ystod cyfnod y Tuduriaid prif swyddog gorfodi'r gyfraith oedd yr ....
   b) Cymerwr lladron enwog yn y ddeunawfed ganrif oedd Jonathan ....
   c) Yn ystod hanner cyntaf y bedwaredd ganrif ar bymtheg roedd y duedd o ran lefelau troseddu yn ....
   ch) Yn 2017 roedd .... o heddluoedd gwahanol. *(I gael cyfarwyddyd, gweler tudalen 124.)*

2 Disgrifiwch y system o orfodi'r gyfraith yn ystod yr unfed ganrif ar bymtheg a'r ail ganrif ar bymtheg. *(I gael cyfarwyddyd, gweler tudalen 127.)*

3 Esboniwch pam y daeth y system o orfodi'r gyfraith dan straen cynyddol yn ystod y ddeunawfed ganrif a blynyddoedd cynnar y bedwaredd ganrif ar bymtheg.*(I gael cyfarwyddyd, gweler tudalen 129.)*

4 Esboniwch pam y newidiodd dulliau gorfodi'r gyfraith yn ystod ail hanner yr ugeinfed ganrif. *(I gael cyfarwyddyd, gweler tudalen 129.)*

4 Dulliau o ymladd troseddau

Mae'r bennod hon yn canolbwyntio ar y cwestiwn allweddol: Pa mor effeithiol fu'r dulliau o ymladd troseddau dros amser?

Yn ystod y cyfnod o tua 1500 hyd heddiw gwelwyd llawer o barhad o ran y dulliau o ymladd troseddau ond gwelwyd hefyd newidiadau sylweddol, yn enwedig ers i'r heddluoedd rhanbarthol gael eu sefydlu o ganol y bedwaredd ganrif ar bymtheg ymlaen. Yn ystod yr unfed ganrif ar bymtheg a'r ail ganrif ar bymtheg, gwaith yr unigolyn a'r gymuned oedd dal y troseddwr a dod â'r unigolyn oedd dan amheuaeth gerbron ei well. Dechreuodd pethau newid yn ystod y ddeunawfed ganrif wrth arbrofi am y tro cyntaf gyda heddluoedd preifat fel Ceidwaid Bow Street. Aethpwyd â'r arbrawf gam ymhellach yn y bedwaredd ganrif ar bymtheg trwy sefydlu'r Heddlu Metropolitan ac, ar ôl 1856, sefydlu heddluoedd rhanbarthol ledled y wlad. Yn ystod yr ugeinfed ganrif, gwelwyd newid mawr o ganlyniad i ddatblygu unedau arbenigol fel yr **Adran Ymchwiliadau Troseddol** (CID – *Criminal Investigation Department*) a thimau fforensig i ddelio gydag agweddau penodol ar ymladd troseddau. Wrth i chi ddarllen drwy'r bennod hon, dylech ystyried i ba raddau y mae'r dulliau o ymladd troseddau wedi newid dros amser a hefyd a yw'n bosib i weld parhad yn y dulliau a'r ffyrdd o fynd ati.

TASG FFOCWS ?

Wrth i chi weithio drwy'r bennod hon, casglwch wybodaeth i'ch galluogi i gwblhau'r siart amser hon. Defnyddiwch bwyntiau bwled ym mhob adran i amlygu prif nodweddion y cyfnod. Ar ddiwedd y bennod byddwch yn gallu defnyddio'r wybodaeth hon i fynegi barn ar raddfa'r newid a'r parhad yn y dulliau a ddefnyddiwyd i ymladd troseddau, yn ogystal â chloriannu'r rhesymau dros y newidiadau ac i ba raddau yr oeddent yn effeithiol.

Cyfnod	Parhad wrth orfodi cyfraith a threfn	Newidiadau wrth orfodi cyfraith a threfn	Rhesymau dros y newidiadau hyn	Effaith y newidiadau hyn
Yr unfed ganrif ar bymtheg a'r ail ganrif ar bymtheg				
Y ddeunawfed ganrif				
Y bedwaredd ganrif ar bymtheg				
Yr ugeinfed ganrif a'r unfed ganrif ar hugain				

Rôl ac effeithiolrwydd ynadon heddwch, cwnstabliaid a gwylwyr yn y cyfnod Tuduraidd

Ym mlynyddoedd cynnar yr unfed ganrif ar bymtheg gwelwyd rhywfaint o barhad yn y dulliau a ddefnyddiwyd i ymladd troseddau, yn enwedig wrth godi gwaedd ac ymlid. Roedd disgwyl i'r gymuned blismona ei hun o hyd, ac os oedd gwaedd ac ymlid yn cael ei ddefnyddio, roedd dyletswydd ar ddinasyddion i godi allan a helpu i chwilio am y drwgweithredwr a cheisio ei ddal. Y cwnstabl fyddai'n arwain y chwilio ac, os oedd angen, gellid galw ar y *posse comitatus* lleol i helpu. Tra bod y drefn ganoloesol hon yn gweithio'n gymharol dda mewn cymunedau llai, roedd yn llai effeithiol yn y trefi oedd yn ehangu, lle roedd twf yn y boblogaeth yn arwain at fwy o droseddau. Canlyniad hyn oedd mabwysiadu dulliau newydd.

Erbyn diwedd yr unfed ganrif ar bymtheg roedd y gwir waith o gynnal cyfraith a threfn yn lleol yn disgyn ar ysgwyddau nifer o amaturiaid di-dâl; byddai'r brenhinoedd a'r breninesau Tuduraidd wedi ei chael hi'n anodd iawn sicrhau bod cyfarwyddiadau brenhinol yn cael eu gweithredu, a heddwch yn cael ei gadw, hebddynt. Y prif swyddog ymhlith y swyddogion lleol hyn oedd yr ynad heddwch neu YH, ac roedd y cwnstabl plwyf a'r gwyliwr tref yn is nag ef.

Rôl yr ynad heddwch

Adeg y Tuduriaid roedd yr ynad heddwch yn bennaeth ar yr holl swyddogion lleol eraill, o'r siryf i'r cwnstabl, ac ef oedd prif weithredwr y grym brenhinol ar y lefel leol. Roedd ynadon heddwch yn gyfrifol am ystod eang o ddyletswyddau. Fe'u dewiswyd o blith tirfeddianwyr y sir; oherwydd eu statws o fewn y gymdeithas, roedd y dynion hyn yn mynnu ufudd-dod drwy barch yn hytrach na thrwy rym.

Er mai rhan-amser yn unig oedd y gwaith i fod, erbyn diwedd teyrnasiad Elisabeth I roedd ynadon heddwch yn gyfrifol am orfodi dros 300 o gyfreithiau gwahanol. Yn aml, byddent yn derbyn cyfarwyddiadau oddi wrth y Cyfrin Gyngor ac roedd disgwyl iddynt orfodi cyfreithiau newydd a gyhoeddwyd gan y Senedd. Yn 1581 ysgrifennodd William Lambarde lyfr dros 600 tudalen o hyd o'r enw *Eirenarcha: or, Of the Office of the Justice of Peace*, a oedd yn cynnig arweiniad i ynadon heddwch ar sut i gyflawni eu swydd. Rhannodd rôl yr YH yn wahanol feysydd cyfrifoldeb (gweler Ffigur 4.1). Erbyn diwedd yr unfed ganrif ar bymtheg roedd eu llwyth gwaith trwm yn faich ar yr amaturiaid lleol di-dâl hyn (gweler Ffynonellau A, B a C).

Cynnal cyfraith a threfn

Prif rôl yr YH oedd gweithredu fel ynad, gan weinyddu cyfiawnder. Adeg y Tuduriaid, roedd hi'n gyffredin iawn i'r YH glywed achosion bychain, fel mân ladradau, meddwdod ac ymladd, ar ei ben ei hun, yn aml yn ei gartref ei hun. Ond, fel arall, disgwylid i ddau neu dri YH gyfarfod yn y Sesiwn Fach i drafod achosion bychain, ac i holl ynadon heddwch y sir gyfarfod bedair gwaith y flwyddyn yn y Llysoedd Chwarter.

Gallai'r Llysoedd Chwarter ddelio ag achosion fel llofruddiaeth, ymosodiadau, lladrata, dewiniaeth, potsio a therfysgaeth, yn ogystal ag amryw o droseddau eraill. Yn 1554 cafodd ynadon heddwch yr hawl i gadw pobl oedd dan amheuaeth dan glo am hyd at dri diwrnod tra bo'r achos yn cael ei ymchwilio ac yna, os oeddent yn meddwl bod achos yn eu herbyn, eu hanfon i sefyll eu prawf. Gallent roi ystod o gosbau, gan gynnwys dirwyon, dedfrydu i gyfnod yn y cyffion (*stocks*) neu'r rhigod (*pillory*), neu chwipio. Roedd rhaid cyfeirio achosion difrifol ymlaen i'r Brawdlys i'w clywed gan farnwr a rheithgor.

Gweithredu gorchmynion y Cyfrin Gyngor

Roedd disgwyl i'r YH orfodi awdurdod brenhinol ar y lefel leol, gan sicrhau bod pobl yn ufuddhau i'r deddfau a basiwyd gan y Cyfrin Gyngor. Yng Nghymru roedd hyn hefyd yn cynnwys y deddfau a basiwyd gan **Gyngor y Mers**, a eisteddai yn Llwydlo.

▲ **Ffigur 4.1:** Dyletswyddau'r ynad heddwch

Gweinyddu llywodraeth leol

Adeg y Tuduriaid roedd brenhinoedd a breninesau yn mynnu bod ynadon heddwch yn cyflawni nifer o swyddogaethau i wneud yn siŵr bod llywodraeth leol yn cael ei gweinyddu'n effeithiol. Roedd disgwyl iddynt:

- reoli tafarnau a goruchwylio gwestai
- sicrhau bod pontydd yn cael eu cynnal a'u cadw
- gwirio bod rheoliadau yn ymwneud â phwysau a mesurau yn cael eu gorfodi
- rhoi trwyddedau i gardota i grwydriaid go iawn
- goruchwylio cynnal a chadw ffyrdd
- rheoli cyflogau gweithwyr llaw
- goruchwylio cymorth i'r tlodion
- sefydlu a rheoli cyweirdai
- cadw cofnod o bob un oedd â'r hawl i dderbyn cymorth y tlodion ac yna trethu'r gymuned i godi arian i ofalu amdanynt
- yn unol â Deddf Tlodion 1601 Oes Elisabeth, roedd yn rhaid iddynt benodi unigolion i oruchwylio'r tlawd a dosbarthu cymorth i'r tlodion.

Goruchwylio gwaith swyddogion eraill oedd yn gorfodi'r gyfraith

Gallai ynadon heddwch ddibynnu ar gwnstabliaid i'w cynorthwyo i orfodi'r gyfraith mewn ardaloedd gwledig. Yn yr unfed ganrif ar bymtheg byddai'r YH yn penodi Uwch Gwnstabl ym mhob cantref i oruchwylio cwnstabliaid lleol. Newidiodd y system yn y ganrif wedi hynny, ac roedd disgwyl i'r ynadon heddwch benodi cwnstabl ym mhob plwyf. Yn y trefi, byddai gwylwyr yn patrolio'r strydoedd yn ystod y nos. Cyfrifoldeb y siryf, a oedd dan reolaeth yr YH, oedd gofalu am garchar y sir a'r carcharorion.

Ffynhonnell A: Dyfyniad o'r llyfr *De Republica Anglorum* a ysgrifennwyd gan Syr Thomas Smith, un o Gyfrin Gynghorwyr y Frenhines Elisabeth, yn 1556. Mae'n amlinellu'r ystod o ddyletswyddau a ddisgwylid gan ynad heddwch

Yr Ynadon Heddwch yw'r rhai hynny ... y mae'r Tywysog yn ymddiried yn arbennig ynddynt ... i atal lladron, ysbeilwyr, a chrwydriaid, rhag ... cynllwyniau, terfysgoedd, a thrais, a phob camymddygiad arall yn y wlad. Mae gan bob un [YH] awdurdod wedi iddo dderbyn cwyn am achos o ddwyn, lladrata, dynladdiad, llofruddiaeth, trais, ... terfysgoedd, gemau anghyfreithlon, neu unrhyw darfiad o'r fath ar heddwch, a thawelwch y Deyrnas, i ddedfrydu yr unigolion ... i'r carchar ... Bydd ychydig linellau wedi eu harwyddo â'i law yn ddigon i'r diben hwn: mae'r Ynadon Heddwch hyn yn cyfarfod bedair gwaith y flwyddyn, i ymchwilio i bob camymddygiad ...

Ffynhonnell B: Dyfyniadau o'r Llysoedd Chwarter a gynhaliwyd yng Ngorllewin Swydd Efrog yn 1597–98 yn manylu ar lwyth gwaith amrywiol yr ynad heddwch

O'r wybodaeth a roddwyd i'r llys hwn gan y cwnstabliaid, mae ymddygiad Adam Hutchonson a Thomas Hodgson o Barnsley, tafarnwyr, yn ddrwg ac maent yn cadw rheolaeth wael yn eu tai. Drwy hyn gorchmynnir na ddylent redeg unrhyw dafarn. Gorchmynnir na ddylai unrhyw fragwyr yn yr ardal hon fragu unrhyw gwrw i'w werthu am fwy na cheiniog y chwart, oni bai bod ganddynt drwydded arbennig oddi wrth ynad heddwch.

Mae'r briffordd sy'n arwain o Leeds i Wikebrigg mewn cyflwr gwael iawn er rhwystr mawr i holl ddeiliaid Ei Mawrhydi sy'n teithio'r ffordd honno. Felly gorchmynna'r ynadon sy'n bresennol yma heddiw i bob person sy'n meddu ar dir yn Leeds anfon gweithwyr i drwsio'r briffordd cyn Awst 25.

Ffynhonnell C: Rhestr o rai o'r cyfreithiau yr oedd disgwyl i'r YH eu gorfodi, a ymddangosodd mewn gorchymyn gan Gyngor y Mers yng Nghymru, ac a gyhoeddwyd ar 21 Ebrill 1576

Statudau yn ymwneud â chynnal Saethyddiaeth a gwahardd Gemau Anghyfreithlon, y Statud Cosbi Dihirod a Chrwydriaid a Chymorth i'r Tlodion, amryfal Statudau Cadw Silod Pysgod, y Statud Gwella'r Prif Ffyrdd a'r Statud Tafarnau a Thai Yfed.

YSTYRIWCH ?

1 Gan ddefnyddio gwybodaeth o Ffigur 4.1 a'ch gwybodaeth eich hun, disgrifiwch brif ddyletswyddau ynad heddwch yn ystod ail hanner yr unfed ganrif ar bymtheg.

2 a) Copïwch a chwblhewch y tabl isod, gan ddefnyddio Ffynonellau A i C i enwi a chofnodi gwahanol ddyletswyddau ynadon heddwch Tuduraidd.

	Ffynhonnell A	Ffynhonnell B	Ffynhonnell C
Dyletswyddau'r YH			

b) Pa dystiolaeth a geir yn y ffynonellau hyn i gefnogi'r honiad fod llwyth gwaith yr YH yn 'faich trwm' erbyn diwedd yr unfed ganrif ar bymtheg?

Gweithredu cyfraith Lloegr yng Nghymru yn dilyn y Deddfau Uno

Canlyniad Deddfau Uno 1536 ac 1543 oedd fod Cymru bellach dan reolaeth wleidyddol ffurfiol Lloegr. Roedd system gyfreithiol Lloegr bellach yn cael ei gorfodi ar Gymru, gan ddisodli'r drefn ganoloesol a oedd yn seiliedig ar gyfreithiau Hywel Dda, sef y cyfreithiau y seiliwyd system gyfreithiol Cymru arnynt ers y ddegfed ganrif. Rhannwyd Cymru yn siroedd a chyflwynwyd strwythur llywodraeth leol Lloegr. Canlyniad hyn yn lleol oedd cyflwyno ynadon heddwch, a daeth llawer o fonheddwyr Cymru i fanteisio'n fuan iawn ar statws cymdeithasol y rôl hon (gweler yr astudiaeth achos).

Astudiaeth achos: Syr Edward Stradling (1529–1609) – ynad heddwch Cymreig yn ystod teyrnasiad Elisabeth I

Roedd y tirfeddiannwr Syr Edward Stradling yn byw yng Nghastell Sain Dunwyd ym Mro Morgannwg (gweler Ffynhonnell Ch). Gan ei fod yn fonheddwr Tuduraidd cyfoethog roedd disgwyl iddo, o ganlyniad i'w statws cymdeithasol, chwarae rhan lawn yn holl faterion y gymuned. Yn 1554, pan oedd yn 25 oed, daeth yn AS a thros y degawdau dilynol gwasanaethodd fel siryf y sir dair gwaith – 1573–74, 1582–83, 1595–96. Roedd ymroddiad Syr Edward i'r gymuned leol yn fwyaf amlwg, fodd bynnag, drwy ei waith fel ynad heddwch, swydd a gadwodd drwy gydol ei oes fel oedolyn.

Fel ynad heddwch roedd Syr Edward yn gyfrifol am sicrhau bod unigolion yn ufuddhau i gyfreithiau'r wlad a'u bod yn cael sefyll eu prawf a'u cosbi am eu torri. Dyma rai enghreifftiau o'r dyletswyddau a gyflawnodd yn ei swydd fel YH:

- 1575: gofynnodd John Wadham i Syr Edward ddod o hyd i ddau leidr oedd wedi dianc o Wlad yr Haf i Forgannwg; cyflawnodd y dasg yn weddol gyflym.
- 1578: gofynnodd y Cyfrin Gyngor i Syr Edward ac ynadon heddwch eraill ymchwilio i bris menyn. Bu'r llywodraeth yn prynu menyn Morgannwg i'w gludo i Iwerddon ond roedd y masnachwyr lleol wedi ei deall hi ac wedi codi eu prisiau.
- 1582: gofynnodd Iarll Penfro i Syr Edward ac YH arall ymchwilio i achos o derfysgoedd yn ymwneud â'r teulu Basset o Beaupre ym Morgannwg.
- 1590: gorchmynnodd llys yn Llundain Syr Edward a phedwar YH arall i werthu eiddo masnachwr o'r enw Anthony Morley a oedd newydd farw, er mwyn talu ei ddyledion o £450.

Roedd Syr Edward yn gyfrifol am gyhoeddi gwysion (*summonses*) yn erbyn unigolion lleol yn rheolaidd ac am ddod o hyd i denantiaid oedd wedi dianc rhag eu meistri. Gofynnwyd iddo unwaith gael nwyddau oedd wedi eu dwyn yn ôl oddi ar bobl leol ar ôl i long oedd yn berchen i fasnachwr o Fryste gael ei dryllio oddi ar arfordir Morgannwg. Bryd arall, gofynnwyd iddo chwilio am ladron a oedd wedi ymosod ar gaplan Syr Arthur Champernowne o Ddyfnaint wrth iddo deithio drwy Forgannwg, gan ddwyn £3.13s.0d oddi arno.

GWEITHGAREDD ?

Gweithiwch mewn parau i baratoi cyfweliad gyda Syr Edward Stradling, gydag un ohonoch yn chwarae rhan Syr Edward a'r llall yn chwarae rôl y cyfwelydd. Ceisiwch ofyn rhwng 6 ac 8 o gwestiynau sy'n canolbwyntio ar ei rôl a'i gyfrifoldebau fel YH, a hefyd ei ddyletswyddau dinesig fel siryf ac AS.

▲ **Ffynhonnell Ch:** Castell Sain Dunwyd, cartref Syr Edward Stradling, YH

Rôl cwnstabliaid plwyf

Gan barhau'r drefn ganoloesol o hunanblismona'r gymuned, syrthiai'r ddyletswydd o gynnal cyfraith a threfn ar ysgwyddau'r ynadon heddwch, ond gallent alw ar wasanaeth swyddogion is, fel y cwnstabl plwyf a'r gwyliwr tref, i'w helpu gyda'u dyletswyddau o blismona o ddydd i ddydd.

Ymddangosodd swydd y cwnstabl am y tro cyntaf yn yr 1520au a dros y blynyddoedd esblygodd y swydd i fod yn swyddog gorfodi'r gyfraith. Byddai'r cwnstabl plwyf yn cael ei benodi o blith masnachwyr neu hwsmyn (ffermwyr) a oedd yn byw yn yr ardal. Roedd disgwyl iddo wasanaethu yn ddi-dâl am flwyddyn a chyflawni ystod o ddyletswyddau dan oruchwyliaeth fanwl yr YH (gweler Ffigur 4.2). Byddai'n rhaid iddo gyflawni'r ystod helaeth o ddyletswyddau hyn yn ogystal â'i swydd arferol. Roedd llawer yn ystyried hyn yn faich ychwanegol diangen, ac roedd y swydd yn un amhoblogaidd iawn.

Mewn egwyddor, roedd yn rhaid i bob dyn iach yn y pentref wasanaethu fel cwnstabl, ond yn aml iawn byddai pobl gyfoethog yn talu eraill i gymryd eu tro. Y gosb am wrthod gwneud eu dyletswydd oedd dirwy a chyfnod yn y cyffion. Yn 1721 talodd yr awdur Daniel Defoe ddeg punt i gael ei esgusodi o'i ddyletswyddau fel cwnstabl yn Stoke Newington, Middlesex, gan gwyno bod y gwaith 'yn cymryd cymaint o amser nes peri i ddyn esgeuluso ei fusnes ei hun yn llwyr yn aml iawn, yn rhy fynych er dinistr i'w hun'.

Doedd dim disgwyl i'r cwnstabl gyflawni'r tasgau hyn i gyd ar ei ben ei hun. Gallai alw ar unrhyw drefwr i'w gynorthwyo pan fyddai angen, ac roedd yn rhaid i bobl ei helpu (yn debyg i drefn ganoloesol gwaedd ac ymlid).

Yn y trefi byddai'r gwyliwr nos yn cynorthwyo'r cwnstabliaid â'u dyletswyddau.

Fig. 58.—" Whipping at the Cart's Tail."

▲ **Ffynhonnell D:** Torlun pren o gyfnod y Tuduriaid yn dangos y cwnstabl plwyf yn cosbi cardotyn drwy ei chwipio drwy'r strydoedd

Ffigur 4.2: Dyletswyddau'r cwnstabl plwyf

Ffynhonnell Dd: Disgrifiad o ddyletswyddau'r cwnstabl gan yr awdur a'r ynad heddwch Tuduraidd William Lambarde, yn ei waith *Eirenarcha: Or, Of the Office of the Justices of Peace* (1581)

Yn gyntaf, drwy ragweld na chaiff dim ei wneud a fydd yn arwain, naill ai'n uniongyrchol neu drwy ddulliau eraill, at dorri'r heddwch; yn ail drwy dawelu a llonyddu'r rhai hynny sydd wrthi'n torri'r heddwch; ac yn drydydd, drwy gosbi'r rhai hynny sydd eisoes wedi torri'r heddwch.

YSTYRIWCH

Astudiwch Ffigur 4.2 a Ffynonellau D a Dd. Yn eich barn chi, beth yw tair swyddogaeth bwysicaf y cwnstabl plwyf? Rhowch eich canfyddiadau mewn trefn, gan roi rhesymau dros eich dewis.

▲ **Ffynhonnell E:** Torlun pren cyfoes yn dangos crïwr ar ei rownd yn Llundain yn 1616

Rôl y gwyliwr neu'r crïwr

Yn y trefi, roedd y gwyliwr nos neu'r crïwr yn cyfateb i'r cwnstabl. Yn 1285 gorchmynnodd y brenin Edward I fod yn rhaid i wylwyr batrolio pob tref yn ystod y nos. Roedd gan y gwylwyr hyn yr hawl i arestio dieithriaid a throseddwyr. Roedd disgwyl iddynt gerdded ar hyd y strydoedd yn y nos yn gweiddi'r oriau (gweler Ffynhonnell E). Byddent yn trosglwyddo unrhyw bobl amheus i'r cwnstabliaid yn y bore. Nid oedd ganddynt wisg ond roeddent yn gwisgo dillad trwchus, trwm i gadw'n gynnes. Roedd ganddynt gloch, llusern a ffon neu weithiau arf o'r enw gwayw-fwyell. Mae'n bosib bod eu presenoldeb yn atal lladron ac yn rhoi sicrwydd i bobl y dref fod cyfraith a threfn yn cael eu cynnal.

Datblygiad y gwylwyr: 'charlies'

Yn 1663 pasiodd y brenin Siarl II Ddeddf Cyngor i greu llu o wylwyr nos cyflogedig a enwyd yn fuan iawn yn 'charlies'. Eu gwaith oedd patrolio'r strydoedd a chadw golwg am unrhyw beth amheus (gweler Ffynhonnell F). Er eu bod yn cael eu talu, doedd y cyflog ddim yn fawr iawn ac felly dim ond pobl na allent ddod o hyd i waith arall fyddai'n derbyn y swydd. Roeddent bron yn ddiwerth ar y cyfan ac, erbyn dechrau'r ddeunawfed ganrif, roeddent yn destun sbort a dirmyg.

Ffynhonnell F: Disgrifiad swydd gwyliwr nos, a ysgrifennwyd yn 1677

Rhaid cadw Gwyliadwriaeth ym mhob Tref, Plwyf, Pentref, a Thref Ddegwm, bob nos o'r Dyrchafael hyd at ŵyl Fihangel, o'r Machlud tan y Wawr, a rhaid i'r Cwnstabliaid, ac ati, sicrhau bod hyn yn digwydd yn gyson, a hynny gan ddau neu bedwar o ddynion, yn ôl maint y lle. Mae'r Gwylwyr hyn i ddal ac i groesholi pob dieithryn sy'n mynd heibio iddynt yn y nos, ac os oes ganddynt unrhyw amheuon, yna gallant eu rhoi dan glo tan y bore, ac os yw'r unigolion yn gwrthod ufuddhau i'r Gwylwyr, gallant godi gwaedd ac ymlid i'w cymryd, ac os ydynt yn Gwrthsefyll gall y Gwylwyr gyfiawnhau eu curo, a'u gosod mewn cyffion a Chawell tan y bore.

Pa mor effeithiol oedd cwnstabliaid plwyf a gwylwyr nos?

Er mai'r cwnstabliaid a'r gwylwyr oedd rheng flaen plismona yn ystod yr unfed ganrif ar bymtheg, gellir cwestiynu eu heffeithiolrwydd.

- Gan nad oedd cwnstabliaid plwyf yn cael eu talu roedd y swydd yn un amhoblogaidd iawn, ac o'r herwydd nid oedd y canlyniad gorau yn cael ei sicrhau bob amser.
- Gan fod disgwyl i'r cwnstabliaid gyflawni eu dyletswyddau ar ben eu swyddi arferol, roedd yn aml yn feichus ac ychydig iawn a allai roi digon o amser a sylw i wneud y gwaith yn iawn.
- Yn niffyg unrhyw heddlu proffesiynol roedd rôl y cwnstabl plwyf yn ddefnyddiol – fel prif swyddog gorfodi'r gyfraith roedd yn helpu cynnal cyfraith a threfn ledled y wlad.
- Yn y trefi, y gwyliwr oedd prif swyddog gorfodi'r gyfraith ar y stryd a byddai ei bresenoldeb yn rhoi sicrwydd i'r bobl leol fod y strydoedd yn cael eu patrolio yn ystod y nos.
- Datblygiad o'r gwyliwr tref oedd y 'charlie'. Er eu bod yn derbyn cyflog, roedd y tâl yn rhy fach i ddenu ymgeiswyr boddhaol a byddai nifer o gyfoedion yn cwyno bod y gwylwyr naill ai'n rhy hen neu'n rhy ddiog i gyflawni eu dyletswyddau i'r safon uchaf.

YSTYRIWCH

Astudiwch Ffynonellau E a F. Defnyddiwch yr wybodaeth yn y ffynonellau a'ch gwybodaeth eich hun i ddisgrifio dyletswyddau gwyliwr tref.

GWEITHGAREDD

Defnyddiwch eich gwybodaeth o'r maes pwnc hwn i asesu effeithiolrwydd cwnstabliaid a gwylwyr tref trwy gopïo a chwblhau'r tabl isod:

Agweddau ar rôl y cwnstabl a'r gwyliwr tref a oedd yn effeithiol wrth ymladd troseddau	Agweddau ar rôl y cwnstabl a'r gwyliwr tref nad oeddent yn effeithiol wrth ymladd troseddau

Sefydlu Ceidwaid Bow Street, a'u dylanwad

Canlyniad y twf cyflym ym mhoblogaeth Llundain yn y ddeunawfed ganrif oedd twf tebyg mewn troseddau a gweithgarwch troseddol. Arweiniodd hyn at ymddangosiad cymerwyr lladron a oedd yn gwneud bywoliaeth trwy geisio dal troseddwyr a hawlio'r wobr ariannol. Yn aml iawn, fodd bynnag, roeddent yn gyn-droseddwyr eu hunain a llawer ohonynt yn llwgr wrth weithredu (gweler Pennod 3). Daeth mwy o lwyddiant i unigolion a aeth ati i weithredu'n uniongyrchol trwy sefydlu eu heddluoedd preifat eu hunain oherwydd eu bod yn pryderu cymaint am y cynnydd mewn troseddau. Roedd siopwyr y Burlington Arcade, er enghraifft, yn cyd-gyflogi **bedeliaid** mewn iwnifform i amddiffyn a gofalu am eu siopau. Enghraifft arall oedd fod ynadon yn llawer mwy rhagweithiol wrth ddal a chosbi troseddwyr.

Thomas de Veil a'i waith yn Bow Street

Yn 1729 cafodd Thomas de Veil, a oedd wedi ymddeol fel swyddog yn y fyddin, ei benodi'n ynad heddwch dros ddinas Westminster. Sefydlodd ei swyddfa yn Bow Street ger Covent Garden – ardal oedd ag enw drwg iawn am droseddu – a thros y blynyddoedd dilynol gwnaeth ymdrech fawr i ostwng nifer y troseddau. Yn ogystal â rhoi drwgweithredwyr ar brawf, byddai'n mynd allan gyda'i gwnstabliaid i ymchwilio i droseddau ac arestio unigolion, gan beryglu ei fywyd ei hun yn aml. Drwy wneud y gwaith hwn gosododd sylfaen i gynlluniau mwy llwyddiannus y brodyr Fielding.

Henry Fielding a sefydlu Ceidwaid Bow Street

Dau hanner brawd o'r enw Henry a John Fielding wnaeth yr ymgais sylweddol gyntaf i ymladd troseddau ar strydoedd Llundain. Roedd Henry yn nofelydd llwyddiannus ac yn 1748 cafodd ei benodi'n Brif Ynad yn Bow Street. Roedd wedi cael braw o weld nifer y troseddau a gyflawnid yn rheolaidd yn y ddinas ac roedd yn benderfynol o wneud rhywbeth amdano.

Astudiodd Henry achosion trosedd ac arferion troseddol yn ofalus, a chyhoeddodd ei gasgliadau yn 1751 dan y teitl *An Enquiry into the Late Increase of Robbers &c*. Dyma'r ymgais gyntaf ym Mhrydain i ddadansoddi achosion trosedd. Nododd sawl problem:

- gormod o bobl yn symud i Lundain yn disgwyl bywyd hawdd
- llygredd yn y llywodraeth
- pobl yn dewis bywyd o droseddu yn hytrach na gweithio
- roedd y cwnstabliaid yn ddiwerth ar y cyfan ac, yn ei farn ef, dim ond chwech o'r 80 yn Llundain oedd yn werth eu cadw.

Cadwodd gofnod o bob trosedd ac anfonodd restrau o eiddo oedd wedi eu dwyn at wystlwyr (*pawnbrokers*) a thafarnwyr. Yn ogystal, gosododd hysbysebion mewn papurau newydd yn gofyn i bobl ei helpu (gweler Ffynhonnell Ff). Yn 1752 cychwynnodd gylchgrawn pythefnosol o'r enw *The Covent-Garden Journal* oedd yn cynnig gwybodaeth am droseddau a throseddwyr.

Â chymorth Saunders Welch, Uwch Gwnstabl Holborn, sefydlodd Henry lu newydd o chwe swyddog cyfraith i weithredu fel 'ceidwaid' neu 'gymerwyr lladron' llawn-amser. Talodd un gini yr wythnos iddynt, ynghyd â chyfran o'r wobr ariannol am bob drwgweithredwr a gâi ei erlyn yn llwyddiannus. Hyfforddodd y dynion hyn i gyflawni dyletswyddau cywir cwnstabl, hyd nes eu bod yn effeithiol ac yn ddibynadwy. Ar y cychwyn cawsant eu hadnabod fel 'Pobl Mr Fielding', ac ni ddefnyddiwyd yr enw mwy poblogaidd Ceidwaid Bow Street tan yn hwyrach yn y ganrif.

Nid oedd gan y swyddogion wisg swyddogol i ddechrau. Roeddent yn gwisgo eu dillad eu hunain er mwyn ymdoddi i'r dorf ar y stryd. Am y tro cyntaf, roedd gangiau Llundain yn wynebu heddlu iawn ac, er ei fod yn fach, roedd yn hynod drefnus. Arwyddair Henry i ymladd troseddau'n llwyddiannus oedd 'Rhybudd cyflym ac ymlid sydyn' (*Quick notice and sudden pursuit*). Pan fyddai pobl yn rhoi gwybod iddo'n syth bod trosedd wedi ei chyflawni, byddai ei geidwaid yn barod ar unwaith i fynd ar ôl y troseddwyr.

Ffynhonnell Ff: Hysbyseb a osododd Henry Fielding ym mhapurau newydd Llundain

I'r CYHOEDD
Gofynnir i bob unigolyn a fydd yn y Dyfodol yn dioddef oherwydd Lladron, Ysbeilwyr, ac ati i anfon ar unwaith y Disgrifiad gorau posib o'r Lladron, hynny gydag Amser a Lleoliad, ac Amgylchiadau'r Digwyddiad, at y Bonheddwr Henry Fielding; yn ei Gartref yn Bow Street.

Syr John Fielding yn datblygu Ceidwaid Bow Street

Ar ôl gweithio'n galed yn Bow Street am dair blynedd, gwaethygodd iechyd Henry a chafodd ei hanner brawd, John, ei benodi'n ynad i'w gynorthwyo. Dallwyd John Fielding mewn damwain pan oedd yn 19 oed, ond er gwaethaf hyn aeth yn ei flaen i fod yn ynad abl iawn. Parhaodd John â gwaith y Ceidwaid ar ôl marwolaeth Henry yn 1754.

Roedd yn 33 pan gymerodd yr awenau yn Bow Street ac arhosodd yno am 26 blynedd. Cafodd y llysenw '*Blind Beak*' ac mae'n debyg bod ei glyw mor dda fel y gallai adnabod dros 3,000 o ladron wrth eu lleisiau.

Fel ei frawd o'i flaen, apeliodd Syr John ar y cyhoedd i anfon gwybodaeth ato am leoliad drwgweithredwyr. Yn 1772 sefydlodd bapur newydd, *The Quarterly Pursuit*, a gyhoeddwyd bedair gwaith y flwyddyn. Yn 1786 dechreuwyd ei gyhoeddi'n wythnosol a'i ailenwi *The Public Hue and Cry* – roedd hyn yn cyfeirio at yr arfer o alw ar bawb oedd ar gael i helpu i ddal troseddwyr ar ôl iddynt droseddu.

Yn ystod ei gyfnod fel Prif Ynad cyflwynodd Syr John sawl syniad i'r llywodraeth ac awdurdodau'r ddinas i wella dulliau plismona strydoedd Llundain, a gweithredwyd ar rai o'r awgrymiadau hyn (gweler Tabl 4.1). Yn 1761, fel cydnabyddiaeth o'i waith i ddatblygu llu o heddweision cyflogedig i amddiffyn bywydau ac eiddo unigolion ac i gadw'r heddwch, cafodd ei urddo yn farchog gan y llywodraeth.

Ffigur 4.3: Portread o Syr John Fielding 'ddall'

▼ **Tabl 4.1:** Awgrymiadau Syr John Fielding i wella plismona Llundain

Awgrymiadau Syr John Fielding i wella plismona	Canlyniad ei awgrymiadau
1. 1755: 'Cynllun i Atal Lladradau o fewn Ugain Milltir i Lundain.' Awgrymodd Syr John y dylai pobl a oedd yn byw ar gyrion Llundain ddod at ei gilydd i dalu tanysgrifiad. Byddai hwn yn cael ei ddefnyddio i ddarparu marchogion cyflym a fyddai'n ymateb yn syth i droseddau.	Ni chafodd y syniad ei weithredu. Nid oedd pobl yn barod i dalu am y cynllun.
2. 1763: Awgrymodd Syr John y dylid rhannu Llundain yn chwe ardal, pob un dan reolaeth ynad heddwch cyflogedig a fyddai'n arolygu gorsafoedd heddlu a phatrolau a delid, ynghyd â gwarchodwyr cryf ar y prif ffyrdd i mewn i Lundain a chatrawd o farchogion yn barod i weithredu.	Gwrthododd y llywodraeth y syniad ond rhoddwyd £600 i sefydlu Patrôl Ceffylau Bow Street oedd ag 8 o ddynion (a gynyddodd i 10) yn 1763. Roedd hyn yn llwyddiannus iawn ac erbyn 1764 roedd lladrata pen-ffordd ar y prif ffyrdd i mewn i Lundain wedi dod i ben fwy neu lai yn llwyr. O ganlyniad, ataliwyd yr arian o'r llywodraeth a dychwelodd y lladron pen-ffordd. Doedd dim patrôl eto tan 1805 gan fod rhai o'r farn ei fod yn rhy ddrud.
3. 1772–73: 'Cynllun Ataliol Cyffredinol'. Gofynnwyd i ynadon heddwch a meiri ar draws y wlad roi manylion i Syr John am droseddau ac am bobl dan amheuaeth, a gofynnwyd i ofalwyr gadw disgrifiadau o'r carcharorion yn eu carchardai.	Rhoddodd y llywodraeth £400 i gychwyn y cynllun ac i argraffu'r manylion mewn taflen newyddion 'Hue and Cry'. Bob hanner blwyddyn cyhoeddodd Syr John restr o ddrwgweithredwyr oedd â'u traed yn rhydd a gofynnodd i ynadon heddwch ofyn i gwnstabliaid plwyf chwilio am y troseddwyr hyn. Yn yr 1800au newidiodd yr enw i *Police Gazette* a dyma ddechrau ar rwydwaith genedlaethol o wybodaeth am droseddau.
4. 1775: Awgrymodd Syr John y dylai pob Uwch Gwnstabl o fewn 160 cilomedr i Lundain fyw ar y brif ffordd er mwyn medru ymlid troseddwyr.	Methodd y cynllun oherwydd bod Uwch Gwnstabliaid yn gwrthod byw ar y ffordd ac yn ystyried eu hunain yn rhy bwysig i redeg ar ôl troseddwyr.

Patrick Colquhoun ac ehangu cynllun Bow Street

Ar ôl marwolaeth Syr John Fielding yn 1780, parhawyd â'r gwaith yn Bow Street gan ynadon eraill fel Patrick Colquhoun.

- Yn 1792 pasiodd y llywodraeth Ddeddf Ynadon Middlesex, oedd yn estyn cynllun Bow Street drwy ariannu saith ynad arall yn ardal Llundain, pob un â gofal chwe chwnstabl llawn-amser i'w helpu i atal troseddwyr. Nawr roedd Llundain wedi ei rhannu'n saith ardal blismona.
- Yn 1798 sefydlwyd Heddlu Afon Tafwys (*Thames River Police*) i atal lladradau o longau o'r dociau. Perswadiodd dau ynad, sef John Harriot a Patrick Colquhoun, berchnogion llongau i gyfrannu arian ac yn y flwyddyn gyntaf llwyddodd y 50 swyddog i adfer gwerth £122,000 o eiddo wedi ei ddwyn gan gangiau troseddol.
- Yn 1800 dechreuodd y llywodraeth ariannu Heddlu'r Afon.
- Erbyn 1800 roedd 68 o Geidwaid Bow Street.
- Yn 1805 sefydlwyd Marchoglu o 54 swyddog wedi eu harfogi â chleddyfau, pastynau a gynnau llaw i batrolio'r priffyrdd i mewn ac allan o Lundain. Roedd pobl yn eu hadnabod fel y 'Robin Redbreasts' oherwydd eu gwasgodau coch. Erbyn 1822 roedd 60 ohonynt.

Pa mor effeithiol oedd yr arbrofion hyn ym maes plismona?

Er bod gwrthwynebiad cryf i'r syniad o heddlu a fyddai, yn ôl rhai, yn cyfyngu ar ryddid a hawliau unigolion, gwnaeth gwaith Henry a John Fielding gyfraniad sylweddol i ddulliau atal trosedd:

- Cyflwynasant y syniad o 'bolisi ataliol', trwy geisio atal pobl rhag troseddu yn hytrach na delio â chanlyniadau troseddau.
- Trwy greu Ceidwaid Bow Street a defnyddio ynadon heddwch a swyddogion y gyfraith a oedd eisoes yn bodoli, sefydlodd y brodyr Fielding system blismona heb yr angen am swyddogion newydd.
- Roedd presenoldeb Ceidwaid Bow Street, a Heddlu Afon Tafwys yn ddiweddarach, yn ddigon i atal troseddau.

Erbyn 1829 roedd gan Lundain 450 cwnstabl a 4,000 o wylwyr yn gwasanaethu poblogaeth o 1.5 miliwn. Roedd angen rhywbeth mwy, fodd bynnag, i wasanaethu poblogaeth gynyddol a chyfradd droseddu uchel.

▲ **Ffynhonnell G:** Argraffiad cyfoes yn dangos Ceidwaid Bow Street wrth eu gwaith, yn dal dau fygiwr yn 1806

YSTYRIWCH

1 Copïwch y tabl canlynol a defnyddiwch eich gwybodaeth o'r pwnc i gwblhau'r ddwy golofn.

Gorfodi cyfraith a threfn ar strydoedd Llundain rhwng 1729 ac 1754

Dulliau Thomas de Veil	Dulliau Henry Fielding

2 Astudiwch Dabl 4.1. Pa mor llwyddiannus oedd Syr John wrth weithredu ei awgrymiadau i wella gorfodi cyfraith a threfn yng nghanol Llundain?

3 Gwelwyd nifer o arbrofion plismona yn ystod y ddeunawfed ganrif. Gan ddefnyddio eich gwybodaeth am y maes pwnc hwn, nodwch y problemau ym maes plismona oedd yn parhau heb eu datrys yn 1800.

Syr Robert Peel a sefydlu'r Heddlu Metropolitan yn 1829

Er bod gwrthwynebiad cryf i ehangu'r heddlu, o ganlyniad i'r twf yn y boblogaeth a'r cynnydd mewn troseddu ar strydoedd Llundain ar ddechrau'r bedwaredd ganrif ar bymtheg perswadiwyd ASau bod angen newid (gweler Ffynonellau Ng a H). Syr Robert Peel oedd yn gyfrifol am gyflwyno'r newid hwn.

Ffynhonnell Ng: Sylw a wnaeth John Hopkins Warden, cwnstabl yn Bedford, yn 1821 ar y system aneffeithiol o ddefnyddio cwnstabliaid i gynnal cyfraith a threfn

Mae gan [gwnstabl rhan-amser] sydd efallai yn newydd i'r swydd bob blwyddyn, ac nad yw'n ymwybodol o arferion a chynlluniau drwgweithredwyr, ei fusnes ei hun i ofalu amdano hefyd. Mae'n gwybod y bydd ei gyfnod yn y swydd yn dod i ben yn fuan felly ni fydd yn rhoi'r sylw dyledus iddi.

Ffynhonnell H: Sylw a wnaeth y Prif Weinidog, Dug Wellington, yn 1829 pan ffurfiwyd yr Heddlu Metropolitan

Mewn un plwyf, St Pancras, mae o leiaf 18 sefydliad gwahanol, ac nid oes yr un ohonynt yn cyfathrebu â'i gilydd. O ganlyniad, mae gwylwyr un cylch yn ddigon parod i yrru lladron o'u hardal hwy i ardal gyfagos.

Penodi Syr Robert Peel yn Ysgrifennydd Cartref

Yn 1822 penodwyd Syr Robert Peel yn Ysgrifennydd Cartref ac roedd cyfraith a threfn yn rhan o'i gyfrifoldebau. Roedd o'r farn bod yr heddluoedd a oedd eisoes yn bodoli yn aneffeithiol, yn ysbeidiol ac yn ddiffygiol iawn wrth geisio atal troseddwyr a dal drwgweithredwyr. Aeth Peel ati i roi pwysau ar y Prif Weinidog, Dug Wellington, i gyflwyno gwelliannau, ac yn 1828 argymhellodd Pwyllgor Tŷ'r Cyffredin y dylid sefydlu heddlu newydd yn Llundain dan reolaeth yr Ysgrifennydd Cartref.

▲ **Ffynhonnell I:** Roedd Syr Robert Peel yn Ysgrifennydd Cartref rhwng 1822 ac 1830 ac yn ystod y cyfnod hwn bu'n gyfrifol am sefydlu'r Heddlu Metropolitan. Yr enw a roddwyd i'r cwnstabliaid cyntaf oedd 'Peelers', ar ôl eu sylfaenydd

Deddf yr Heddlu Metropolitan, 1829

Canlyniad ymgyrch Peel oedd pasio Deddf yr Heddlu Metropolitan yn 1829. Yr Ysgrifennydd Cartref oedd yn llwyr gyfrifol am yr Heddlu Metropolitan newydd, ond dau Gomisiynydd o'r enw Charles Rowan, cyn-filwr, a Richard Mayne, cyfreithiwr, oedd yn ei redeg. Roedd gan y ddau Gomisiynydd awdurdod cyfartal ac yn fuan sefydlwyd perthynas waith gref iawn rhyngddynt.

Roedd yr Heddlu Metropolitan newydd:

- yn gyfrifol am ardal hyd at saith milltir o Charing Cross, ond nid oedd yn cynnwys Dinas Westminster
- sefydlodd ei bencadlys yn Scotland Yard
- rhannwyd Llundain yn 17 rhanbarth, pob un yn cynnwys 144 cwnstabl dan arweiniad arolygydd
- ymhen llai na blwyddyn roedd dros 3,300 o ddynion wedi ymuno â'r heddlu ac roedd pob un o'r 17 rhanbarth yn llawn
- roedd yn rhaid i'r plismyn fod yn iau na 35 mlwydd oed, o leiaf 5 troedfedd 7 modfedd o daldra, yn iach ac yn gallu darllen ac ysgrifennu
- y cyflog oedd un gini (£1.05) yr wythnos
- roedd disgwyl i'r cwnstabliaid weithio saith niwrnod yr wythnos
- roeddent yn gweithredu system rowndiau lle y byddent yn patrolio ardal benodol, a gallai hyn olygu cerdded dros 20 milltir y dydd
- glas oedd y gwisgoedd, yn hytrach na choch fel gwisgoedd milwyr. Yn hytrach na gynnau a chleddyfau, roedd gan y cwnstabliaid bastynau pren a ratl i alw am gymorth (yn 1884 rhoddwyd chwiban iddynt yn lle ratl). Roeddent yn gwisgo hetiau uchel.

Cyn-filwyr oedd llawer o'r recriwtiaid cyntaf ac roedd llawer ohonynt yn anaddas. O ganlyniad, gadawodd 2,200 naill ai drwy gael eu diswyddo (am fod yn feddw yn bennaf) neu drwy ymddiswyddo oherwydd yr oriau hir a'r cyflog isel.

Deddf yr Heddlu Metropolitan, 1839

O ganlyniad i ail Ddeddf yr Heddlu Metropolitan yn 1839 ymestynnwyd yr ardal roedd yr heddlu yn gyfrifol amdani i radiws o 15 milltir o Charing Cross a sefydlwyd mwy o unffurfiaeth. Arweiniodd hyn at ddiwedd Ceidwaid Bow Street, y Marchoglu a Heddlu Afon Tafwys fel tri llu ar wahân dan ofal ynadon heddwch.

Twf yr Heddlu Metropolitan ar ôl 1839

Yn ystod ail hanner y bedwaredd ganrif ar bymtheg cynyddodd maint yr Heddlu Metropolitan yn sylweddol:

- 1850: Ymddeolodd y Comisiynydd Rowan a daeth Capten Hay yn ei le. Roedd y Comisiynydd Rowan a'r Comisiynydd Mayne wedi cydweithio'n dda, ond nid felly y bu gyda Hay a Mayne. Trodd y ddadl rhwng y ddau yn sgandal, a phan fu farw Hay yn 1852 penderfynodd yr Ysgrifennydd Cartref weithredu gydag un Comisiynydd yn unig.
- 1862: Roedd tua 7,800 o ddynion yn yr heddlu.
- 1882: Roedd tua 11,700 o ddynion yn yr heddlu.
- 1890: Symudwyd y pencadlys i New Scotland Yard.
- 1900: Roedd tua 16,000 o ddynion yn yr heddlu, wedi eu trefnu'n 21 o adrannau.

Ffynhonnell L: Disgrifiad o ddyletswyddau cwnstabl o *Sketches in London* gan James Grant, 1838

Rhaid iddo adnabod yn llwyr bob rhan o strydoedd, cwrtiau, tramwyfeydd, tai allan, ac ati … y rhan o'r metropolis sydd ar ei rownd ef. Disgwylir iddo hefyd … 'feddu ar ddigon o wybodaeth am drigolion pob tŷ i'w alluogi i'w hadnabod yn unigol'. Yn ogystal, disgwylir iddo weld pob rhan o'i rownd unwaith bob deg, neu o leiaf bymtheng munud.

▲ **Ffynhonnell Ll:** Heddweision Metropolitan yn yr 1850au

GWEITHGAREDDAU

1. Pa ddadleuon sydd yn cael eu cyflwyno yn Ffynonellau Ng a H o blaid sefydlu heddlu?
2. Gan ddefnyddio Ffynhonnell L, yn ogystal â'ch gwybodaeth eich hun, disgrifiwch brif ddyletswyddau cwnstabl yr heddlu yn yr Heddlu Metropolitan.
3. Disgrifiwch dwf a datblygiad yr Heddlu Metropolitan rhwng 1829 ac 1900.
4. Beth mae Ffynhonnell Ll yn ei ddweud wrthych am blismona yn Llundain yn yr 1850au?

Ehangu lluoedd yr heddlu yn y bedwaredd ganrif ar bymtheg

Wedi llwyddiant yr Heddlu Metropolitan yn Llundain, pasiodd y llywodraeth gyfres o ddeddfau yng nghanol y bedwaredd ganrif ar bymtheg oedd wedi eu cynllunio i sefydlu heddluoedd mewn rhannau eraill o Gymru a Lloegr.

Creu rhwydwaith o heddluoedd

Cymerodd ddegawdau i greu heddlu cenedlaethol.

Deddf Corfforaethau Trefol, 1835

Llwyddodd y ddeddf hon i drawsnewid rhai o'r **bwrdeistrefi pwdr** a gosod rheoliadau a oedd yn caniatáu i fwrdeistrefi sefydlu heddlu dan reolaeth Pwyllgor Gwylwyr y bwrdeistref, os mynnent. Nifer fach iawn o fwrdeistrefi oedd yn awyddus i weithredu'r gyfraith ac erbyn 1837 dim ond 93 o'r 171 o fwrdeistrefi oedd wedi trefnu heddlu. Mewn ymgais i gyflymu'r proses pasiodd y llywodraeth Ddeddf yr Heddlu Gwledig.

Deddf yr Heddlu Gwledig, 1839

Roedd y Ddeddf hon, a elwir weithiau yn Ddeddf yr Heddlu Sirol, yn caniatáu i ynadon heddwch sefydlu heddluoedd o fewn eu siroedd. Nid oedd y ddeddf yn orfodol, ac erbyn 1856 dim ond 55 sir oedd wedi sefydlu heddluoedd. Roedd nifer o ardaloedd gwledig yn gwrthwynebu'r gost ac yn gwrthod cyflwyno'r cynllun.

▲ **Ffynhonnell M:** William Hughes, Cwnstabl Heddlu Bwrdeistref Pwllheli, 1869–79

Roedd Deddfau 1839 ac 1835 fel ei gilydd yn 'Ddeddfau caniataol' gan eu bod yn caniatáu i siroedd a bwrdeistrefi greu heddluoedd ond doedd dim gorfodaeth arnynt i wneud hynny. Essex oedd y sir gyntaf i sefydlu heddlu, ac wedyn siroedd cyfagos Hertford, Caergrawnt a Suffolk. Yng Nghymru, Sir Ddinbych a Sir Drefaldwyn oedd y cyntaf i sefydlu heddlu, a hynny yn 1840, a dilynodd Morgannwg yn 1841.

Deddf yr Heddlu Sirol a Bwrdeistrefol, 1856

Yn ôl y ddeddf hon roedd yn rhaid sefydlu heddlu ymhob sir lle nad oedd un wedi ei sefydlu eisoes. Roedd yr heddluoedd newydd a sefydlwyd yn amrywio tipyn, yn enwedig o ran maint, cyflogau, oriau ac amodau gwaith. Er mwyn sicrhau bod pawb yn ufuddhau i'r gyfraith, penododd yr Ysgrifennydd Cartref Arolygwyr yr Heddluoedd a fyddai'n archwilio pob heddlu ac yn adrodd yn ôl i'r Ysgrifennydd Cartref. Byddai'r rhai a ystyrid yn 'effeithiol' yn derbyn grant o 25 y cant tuag at eu costau cynnal.

Sefydlu heddluoedd trefol a sirol yng Nghymru

Fel yn Lloegr, bob yn dipyn y sefydlwyd heddluoedd yng Nghymru. Yn ystod yr 1840au sefydlwyd heddlu mewn pump o'r 13 sir – Ceredigion, Sir Gaerfyrddin, Sir Ddinbych, Sir Forgannwg a Sir Drefaldwyn. Sefydlodd rhai bwrdeistrefi eu hunedau heddlu eu hunain – roedd gan Abertawe saith swyddog, roedd pump yng Nghaerdydd ac roedd gan Gastell-nedd a Phwllheli un yr un (gweler Ffynhonnell M). Ar ôl 1856 sefydlwyd heddluoedd yn y siroedd eraill.

Agweddau tuag at yr heddlu newydd

Ar y dechrau, cafodd yr heddluoedd newydd dderbyniad gwael y tu allan i Lundain. Roedd drwgdeimlad cyffredinol ymysg y cyhoedd am fod disgwyl iddynt ariannu'r heddluoedd, er nad oeddent yn teimlo bod eu hangen (gweler Ffynhonnell N). Yn raddol, fodd bynnag, cafodd yr heddlu lwyddiant cynyddol wrth daclo trosedd, a daeth amheuon a chasineb y cyhoedd i ben wrth i'r gymuned dderbyn yr heddlu yn rhan ohoni (gweler Ffynhonnell O).

Ffynhonnell N: Ar ôl cyfres o ladradau ym mhentref Marchwiail ger Wrecsam yn 1855 beirniadwyd heddlu Sir Ddinbych yn hallt ym mhapur newydd y *Wrexham Advertiser*

Byddwn yn diswyddo ein plismyn yn ddiseremoni. Ni allant na dal lleidr, na'i gadw wedi iddo gael ei ddal. Mae mwy na digon o asgwrn a chyhyr a braster a ffyn mawr, ac i roi eu haeddiant iddynt, maent yn ddof ac yn weithgar ac yn hynaws. Yn hytrach na nerth bôn braich, yr hyn sydd ei angen yw pen da, a dyna beth sy'n brin. Maent yn costio £1,000 y flwyddyn i ni ac mae'n rhaid bod anghymhwyster y *quid* i'r *quo* yn amlwg i bawb.

Ffynhonnell O: Yn dilyn yr Arddangosfa Fawr yn Llundain yn 1851, canmolodd cylchgrawn *Punch* yr Heddlu Metropolitan am y modd yr oedd wedi plismona strydoedd Llundain

Mae'r heddlu yn dechrau cymryd y lle hynny yng nghalonnau'r bobl - nid sôn yr ydym am y cogyddion a'r morynion yn unig ond y bobl yn gyffredinol - a oedd unwaith wedi ei neilltuo i'r milwyr a'r morwyr. Mae'r cotiau gleision - yr amddiffynwyr trefn - bellach yn ffefrynnau cenedlaethol. Mae gorchfygu caer estron yn ymddangos yn gwbl ddibwys o'i gymharu â chymryd rhif gyrrwr cab afreolus. Cafodd pawb eu hudoli yn ystod yr Arddangosfa Fawr yn y modd y bu'r pŵer dinesig hwn mor effeithiol.

YSTYRIWCH

1. Astudiwch Ffynonellau N ac O. Ysgrifennwyd y ddwy yn yr 1850au. Allwch chi awgrymu rhesymau pam mae ganddynt farn mor wahanol am ba mor ddefnyddiol oedd yr heddlu?
2. Disgrifiwch y proses a arweiniodd at greu system o heddluoedd ar draws Cymru a Lloegr erbyn yr 1860au.

Datblygiad unedau arbenigol

Wrth i heddluoedd ehangu mewn maint, un canlyniad oedd creu unedau arbenigol i fynd i'r afael ag agweddau penodol ar ymladd troseddau.

LLINELL AMSER

1820

1842 Y Gangen Ditectifs

Nid oedd olrhain troseddau yn un o gryfderau'r heddluoedd cynnar ac roedd terfyn ar yr hyn y gallai heddlu mewn iwnifform ei wneud, gan y byddai troseddwyr yn adnabod eu gwisgoedd ac yn eu hosgoi. Roedd gan heddlu mewn dillad bob dydd well siawns o lwyddo. Yn 1842 ffurfiwyd y 'Gangen Ditectifs' ac roedd yn cynnwys dau Arolygwr, chwe rhingyll a nifer o gwnstabliaid.

Un o'r achosion cyntaf a gafodd ei ymchwilio gan y Gangen Ditectifs newydd oedd Arswyd Bermondsey (*Bermondsey Horror*) yn 1849, pan lofruddiodd pâr priod o'r enw Marie a Frederick Manning ddyn o'r enw Patrick O'Connor a chladdu ei gorff o dan lawr y gegin. Ar ôl ceisio ffoi, cawsant eu dal gan y Ditectif Ringyllod Thornton a Langley ac, ar ôl eu cael yn euog, cawsant eu crogi'n gyhoeddus y tu allan i Garchar Horsemonger Lane, Southwark. Yn raddol, o ganlyniad i achosion tebyg, dechreuodd y cyhoedd barchu'r heddlu yn hytrach na'u hamau, yn enwedig wrth i nifer y troseddau ostwng yn gyson yn ystod ail hanner y bedwaredd ganrif ar bymtheg.

1850

1869 Swyddfa Cofnodion Troseddol

Sefydlwyd y Swyddfa Cofnodion Troseddol yn Scotland Yard yn Llundain. Roedd yn cynnwys cofnodion am droseddwyr o Gymru a Lloegr, ac yn manteisio ar y system newydd o gyfathrebu drwy delegraff rhwng heddluoedd.

1878 Adran Ymchwiliadau Troseddol (CID – *Criminal Investigation Department*)

Yr Adran Ymchwiliadau Troseddol (CID), a sefydlwyd ym mis Ebrill 1878, oedd olynydd y Gangen Ditectifs. Y Cyfarwyddwr cyntaf oedd C. E. Howard Vincent. Roedd cyflogau aelodau'r CID ychydig yn uwch na chyflogau heddlu mewn iwnifform ac roedd ganddynt hawl i nifer o lwfansau.

1883 Cangen Arbennig Iwerddon

Yn 1883, mewn ymateb i'r bygythiad o derfysgaeth gan y Gwyddelod, sefydlodd Vincent Gangen Arbennig Iwerddon, sef y cyntaf o'r sgwadiau arbenigol a ddeilliodd o'r CID. Yn 1888 penderfynwyd dileu y cyfeiriad at 'Iwerddon' ac estynnwyd cyfrifoldebau'r adran i ddelio â bygythiadau eraill. Cafodd ei galw'n syml yn 'Gangen Arbennig' (*Special Branch*) o 1888.

1900

YSTYRIWCH

Pa mor arwyddocaol oedd datblygiad unedau arbenigol wrth wella dulliau ymladd troseddau yn ystod ail hanner y bedwaredd ganrif ar bymtheg?

Datblygiadau ym maes plismona yn yr ugeinfed ganrif

Parhaodd yr heddlu i esblygu yn ystod yr ugeinfed ganrif, ac un o'r meysydd allweddol a welodd newidiadau oedd cyflwyno swyddogion benywaidd yr heddlu, yn ogystal â gwelliannau sylweddol yn nulliau cludiant a chyfathrebu. Ehangodd yr unedau arbenigol yn ogystal ac erbyn diwedd y ganrif gwelwyd yr heddlu yn dychwelyd at blismona cymunedol.

Datblygiadau yn swyddogion benywaidd yr heddlu

Yn 1914, ar ddechrau'r Rhyfel Byd Cyntaf, ffurfiodd Nina Boyle, a oedd yn swffragét, yr Heddlu Benywaidd Gwirfoddol (*Women Police Volunteers*), ond roedd hi'n 1919 cyn i'r swyddogion benywaidd cyntaf ddod i fodolaeth. Nid oeddent yn cael cario cyffiau llaw nac arestio pobl tan 1923. Er mwyn gwahaniaethu rhyngddynt a swyddogion gwrywaidd rhoddwyd y gair 'woman' o flaen teitl eu swydd, er enghraifft '*Woman Police Constable*' (WPC) a '*Woman Police Sergeant*' (WPS). Tan 1939 dim ond dyletswyddau cyfyngedig a roddwyd iddynt, fel gwaith patrôl (yn enwedig mewn parciau a mannau agored), gwasanaeth hebrwng (gofalu am blant a charcharorion benywaidd) a dyletswydd ysbyty.

Ers yr Ail Ryfel Byd mae nifer y swyddogion benywaidd wedi cynyddu ac mae terfynau eu gwaith wedi ymestyn. Er hynny, ni ddaethant yn rhan gyflawn o'r heddlu tan yr 1970au ac, er eu bod erbyn hyn yn gwneud swyddi tebyg i'r dynion, mae llawer iawn llai ohonynt. Erbyn diwedd yr ugeinfed ganrif roedd ambell swyddog benywaidd, fel Pauline Clare, wedi dringo'r rhengoedd i'r uwch safleoedd. Yn 1995, hi oedd y fenyw gyntaf i'w phenodi yn Brif Gwnstabl (gweler Tabl 4.2).

▲ **Ffynhonnell P:** Plismyn benywaidd, 1930

1919 (Chwefror)	Y Swyddogion Benywaidd cyntaf yn yr Heddlu Metropolitan
1923	Rhoddwyd y grym i swyddogion benywaidd arestio pobl
1931	Roedd yn rhaid i swyddogion benywaidd ymddiswyddo ar ôl priodi
1937	Swyddogion benywaidd yn cael yr hawl i gymryd olion bysedd
1946	Dileu'r rheol priodas
1948	Swyddogion benywaidd yn cael ymuno â Ffederasiwn yr Heddlu
1969	Sislin Fay Allen oedd swyddog benywaidd du cyntaf yr Heddlu Metropolitan
1970	Menywod yn cael ymuno â'r gangen farchogaeth (*mounted branch*)
1971	Menywod yn cael bod yn drafodwyr cŵn
1972	Menywod yn cael bod yn rhan o'r Adran Drafnidiaeth
1973	Rhoddwyd cyfleoedd cyfartal i fenywod
1995	Pauline Clare oedd y Prif Gwnstabl benywaidd cyntaf (yn Sir Gaerhirfryn)
2009	Cressida Dick oedd y Comisiynydd Cynorthwyol benywaidd cyntaf yn Scotland Yard

▲ **Tabl 4.2:** Dyddiadau allweddol yn hanes swyddogion benywaidd yr heddlu

YSTYRIWCH

1. Disgrifiwch sut y mae rôl swyddogion benywaidd yr heddlu wedi newid er 1919.
2. Astudiwch Dabl 4.2. Yn eich barn chi, beth oedd y tri datblygiad pwysicaf wrth wella rôl a statws menywod yn yr heddlu? Rhestrwch eich penderfyniadau yn ôl trefn pwysigrwydd, gan roi rhesymau am eich dewisiadau.

Datblygiadau ym maes cludiant

Bu newidiadau mawr mewn dulliau plismona ym mlynyddoedd cynnar yr ugeinfed ganrif o ganlyniad i ddulliau cludiant newydd. Dechreuodd swyddogion yr heddlu ddefnyddio beiciau am y tro cyntaf yn 1909, ond ar ôl cyflwyno'r car modur yn 1919 gallai plismyn gyrraedd lleoliad trosedd lawer yn gyflymach. Fodd bynnag, ychydig iawn o heddluoedd a allai fforddio ceir cyn yr 1930au. Roedd beiciau modur yn gyffredin iawn yn yr 1930au, ac yn galluogi plismyn i fod yn gyflymach ac yn fwy effeithiol (gweler Ffynhonnell Ph).

▲ **Ffynhonnell Ph:** Daeth beiciau modur yn boblogaidd gyda'r heddlu yn yr 1930au. Mae'r llun hwn yn dangos PC John Marshall Jones o Heddlu Sir y Fflint ar batrôl yn gynnar yn yr 1930au

▲ **Ffynhonnell R:** Mae Heddlu De Cymru a Heddlu Gwent yn rhannu'r hofrennydd hwn sydd wedi ei leoli yn Sain Tathan. Mae'n cynnwys camerâu teledu, llifoleuadau a system PA

Erbyn yr 1970au roedd y car patrôl yn hanfodol i blismona a dechreuodd nifer o heddluoedd newid eu ffordd o weithio. Roedd timau ymateb brys, a allai ddefnyddio eu ceir i gyrraedd lleoliad trosedd yn gyflym, yn cymryd lle plismyn ar droed. O ganlyniad i bwysau gan y cyhoedd, fodd bynnag, ym mlynyddoedd olaf yr ugeinfed ganrif ailgyflwynwyd patrolau traed i dawelu meddwl cymunedau lleol bod swyddogion yr heddlu wrth law.

Yn yr 1970au dechreuodd yr heddlu ddefnyddio hofrenyddion ac awyrennau ysgafn i gadw golwg ar droseddwyr, i fonitro torfeydd/digwyddiadau mawr, i ddilyn cerbydau wedi eu dwyn, i gyfeirio plismyn ar y ddaear ac i helpu i chwilio am bobl oedd ar goll (gweler Ffynhonnell R). Profodd hofrenyddion ac awyrennau yn arbennig o effeithiol wrth ymladd troseddwyr:

- Mae gan hofrenyddion yr heddlu gyfarpar fideo y gellir ei ddefnyddio ddydd a nos, a chyfarpar radio i ddilyn unigolion dan amheuaeth a chysylltu â swyddogion ar y ddaear.
- Mae awyrennau bach yn caniatáu i'r heddlu gadw golwg yn uwch i fyny ac yn dawelach, sy'n golygu bod troseddwyr yn llai tebygol o amau bod rhywun yn eu gwylio.
- Dim ond pedair munud sydd eu hangen i gael hofrennydd yn barod, felly mae unedau awyrol yn gyflymach nag unedau ar y ddaear ac yn aml nhw fydd y cyntaf i gyrraedd lleoliad digwyddiad.
- Yn aml gofynnir am gymorth unedau awyrol wrth ymlid cerbydau – mae hyn yn caniatáu i unedau daear ddilyn o bellter a gosod rhwystrau ar y ffyrdd neu stribedi pigog.
- Gall unedau awyrol fod yn arbennig o ddefnyddiol wrth reoli torfeydd mawr, er enghraifft mewn gemau pêl-droed.
- Gellir defnyddio unedau awyrol i leoli pobl sydd ar goll.

YSTYRIWCH

1. Gan ddefnyddio Ffynonellau Ph a R, a'ch gwybodaeth eich hun, esboniwch sut mae cludiant wedi helpu'r heddlu i wella eu dulliau o ddal drwgweithredwyr.
2. Pam mae datblygiadau ym maes cludiant wedi bod yn bwysig i ddulliau plismona yn ystod yr ugeinfed ganrif a'r unfed ganrif ar hugain?

Datblygiadau mewn cyfathrebu

Mae datblygiadau ym maes cyfathrebu a thechnoleg wedi chwyldroi dulliau'r heddlu o ymladd troseddau.

Telegraff a radio

Mae dulliau cyfathrebu gwell wedi ei gwneud hi'n haws i hysbysu'r heddlu am ddigwyddiadau a galw am gymorth.

- Erbyn 1880 roedd gan y rhan fwyaf o orsafoedd heddlu Llundain gyswllt â'r pencadlys drwy delegraff.
- Yn 1910, o ganlyniad i neges radio o'r *SS Montrose*, oedd ar ei ffordd i Ganada, llwyddodd yr heddlu i arestio Dr Crippen pan gyrhaeddodd y llong ben ei thaith. Roedd yr heddlu yn chwilio am Crippen mewn cysylltiad â llofruddiaeth ei wraig, ac roedd yn dianc ar long i Ganada gyda'i gariad. Anfonodd capten yr *SS Montrose* neges radio i Scotland Yard, a anfonodd dditectif allan ar gwch cyflym i arestio Crippen pan gyrhaeddodd Ganada.
- Dechreuodd blychau ffôn yr heddlu ymddangos yn yr 1920au.
- Yn 1923 arbrofodd yr Heddlu Metropolitan â radio symudol, trwy osod trosglwyddydd cod Morse mewn ceir heddlu a blychau ffôn yn fuan wedyn.
- Yn 1934 gosodwyd radio dwyffordd mewn rhai ceir heddlu, ond roedd y derbyniad yn wael yn aml iawn.
- Yn 1937 cyflwynwyd y rhif argyfwng 999.
- Yn 1963 cyflwynwyd y setiau radio mini cyntaf.
- Erbyn heddiw, mae gan bob plismon radio dwyffordd fel y gall gysylltu ar unwaith â'r orsaf heddlu neu'r pencadlys. Mae'n defnyddio system arbennig i sicrhau cysylltiad di-dor.

Ffynhonnell Rh: Dr Crippen yn cael ei hebrwng oddi ar yr ***SS Montrose*** ar 31 Gorffennaf 1910, ar ôl cael ei arestio am lofruddio ei wraig. Ef oedd y troseddwr cyntaf i gael ei ddal drwy ddefnyddio neges delegram (radio) ddi-wifr

Technoleg camerâu a fideo

Profodd defnyddio ffotograffiaeth yn gymorth mawr wrth ymladd troseddau. Dechreuwyd tynnu lluniau o garcharorion yn yr 1850au a sylweddolwyd gwerth hynny yn fuan iawn. Roedd yn darparu cofnod gweledol a gallai'r delweddau gael eu cylchredeg ledled y wlad. Ers i ffotograffydd cyntaf yr heddlu gael ei gyflogi yn 1901, mae ffotograffau a recordiadau fideo wedi chwarae rhan bwysig mewn ymchwiliadau troseddol.

- Gellir cylchredeg delweddau o unigolion sydd dan amheuaeth, gan arwain at lwyddiant wrth adnabod pobl a'u harestio.
- Mae camerâu, gan gynnwys systemau i adnabod rhifau cofrestru ceir a chamerâu i gofnodi ymddygiad gyrwyr a gwirio cyflymder ceir, wedi eu gosod yn y rhan fwyaf o geir heddlu.
- Mae tystiolaeth o gamerâu diogelwch a chamerâu cylch cyfyng (*CCTV*) wedi helpu datrys nifer o droseddau.
- Mae hofrenyddion ac awyrennau'r heddlu hefyd yn defnyddio technoleg camerâu, er mwyn trosglwyddo delweddau o'r awyr i swyddogion ar y ddaear a darparu golwg nos wrth ddilyn troseddwyr yn y tywyllwch.

Technoleg gyfrifiadurol

Mae cyfrifiaduron wedi gwella dulliau cofnodi'r heddlu gryn dipyn, gan alluogi i wybodaeth gael ei chyfathrebu yn gyflym. Gallant helpu i ddidoli gwybodaeth, darganfod patrymau a chyfateb tystiolaeth gan arbed llawer iawn o amser. Aeth Cyfrifiadur Cenedlaethol yr Heddlu (*Police National Computer*) yn fyw am y tro cyntaf yn 1974, ac roedd yn storio cofnodion am gerbydau wedi eu dwyn. Erbyn heddiw, mae'r system yn cynnwys cofnodion am dros 25 miliwn o bobl, gyda chronfeydd data yn amrywio o olion bysedd i gofnodion DNA, manylion am gerbydau a gwybodaeth am bobl sydd ar goll. Mae ar gael 24 awr y dydd, ac yn rhoi mynediad i'r heddlu i wybodaeth o bwys yn lleol a chenedlaethol. Gall rybuddio'r heddlu am unigolion a gyflawnodd droseddau tebyg i rai sydd yn destun ymchwiliad. Gall fonitro gwefannau a negeseuon e-bost ac mae ganddo ran fawr i'w chwarae mewn gweithgareddau gwrthderfysgol.

Erbyn hyn, mae'r rhan fwyaf o geir heddlu yn cynnwys technoleg gyfrifiadurol sydd ymhell ar y blaen, ac sy'n rhoi mynediad uniongyrchol i wybodaeth benodol fel yswiriant ceir, cofnodion MOT ac euogfarnau gyrwyr unigol.

GWEITHGAREDDAU ?

1. Defnyddiwch Ffynhonnell Rh a'ch gwybodaeth eich hun i esbonio sut y gwnaeth technoleg newydd, fel defnyddio'r radio, helpu gwaith yr heddlu yn yr ugeinfed ganrif.
2. Pa mor bwysig oedd y defnydd o dechnoleg wrth ddatblygu dulliau plismona yn yr ugeinfed ganrif?

Creu heddluoedd integredig mwy yng Nghymru

Ym mis Mai 1966 cyhoeddodd yr Ysgrifennydd Cartref, Roy Jenkins, y byddai nifer yr heddluoedd yng Nghymru a Lloegr yn cael ei leihau o 177 i 49. Byddai hyn yn cael ei wneud trwy uno'r heddluoedd a oedd eisoes yn bodoli i greu heddluoedd integredig mwy. Canlyniad hyn yng Nghymru oedd creu pedwar prif heddlu, sef y drefn sydd gennym ar hyn o bryd. Credid bod creu heddluoedd mwy yn fwy cost-effeithiol ac yn caniatáu i adnoddau gael eu rhannu, gan wella eu heffeithiolrwydd o ganlyniad. Er 1969 mae nifer yr heddluoedd yng Nghymru a Lloegr wedi gostwng ymhellach i'r nifer presennol, sef 43. Yn 2006 cyflwynwyd cynnig i uno'r pedwar heddlu yng Nghymru, ond ni ddaeth dim o hynny.

Dyddiad cyfuno	Heddlu newydd a grëwyd	Heddluoedd a gyfunwyd
Ebrill 1967	Heddlu Gwent	Heddlu Bwrdeistref Casnewydd; Heddlu Sir Fynwy
Mehefin 1967	Heddlu De Cymru	Heddlu Morgannwg; Heddlu Dinas Caerdydd; Heddlu Bwrdeistref Merthyr Tudful; Heddlu Bwrdeistref Abertawe
Hydref 1967	Heddlu Gwynedd (Fe'i hailenwyd yn Heddlu Gogledd Cymru yn 1974.)	Heddlu Gwynedd; Heddlu Sir Ddinbych; Heddlu Sir y Fflint
Ebrill 1968	Heddlu Dyfed-Powys	Heddlu Sir Gaerfyrddin a Cheredigion; Heddlu Canolbarth Cymru; Heddlu Sir Benfro

▲ **Tabl 4.3:** Cyfuno heddluoedd Cymru yn ystod 1967–68

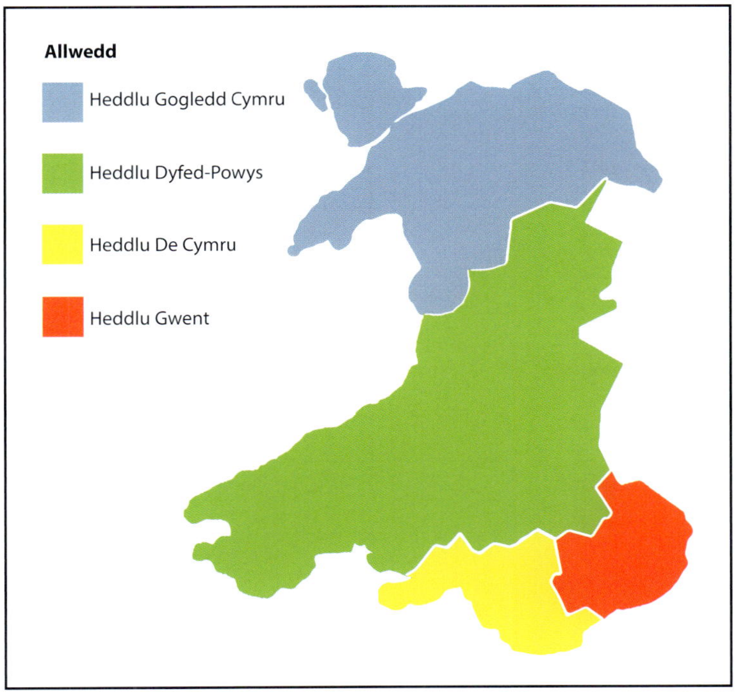

▲ **Ffigur 4.4:** Map yn dangos y pedwar heddlu sy'n gwasanaethu Cymru ar hyn o bryd

YSTYRIWCH

Disgrifiwch y newidiadau i strwythur heddluoedd yng Nghymru yn ystod ail hanner yr ugeinfed ganrif.

Arbenigaeth yr heddlu

Mae datblygiadau ym myd gwyddoniaeth a thechnoleg wedi gwella gallu'r heddlu i ddal troseddwyr a'u cysylltu â throseddau penodol. O ganlyniad i hyn, datblygodd unedau arbenigol o fewn yr heddlu, pob un â'i chyfrifoldebau ei hun (gweler Tabl 4.4).

Datblygiadau ym maes gwyddoniaeth fforensig

Yn 1900, mewn cyfarfod o Bwyllgor y Swyddfa Gartref a gadeiriwyd gan yr Arglwydd Belper, trafodwyd dau ddull newydd o gynorthwyo i ganfod troseddau.

Cymryd olion bysedd

Patrwm ar y croen ar flaen bys rhywun yw ôl bys, a gellir ei ddefnyddio i adnabod y person hwnnw. Drwy roi inc ar y bys gellir cadw cofnod papur o'r patrwm hwn a'i gymharu ag olion bysedd a ddarganfuwyd yn lleoliad y drosedd. Gan fod pob ôl bys yn unigryw, mae hwn yn ddull sicr o adnabod rhywun.

Sefydlodd Syr Edward Richard Henry y Swyddfa Olion Bysedd yn Calcutta yn 1897 ac arloesi'r system hon yn India. Yn 1900 rhoddodd arddangosiad llwyddiannus o'r system i Bwyllgor Belper ac, o ganlyniad, sefydlodd Scotland Yard Adran Olion Bysedd yn 1901. Y person cyntaf i'w erlyn yn llwyddiannus drwy ddefnyddio olion bysedd oedd Harry Jackson, a gafwyd yn euog o fyrgleriaeth yn 1902. Sefydlwyd cofrestr genedlaethol o olion bysedd ac ers hynny mae tystiolaeth o'r fath wedi helpu i adnabod nifer o droseddwyr a datrys sawl trosedd. Er 1995 mae System Adnabod Olion Bysedd Awtomatig Genedlaethol wedi galluogi heddluoedd ar draws Cymru a Lloegr i gymharu cofnodion o olion bysedd.

Gwyddonwyr fforensig

Gwaith gwyddonwyr fforensig yw helpu i ddileu unigolion o ymchwiliad neu gysylltu troseddwyr â lleoliad y drosedd. Maent yn gwneud hyn drwy gynnal nifer o brofion fforensig fel dadansoddi gwallt, croen, llwch, ffibrau ar ddillad ac olion gwaed neu hylifau eraill y corff a ddarganfuwyd yn lleoliad y drosedd, a cheisio eu cysylltu â rhai gafodd eu darganfod ar y person dan amheuaeth.

Mae arbenigwyr sydd wedi eu hyfforddi'n arbennig ac sy'n cael eu galw'n Swyddogion Lleoliad y Drosedd (*SOCOs – Scenes of Crimes Officers*) yn mynd i leoliad trosedd i archwilio a chasglu tystiolaeth fforensig. Yn ystod y blynyddoedd diwethaf datblygodd Ymchwilwyr Lleoliad y Drosedd (*CSIs – Crime Scene Investigators*) arbenigol hefyd.

DNA ac olion bysedd genetig

Mae DNA yn gemegyn sy'n bresennol ym mhob peth byw ac mae'n darparu cod genetig unigryw y corff hwnnw. Gall gwyddonwyr fforensig ddefnyddio DNA o waed, croen, poer neu wallt a ganfuwyd yn lleoliad y drosedd i adnabod unigolion sydd â'r un DNA. Yr enw ar y proses hwn yw proffilio DNA neu 'gymryd ôl bys genetig'. Y genetegydd o Brydain, Syr Alec Jeffreys, ddatblygodd broffilio DNA yn 1984 a chafodd ei ddefnyddio gyntaf i ddedfrydu Colin Pitchfork yn 1988, yn achos llofruddiaethau Enderby. Ers yr 1980au hwyr mae'r heddlu wedi dibynnu'n fawr ar DNA i ddatrys troseddau difrifol ac i ymchwilio eto i hen achosion. Yn 1995 sefydlwyd y Gronfa Ddata DNA Genedlaethol i storio tystiolaeth DNA.

Sefydlwyd	Uned arbenigol	Prif swyddogaeth
1883	Cangen Arbennig Iwerddon (a ddaeth yn Gangen Arbennig (SO12))	Delio â therfysgaeth
1919	Y Gwib-Heddlu (*Flying Squad*) (a ddaeth yn Heddlu Lladrad Canolog)	Delio â lladradau difrifol; roedd ganddynt geir ar y cychwyn er mwyn medru ymlid troseddwyr yn gyflym
1946	Yr Heddlu Twyll (*Fraud Squad*)	Ymchwilio i dwyll a throseddau economaidd eraill
1946	Trinwyr Cŵn	Swyddogion wedi eu hyfforddi i weithio gyda chŵn; defnyddir y cŵn i olrhain pobl, eiddo, cyffuriau a ffrwydron; gallant hefyd ddelio â hwliganiaid
1965	Grŵp Patrôl Arbennig (a ddaeth yn Grŵp Patrôl Metropolitan yn 1987)	Mynd i'r afael â helyntion canol dinas a bygythiadau i'r drefn gyhoeddus
1972	Heddlu Gwrthderfysgol (SO13)	Y nod yw atal terfysgaeth
1998	Heddlu Troseddau Cenedlaethol (NCS – *National Crime Squad*)	Targedu troseddau difrifol a chyfundrefnol fel herwgipio, smyglo cyffuriau rhyngwladol, smyglo pobl, lladd drwy gontract
2001	Uned Troseddau Uwch-dechnoleg Cenedlaethol (NHTCU – *National Hi-Tech Crime Unit*)	Delio â throseddau cyfrifiadurol difrifol a chyfundrefnol sydd o bwys cenedlaethol neu ryngwladol
2002	Tîm Troseddau Mewnfudo (ICT – *Immigration Crime Team*)	Delio â throseddwyr cyfundrefnol sy'n mewnfudo'n anghyfreithlon i'r DU
2006	Rheolaeth Gwrthderfysgol (SO15 – *Counter Terrorist Command*)	Ffurfiwyd drwy gyfuno'r Gangen Gwrthderfysgaeth (SO13) a'r Gangen Arbennig (SO12); ei phrif swyddogaeth yw atal gweithgareddau'n ymwneud â therfysgwyr ac eithafwyr gartref

▲ **Tabl 4.4:** Datblygu unedau arbenigol: enghreifftiau o unedau arbenigol o fewn yr heddlu

Datblygiadau ym maes plismona cymunedol

Yn ystod blynyddoedd olaf yr ugeinfed ganrif, yn dilyn beirniadaeth o'r modd yr aeth yr heddlu i'r afael ag achosion o aflonyddwch sifil difrifol fel terfysgoedd Brixton yn Llundain yn 1981 a Streic y Glowyr yn 1984–85, gwnaed ymdrech i wella'r berthynas rhwng yr heddlu a'r cymunedau maent yn eu gwasanaethu. Mae mwy o swyddogion yr heddlu wedi dechrau cerdded rowndiau i sicrhau presenoldeb gweledol ac i helpu pobl i deimlo'n fwy diogel.

Cyflwynwyd nifer o fentrau eraill i geisio gwella cysylltiadau rhwng yr heddlu a'r gymuned:

Cangen Cysylltiadau Cymunedol (1968)

Yn 1968 sefydlwyd Cangen Cysylltiadau Cymunedol yn New Scotland Yard. Roedd hwn yn ymgais gan yr Heddlu Metropolitan i ddatblygu cysylltiadau agosach â chymunedau o fewnfudwyr, ond prin oedd y llwyddiant.

Cynlluniau Gwarchod Cymdogaeth (1982)

Grwpiau trefnedig o bobl leol sy'n cydweithio â'r heddlu i atal troseddau o fewn eu hardal leol yw'r cynllun Gwarchod Cymdogaeth (gweler Ffynhonnell S). Sefydlwyd cynllun Gwarchod Cymdogaeth cyntaf y DU yn Mollington yn Swydd Gaer yn 1982 ac erbyn hyn mae gan y cynllun cenedlaethol hwn dros ddeng miliwn o aelodau.

Nodau'r cynllun Gwarchod Cymdogaeth yw:

- Helpu pobl i amddiffyn eu hunain a'u cartrefi.
- Tawelu ofnau pobl ynghylch troseddau trwy wella diogelwch yn y cartref a bod yn fwy gwyliadwrus.
- Helpu'r heddlu i ganfod troseddau trwy eu hysbysu am unrhyw weithgareddau amheus neu droseddol.
- Helpu i wella cysylltiadau rhwng yr heddlu a'r gymuned trwy hybu gwell cyfathrebu a defnyddio'r cyd-drefnwyr Gwarchod Cymdogaeth fel cyswllt â'r heddlu.

Dan arweiniad y cyd-drefnydd a gyda chefnogaeth yr heddlu, mae'r aelodau yn rhedeg eu cynllun Gwarchod Cymdogaeth eu hunain. Mae'r heddlu yn dweud wrth y cyd-drefnydd am unrhyw dueddiadau troseddol lleol, ac mae'r cyd-drefnydd yn ei dro yn rhannu'r wybodaeth hon â'r aelodau. Y cyd-drefnydd hefyd yw'r cyswllt pan fydd angen rhoi gwybod i'r heddlu am unrhyw ddigwyddiadau penodol.

Swyddogion cymorth cymunedol yr heddlu (2002)

Cyflwynodd yr Heddlu Metropolitan swyddogion cymorth cymunedol yr heddlu (SCCH) yn 2002 ac ers hynny maent wedi eu cynnwys ym mhob un o'r 43 o heddluoedd. Gan eu bod yn ddinasyddion preifat sy'n aelodau o staff yr heddlu nid ydynt wedi eu hyfforddi i'r un graddau. Mae eu gwisgoedd ychydig yn wahanol ac maent hefyd yn cario llai o offer. Prif waith SCCH yw darparu presenoldeb gweledol yn y gymuned, mynd i'r afael ag ymddygiad gwrthgymdeithasol, delio â mân ddigwyddiadau, casglu gwybodaeth am droseddau a chefnogi plismona yn y rheng flaen (gweler Ffynhonnell T). Ar hyn o bryd mae bron 16,000 o SCCH yng Nghymru a Lloegr, sef bron 7 y cant o'r heddlu.

Cynlluniau atal troseddau

Wrth geisio gwneud pobl yn fwy ymwybodol o'r frwydr yn erbyn troseddau mae'r heddlu'n cynnig cyngor ar strategaethau atal trosedd. Mae hyn yn cynnwys cyngor ar faterion fel diogelwch personol, diogelwch y cartref a cherbydau a sut i osgoi dioddef twyll. Maent hefyd yn gweithio'n agos â grwpiau cymunedol fel cynlluniau Gwarchod Cymdogaeth i helpu atal troseddau.

Cynlluniau cefnogi dioddefwyr

Mae'r cynllun cefnogi dioddefwyr yn fudiad cenedlaethol sydd, trwy ganghennau lleol, yn ceisio helpu dioddefwyr troseddau trwy gynnig cyngor a cheisio rhoi tawelwch meddwl iddynt.

▲ **Ffynhonnell S:** Arwydd Gwarchod Cymdogaeth yn dangos y bartneriaeth rhwng yr heddlu a'r gymuned

▲ **Ffynhonnell T:** Un swyddog cymorth cymunedol yr heddlu ac un aelod o'r Heddlu Metropolitan ar ddyletswydd yn y gymuned

YSTYRIWCH

1. Beth mae Ffynhonnell S yn ei ddweud wrthych am ddulliau plismona modern?
2. Defnyddiwch Ffynhonnell T a'ch gwybodaeth eich hun i egluro rôl SCCH.
3. Disgrifiwch yr ymgeisiadau i wella cysylltiadau rhwng yr heddlu a chymunedau ers yr 1980au.

AILYMWELD Â'R DASG FFOCWS

Wrth weithio drwy'r bennod hon rydych wedi cwblhau siart amser yn nodi'r prif newidiadau ym maes ymladd troseddau yn ystod y cyfnod rhwng tua 1500 a heddiw. Bydd gennych felly drosolwg da o'r prif newidiadau, pa bryd y gwnaethant ddigwydd, pam y gwnaethant ddigwydd a'u heffaith. Mae'n bwysig eich bod yn defnyddio'r ffeil ffeithiau hon i greu darlun o ddatblygiadau plismona ar hyd y canrifoedd. Defnyddiwch y siart amser hon i'ch helpu i ateb y cwestiynau isod:

1. Pa feysydd wnaethoch chi eu darganfod oedd yn barhad o'r dulliau a ddefnyddiwyd i ymladd troseddau yn ystod y cyfnod rhwng tua 1500 a heddiw?
2. Yn eich barn chi, beth oedd y newidiadau mwyaf arwyddocaol i'r dulliau a ddefnyddiwyd i ymladd troseddau yn ystod y cyfnod hwn?
3. Yn eich barn chi, pa un o'r newidiadau hyn oedd fwyaf effeithiol wrth ymladd troseddau? Rhowch resymau i gyfiawnhau eich ateb.

CRYNODEB O'R PWNC

- Parhaodd y system ganoloesol o hunanblismona cymunedol yn yr unfed ganrif ar bymtheg.
- Yn ystod cyfnod y Tuduriaid, yr ynad heddwch, gyda chymorth y cwnstabl plwyf a'r gwyliwr tref, oedd yn bennaf cyfrifol am orfodi'r gyfraith.
- Erbyn y ddeunawfed ganrif roedd y system hon o orfodi'r gyfraith dan straen cynyddol, yn enwedig yn y trefi diwydiannol a oedd yn prysur ehangu.
- Dechreuodd rhai unigolion yn Llundain, fel Thomas de Veil, arbrofi â sefydlu heddluoedd preifat, ond y newid sylweddol cyntaf oedd sefydlu Ceidwaid Bow Street yn ystod yr 1750au gan Henry Fielding; daeth John, ei hanner brawd, i ymuno ag ef yn fuan wedyn.
- Ehangodd John Fielding Geidwaid Bow Street, gan sefydlu papur newydd i gofnodi gweithgarwch troseddol a marchoglu i ddelio â lladrata pen-ffordd.
- Yn 1829 sefydlodd yr Ysgrifennydd Cartref, Robert Peel, yr Heddlu Metropolitan i fynd i'r afael â throseddau yng nghanol Llundain.
- Pasiodd y llywodraeth ddeddfau i berswadio ardaloedd eraill i sefydlu eu heddluoedd eu hunain – Deddf Corfforaethau Trefol 1835 a Deddf yr Heddlu Gwledig 1839. Yn ôl Deddf yr Heddlu Sirol a Bwrdeistrefol 1856 roedd yn rhaid sefydlu heddlu ymhob sir.
- Cyflwynwyd unedau arbenigol fel y CID i helpu i ymladd troseddau.
- Yn ystod yr ugeinfed ganrif arweiniodd gwelliannau ym meysydd cludiant a chyfathrebu, yn enwedig ceir a'r radio, a datblygiadau mewn unedau arbenigol, fel cymryd olion bysedd, gwaith fforensig a dadansoddi DNA, at ddatblygiadau allweddol ym maes plismona.
- Yn y degawdau diwethaf rhoddwyd pwyslais ar ddychwelyd i blismona cymunedol, drwy gyflwyno cynlluniau Gwarchod Cymdogaeth a swyddogion cymorth cymunedol yr heddlu.

Cwestiynau ymarfer

1. Cwblhewch y brawddegau isod gan ddefnyddio'r term cywir.
   a) Roedd ynadon heddwch Tuduraidd yn cael eu cynorthwyo i gyflawni eu dyletswyddau plismona o ddydd i ddydd gan y .... plwyf.
   b) Henry Fielding oedd yn gyfrifol am sefydlu .... Bow Street.
   c) Dechreuodd swyddogion benywaidd cyntaf yr heddlu wasanaethu yn 19 ....
   ch) Yn 1901 roedd Syr Edward Henry yn gyfrifol am gyflwyno .... *(I gael cyfarwyddyd, gweler tudalen 124.)*
2. Defnyddiwch Ffynhonnell E (gwyliwr – tudalen 55), Ffynhonnell G (Ceidwad Bow Street – tudalen 58) a Ffynhonnell Ll (Heddwas Metropolitan – tudalen 60) i nodi un tebygrwydd ac un gwahaniaeth yn y dulliau o ymladd troseddau ar hyd y canrifoedd. *(I gael cyfarwyddyd, gweler tudalennau 125–6.)*
3. Disgrifiwch rôl cwnstabl plwyf Tuduraidd yn ymladd troseddau. Yn eich ateb fe'ch cynghorir i gyfeirio at y cyd-destun Cymreig a rhoi enghreifftiau o Gymru. *(I gael cyfarwyddyd, gweler tudalen 128.)*
4. Disgrifiwch waith Syr Robert Peel yn sefydlu heddlu yng nghanol Llundain. *(I gael cyfarwyddyd, gweler tudalen 127.)*
5. Esboniwch pam roedd datblygiadau ym maes cludiant a chyfathrebu yn arwyddocaol yn y dulliau o ymladd troseddau yn ystod yr ugeinfed ganrif. *(I gael cyfarwyddyd, gweler tudalen 129.)*
6. I ba raddau mai'r ffactorau pwysicaf wrth ymladd troseddau ar hyd y canrifoedd oedd gweithredoedd unigolion preifat? Yn eich ateb dylech wneud y canlynol:
   – dangos sut mae gwaith unigolion preifat wedi bod yn bwysig wrth ymladd troseddau dros dri chyfnod hanesyddol
   – trafod pwysigrwydd ffactorau eraill wrth ymladd troseddau dros dri chyfnod hanesyddol
   – cyfeirio'n uniongyrchol at hanes Cymru. *(I gael cyfarwyddyd, gweler tudalennau 132-133.)*

5 Agweddau tuag at gosbi

Mae'r bennod hon yn canolbwyntio ar y cwestiwn allweddol: Pam mae agweddau at gosbi wedi newid dros amser?

Mae agweddau tuag at gosbi wedi esblygu dros amser i adlewyrchu datblygiadau mewn cymdeithas, newidiadau mewn agweddau cymdeithasol, a rôl a phwrpas y llywodraeth wrth ddiogelu unigolion a'u heiddo. O'r unfed ganrif ar bymtheg hyd at y bedwaredd ganrif ar bymtheg, y farn gyffredinol oedd fod angen cosbi'n llym er mwyn atal eraill. O'r herwydd, barnwyd ei bod hi'n angenrheidiol i gosbi yn gyhoeddus. Yn ystod y bedwaredd ganrif ar bymtheg a'r ugeinfed ganrif, fodd bynnag, dechreuodd agweddau tuag at lymdra'r cosbau hyn, a'u natur gyhoeddus, newid. Canlyniad hyn fu dod â'r **gosb gorfforol** a'r **gosb eithaf** i ben ac, erbyn hyn, ystyrir mai'r carchar yw'r dull mwyaf effeithiol o gosbi drwgweithredwyr. Yn y bennod hon byddwch yn ymchwilio i sut a pham mae agweddau wedi newid dros y canrifoedd.

TASG FFOCWS

Mae'r bennod hon yn ymchwilio'n bennaf i sut a pham mae agweddau tuag at gosbi wedi newid/parhau dros y canrifoedd. Wrth i chi weithio drwy'r bennod dylech gasglu tystiolaeth i'ch galluogi i gwblhau siart amser. Ym mhob adran nodwch bwyntiau bwled am yr agwedd tuag at gosb arbennig ar adeg benodol. Ar ddiwedd y bennod byddwch yn gallu defnyddio'r wybodaeth hon i farnu i ba raddau y mae agweddau wedi newid/parhau.

Agweddau ar hyd y canrifoedd tuag at y cosbau canlynol:	Yr unfed ganrif ar bymtheg a'r ail ganrif ar bymtheg	Y ddeunawfed ganrif	Y bedwaredd ganrif ar bymtheg	Yr ugeinfed ganrif a'r unfed ganrif ar hugain
Cosbi i atal				
Cosbi i ddiwygio				
Cosbi yn gyhoeddus				
Defnyddio alltudiaeth				
Y defnydd o garchardai				
Defnyddio'r gosb eithaf				
Delio â throseddwyr ifanc				

Dial ac atal fel pwrpasau cosbi dros amser

Pam ein bod ni'n cosbi'r rheiny sydd, yn ein barn ni, wedi drwgweithredu yn ôl safonau derbyniol ein cymdeithas? Dyma gwestiwn a ofynnir yn aml ac nid oes un ateb penodol ar ei gyfer. Mae cymdeithas yn cosbi drwgweithredwyr am amrywiaeth o resymau (gweler Ffigur 5.1).

Erbyn heddiw, carcharu yw'r gosb arferol ym Mhrydain ar gyfer trosedd ddifrifol ac mae'r nifer uchaf erioed o bobl mewn carchardai ar hyn o bryd. Gellid cosbi troseddau llai difrifol trwy ddirwyo'r unigolyn, rhoi rhyw fath o wasanaeth cymunedol iddo, ei dagio neu roi dedfryd ohiriedig iddo yn amodol ar ymddygiad da. Cosbwyd troseddau difrifol yn y gorffennol trwy ddedfrydu i farwolaeth, fel arfer trwy ddienyddio, a chyn hynny trwy sarhau'n gyhoeddus yn y cyffion neu'r rhigod, chwipio neu ddirwyo.

Pam mae cymdeithas yn cosbi'r rheiny sy'n troseddu?

Disgyblu
Os bydd rhywun yn peri niwed i ni neu i gymdeithas, y farn gyffredinol yw y dylai gael ei gosbi am wneud hynny. Tueddai i fod yn gosb 'llygad am lygad' yn y gorffennol.

Atal
Dyma'r gred y dylai'r gosb fod yn ddigon annymunol i atal person rhag cyflawni trosedd. Dienyddio yw'r ataliaeth eithaf, ond ar gyfer rhai troseddau gall fod yn ffurf ar garcharu, dirwyo neu sarhau.

Diwygio
Dyma'r syniad fod modd rhwystro troseddwr rhag troseddu ymhellach trwy beri iddo beidio â dymuno gwneud hynny. Gellid newid ei gymeriad trwy ddulliau fel defnyddio rheswm, addysg, hyfforddiant neu gred grefyddol.

Diogelu
Weithiau mae'n rhaid diogelu pobl gyffredin rhag troseddwyr sy'n fygythiad i'r gymdeithas yn gyffredinol. Gyda throseddwyr sy'n troseddu dro ar ôl tro, diogelir cymdeithas yn well trwy roi'r troseddwyr hyn dan glo lle na fyddant yn gallu achosi mwy o niwed.

▲ **Ffigur 5.1:** Pedwar wyneb cosb

YSTYRIWCH

Astudiwch Ffigur 5.1. Yn eich barn chi, pa wyneb o blith y pedwar yw'r agwedd amlycaf heddiw? Rhowch resymau i gefnogi eich ateb.

Ffactorau sydd wedi dylanwadu ar agweddau tuag at gosbi

Mae llawer o ffactorau wedi dylanwadu ar agweddau tuag at gosbi dros amser. Wrth i gymdeithas newid, felly hefyd y mae agweddau pobl sy'n byw mewn cymdeithas wedi newid. Rhoddodd hyn, yn ei dro, bwysau ar arweinwyr a llywodraethau i ymateb a newid y ffyrdd o gosbi. Mae bron pob newid i gosbi yn deillio o benderfyniadau'r llywodraeth, ac mae nifer o ffactorau wedi dylanwadu ar y penderfyniadau hyn (gweler Ffigur 5.2).

Ffactorau sydd wedi dylanwadu ar agweddau tuag at gosbi

Newid cymdeithasol
Arweiniodd cau'r mynachlogydd a newidiadau amaethyddol at dwf tlodi yn ystod blynyddoedd olaf cyfnod y Tuduriaid ac yn sgil hynny gwelwyd cynnydd mewn troseddu. Achosodd y Chwyldro Diwydiannol dwf sydyn yn y boblogaeth a thwf ym maint trefi, gan gynyddu felly'r cyfleoedd i droseddu. Mewn amgylchiadau o'r fath, teimlai pobl yr angen i gael eu diogelu rhag y cynnydd mewn troseddu.

Syniadau ac agweddau at gosbi
Dylanwadodd barn grefyddol ar y math o gosb a bennwyd, fel llosgi wrth y stanc ar gyfer heresi yn ystod yr unfed ganrif ar bymtheg. Yn ystod y ddeunawfed ganrif a'r bedwaredd ganrif ar bymtheg dylanwadwyd ar rai pobl gan syniadau blaengar **Goleuo** a oedd yn cynnig agweddau mwy dyngarol tuag at gosbi. Un canlyniad oedd y gred y dylai carchardai ddiwygio yn ogystal â chosbi'r troseddwr ac nad oedd hi bob amser yn briodol i ddedfrydu i farwolaeth.

Agwedd y llywodraeth
Y cyfreithiau sy'n cael eu pasio gan y llywodraeth sy'n pennu pa weithredoedd a ystyrir yn 'droseddau' a pha fesurau a ddefnyddir i 'gosbi'r' sawl sy'n troseddu. Gall llywodraethau newid hen gyfreithiau i adlewyrchu'r newidiadau mewn agweddau cymdeithasol tuag at gosbi, a chyflwyno hefyd fathau newydd o gosbau sy'n addas ar gyfer y newidiadau mewn cymdeithas.

Cyfoeth a thlodi
Arweiniodd tlodi cynyddol yn ystod cyfnod y Tuduriaid at gynnydd mewn crwydraeth ac o ganlyniad pasiwyd deddfau i gosbi'r crwydriaid. Arweiniodd mwy o gyfoeth yn ystod yr ail ganrif ar bymtheg a'r ddeunawfed ganrif at dirfeddianwyr yn diogelu eu heiddo trwy gyflwyno'r 'Cod Gwaedlyd'; roedd dros 225 o droseddau bellach yn cael eu hystyried yn droseddau marwol (*capital crimes*), a'r gosb ar gyfer hynny oedd dienyddio trwy grogi.

Rôl y cyfryngau
O ganlyniad i boblogrwydd helaethach papurau newydd yn ystod y ddeunawfed ganrif gwelwyd cynnydd yn yr adrodd am droseddau, a oedd yn rhoi'r argraff fod troseddu ar gynnydd. Cafodd papurau newydd ddylanwad cryf ar agweddau pobl tuag at gosbi, yn enwedig yng nghanol yr ugeinfed ganrif yn ystod y dadlau brwd ynghylch dileu'r gosb eithaf.

Ofn troseddau
Gall ofni cynnydd mewn troseddau arwain at alw am gosbau mwy llym. Yn draddodiadol, ymatebodd llywodraethau trwy wneud cosbau yn fwy llym. Cyflwynwyd y 'Cod Gwaedlyd' ym mlynyddoedd olaf yr ail ganrif ar bymtheg oherwydd ofn cynnydd sydyn mewn troseddau.

Gweithredoedd unigolion
Arweiniodd gweithredoedd unigolion allweddol at newidiadau mawr mewn dulliau cosbi. Yn ystod blynyddoedd olaf y ddeunawfed ganrif a blynyddoedd cyntaf y bedwaredd ganrif ar bymtheg, ymgyrchodd diwygwyr fel John Howard ac Elizabeth Fry am well amodau mewn carchardai, tra oedd Syr Samuel Romilly a Syr Robert Peel yn gyfrifol i raddau helaeth am ddatgymalu'r 'Cod Gwaedlyd' yn yr 1820au a'r 1830au (gweler Pennod 6).

▲ **Ffigur 5.2:** Ffactorau sydd wedi dylanwadu ar agweddau tuag at gosbi

YSTYRIWCH

Astudiwch Ffigur 5.2. Yn eich barn chi, pa ddau ffactor sydd bwysicaf wrth ddylanwadu ar agweddau tuag at gosbi? Cyfiawnhewch eich dewis.

Agweddau at gosbi yn newid dros amser

Ar hyd y canrifoedd mae ffactorau gwahanol wedi peri i agweddau at gosbi newid:

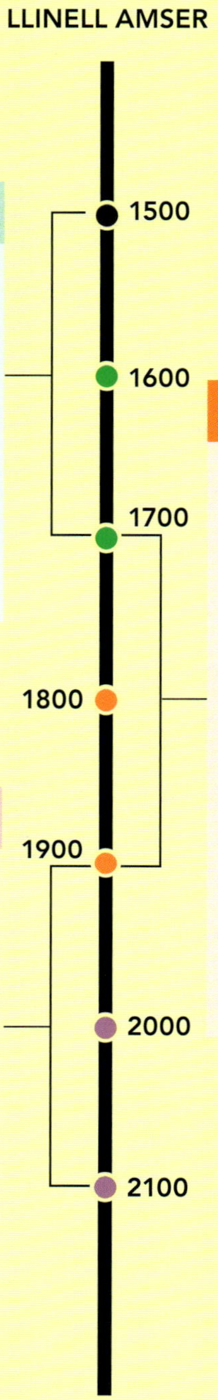

1600–1700 Yr unfed ganrif ar bymtheg a'r ail ganrif ar bymtheg

Yn ystod yr Oesoedd Canol roedd y cosbau ar y cyfan yn llym, hyd yn oed am fân droseddau, ac roedd cosbi drwy sarhad cyhoeddus a phoen corfforol yn gyffredin iawn. Parhaodd y syniad hwn o fabwysiadu 'dull caled' drwy gydol yr unfed ganrif ar bymtheg a'r ail ganrif ar bymtheg. Roedd y cosbau ar y cyfan yn canolbwyntio ar y syniad o 'ataliaeth', trwy wneud y gosb yn llym er mwyn codi ofn ar bobl i'w hatal rhag troseddu. Roedd syniad o '**ddial**' yn ogystal, sef gwneud i droseddwyr ddioddef am y drwg a wnaethant. Doedd neb wedi ystyried 'diwygio' troseddwyr. Roedd y gosb eithaf a chosbi'n gorfforol yn amlwg iawn yn ystod y canrifoedd hyn.

1800–1900 Y ddeunawfed ganrif a'r bedwaredd ganrif ar bymtheg

Roedd yr agweddau at gosbi ym mlynyddoedd cynnar y ddeunawfed ganrif yn ddigon tebyg i agweddau'r canrifoedd blaenorol. Fodd bynnag, wrth i boblogaeth Cymru a Lloegr gynyddu'n sydyn ym mlynyddoedd olaf y ganrif, yn bennaf oherwydd y Chwyldro Diwydiannol, gwelwyd y boblogaeth yn mudo o'r wlad i'r trefi a'r dinasoedd diwydiannol a oedd yn prysur ehangu. Roedd rhaid addasu dulliau cosbi i adlewyrchu'r amgylchiadau. Roedd y 'Cod Gwaedlyd' yn profi'n aneffeithiol a dechreuwyd arbrofi â mathau newydd o gosbi fel **alltudiaeth** drwy drawsgludo troseddwyr dramor. Daeth y 'Cod Gwaedlyd' i ben yn y bedwaredd ganrif ar bymtheg. Yn ystod Oes Fictoria gwelwyd arbrofi â gwahanol fathau o systemau carcharu, yn enwedig y system dawel gyda'i phwyslais ar dasgau dibwys, undonog a'r system ar wahân, a oedd yn cynnig gwaith cynhyrchiol defnyddiol i garcharorion (gweler tudalennau 79–80 a Phennod 6 am ragor o fanylion). Er bod cosbi'n gorfforol wedi dod i ben, roedd y gosb eithaf yn parhau, ond yn breifat yn hytrach nag yn gyhoeddus.

2000–2100 Yr ugeinfed ganrif a'r unfed ganrif ar hugain

Mae agweddau tuag at gosb yn yr ugeinfed ganrif a'r unfed ganrif ar hugain wedi newid yn sylweddol, ac wedi arwain at newidiadau mawr yn y dulliau cosbi. Daeth cymdeithas yn llai goddefgar, o gosbau llym ac yn llai parod i'w derbyn a daeth y gosb eithaf i ben ar ddiwedd yr 1960au. Cryfhaodd y gred fod angen annog troseddwyr i newid eu ffyrdd, yn ogystal â'u cosbi. Mae'r gymdeithas bresennol yn credu mai amcan cosb yw diwygio yn gymaint â dial er mwyn cosbi'r troseddwr. Ymddangosodd y gred hefyd nad carchar yw'r gosb orau bob tro a bod dulliau eraill fel dedfrydau gohiriedig, gwasanaeth cymunedol, profiannaeth a pharôl yn addas mewn rhai sefyllfaoedd. Gellir mesur o'r uchod fod agweddau tuag at gosbi wedi newid yn sylweddol dros y canrifoedd.

YSTYRIWCH ?

Nodwch ac esboniwch yr agweddau amlycaf tuag at gosb ym mhob un o'r cyfnodau isod:

1 Yr unfed ganrif ar bymtheg a'r ail ganrif ar bymtheg
2 Y ddeunawfed ganrif a'r bedwaredd ganrif ar bymtheg
3 Yr ugeinfed ganrif a'r unfed ganrif ar hugain.

Pwrpas cosbi'n gyhoeddus dros amser

Yn ystod y canrifoedd cyn ffurfio heddlu cyfundrefnol a system carchardai ffurfiol yn y bedwaredd ganrif ar bymtheg, byddai cymdeithas yn cynnal cyfraith a threfn trwy ei rheoli ei hun. Dull mwyaf effeithiol y gymdeithas ar gyfer lleihau lefel troseddu oedd sicrhau bod y gosb yn ddigon llym i berswadio pobl i beidio cyflawni troseddau o'r fath. Yn aml, cyflawnwyd hyn orau trwy gosbi'n gyhoeddus, o flaen y gymuned er mwyn iddynt fedru gweld cyfiawnder.

Defnyddio cosb gorfforol

Roedd nifer o'r dulliau cosbi canoloesol yn parhau yn ystod yr unfed ganrif ar bymtheg a'r ail ganrif ar bymtheg, gan gynnwys cosb gorfforol. Pwrpas cosb gorfforol oedd achosi poen difrifol i'r corff, a'r nod oedd dysgu troseddwyr eu bod wedi gwneud rhywbeth o'i le ac annog eraill i beidio â dilyn eu hesiampl.

Roedd pobl fel arfer yn derbyn eu cosb gorfforol – chwipio neu fflangellu – ar ddiwrnod marchnad mewn man agored, cyhoeddus iawn fel sgwâr y farchnad. Byddai'n cael ei defnyddio ar gyfer mân droseddau fel meddwdod, dwyn mân bethau, cardota a chrwydraeth. Y nod yn y pen draw oedd sarhau'r drwgweithredwr yn gyhoeddus. Roedd chwipio yn llai cyffredin erbyn y ddeunawfed ganrif a chafodd ei ddileu fel cosb i fenywod yn 1820. Daeth Deddf yn 1948 â chosbi corfforol i ben.

Sarhau yn gyhoeddus – y cyffion a'r rhigod

Roedd y cyffion a'r rhigod yn ddulliau cosbi cyffredin yn ystod yr unfed ganrif ar bymtheg a'r ail ganrif ar bymtheg (gweler Pennod 6 am ragor o fanylion). Eu prif bwrpas oedd sarhau troseddwyr mân droseddau yn gyhoeddus, o flaen eu cyd-ddinasyddion, ac er difyrrwch iddynt (gweler Ffynhonnell A). Credwyd yn eang y byddai treulio diwrnod yn y cyffion neu'r rhigod yn ddigon sarhaus i rwystro rhagor o droseddu. Parhawyd i ddefnyddio'r rhigod hyd at ei ddileu yn 1837 a defnyddiwyd y cyffion hyd at ei ddileu yn 1872.

▶ **Ffynhonnell A:** Dau unigolyn a gafwyd yn euog o fân drosedd ym mlynyddoedd cynnar y ddeunawfed ganrif yn cael eu rhoi yn y cyffion er mwyn eu sarhau'n gyhoeddus

Y gosb eithaf a'r Cod Troseddol

Gweithredwyd y gosb eithaf trwy ladd y troseddwr a gafwyd yn euog trwy ei ddienyddio yn y gobaith y byddai'n rhwystro'r gwylwyr rhag cyflawni troseddau o'r fath. Rhwng 1688 ac 1815 cynyddodd nifer y troseddau oedd â chosb o farwolaeth yn ddramatig, gan godi o 50 i 225 (gweler Ffigur 5.3).

Y Cod Troseddol oedd yr enw a ddatblygwyd ar gyfer y cynnydd sydyn hwn mewn troseddau, neu'r 'Cod Gwaedlyd' ar lafar gwlad. Roedd hwn yn gyfnod o gosbi llym iawn a defnyddiwyd y gosb eithaf yn ormodol. Ymhlith y rhestr derfynol o 225 trosedd farwol roedd:

- dwyn ceffylau neu ddefaid
- dinistrio ffyrdd tyrpeg
- dwyn nwyddau gwerth un swllt (5c) neu fwy o bocedi
- dwyn nwyddau gwerth pum swllt (25c) o siop
- bod allan yn y nos ag wyneb wedi ei dduo
- dwyn o gwningar
- anfon llythyrau bygythiol
- codi terfysg yn erbyn prisiau bwyd uchel.

Rhesymau dros ddatblygu'r 'Cod Gwaedlyd'

Agwedd tuag at gosb

Credwyd yn gyffredinol fod angen cosbi'n llym er mwyn atal eraill rhag troseddu. Credwyd bod cosbau llym yn effeithiol wrth reoli troseddu.

Newid cymdeithasol yn ei gwneud hi'n fwy anodd i orfodi cyfraith a threfn

Ers blynyddoedd olaf yr ail ganrif ar bymtheg roedd strwythur cymdeithasol Prydain yn newid. O ganlyniad i'r mudo o gefn gwlad i'r trefi diwydiannol a oedd yn ehangu, roedd cymdeithas yn fwy symudol. Cafwyd cynnydd mewn protestiadau ac aflonyddwch cymdeithasol. Roedd newidiadau o'r fath yn ei gwneud hi'n fwy anodd i orfodi'r gyfraith.

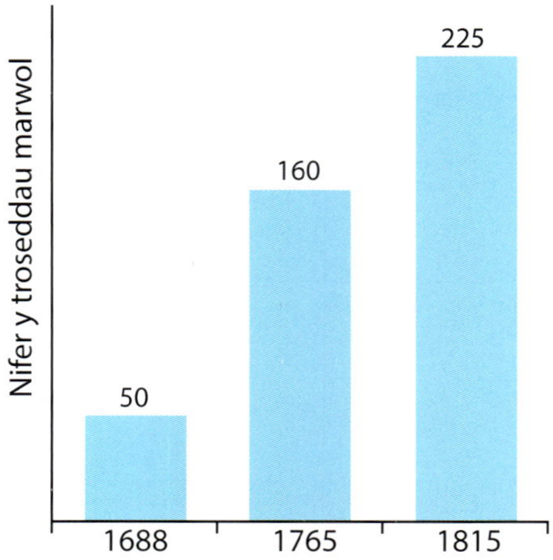

▲ **Ffigur 5.3:** Y cynnydd mewn troseddau marwol

Ofn cynnydd mewn troseddau

Gwelwyd cynnydd sydyn mewn troseddau ym mlynyddoedd olaf yr ail ganrif ar bymtheg a pharhaodd cyfraddau troseddu yn uchel drwy gydol hanner cyntaf y ddeunawfed ganrif.

Cynnydd mewn troseddau newydd

Roedd cynnydd sydyn mewn troseddau newydd fel crwydriaid yn crwydro'r strydoedd yn bygwth y cyhoedd, lladrata pen-ffordd, smyglo a photsio.

Mwy o sôn am droseddu yn y cyfryngau

Dechreuwyd adrodd am droseddau mewn pamffledi a phapurau newydd, gan roi'r argraff fod lefelau troseddu ar gynnydd, a darparu manylion erchyll am ladradau a llofruddiaethau, gan orfodi'r llywodraeth i ychwanegu at y nifer cynyddol o droseddau marwol.

Dylanwad tirfeddianwyr

Ar ôl 1688 roedd gan dirfeddianwyr cyfoethog bŵer i basio deddfau, a gwnaethant hynny er mwyn diogelu eu heiddo a'u cyfoeth. Yn 1723, er enghraifft, gwnaeth y Ddeddf Ddu hela ceirw, ysgyfarnogod a chwningod yn anghyfreithlon. Y gosb am botsio fyddai marwolaeth. Fe'i cyflwynwyd, yn ôl y sôn, i ddiogelu buddiannau tirfeddianwyr.

Amcan y gosb eithaf, yn ôl agweddau'r dosbarthiadau rheoli, oedd peri i'r bobl gyffredin ufuddhau trwy eu dychryn ac felly roedd yn rhaid ei defnyddio'n rheolaidd. Datblygodd dienyddiadau yn ddigwyddiadau cyhoeddus mawr, gan ddenu torfeydd mawr, yn enwedig yn Tyburn yn Llundain.

Erbyn canol y bedwaredd ganrif ar bymtheg, fodd bynnag, roedd agweddau tuag at ddienyddio cyhoeddus yn newid. Roedd y torfeydd mawr, afreolus hyn yn fygythiad i gynnal cyfraith a threfn. Sefydlwyd Comisiwn Brenhinol ar y Gosb Eithaf yn 1864. Cynhaliodd y Comisiwn ymchwiliad a barodd ddwy flynedd ac yn 1866 argymhellodd na ddylai dienyddiadau ddigwydd yn gyhoeddus. Daeth dienyddio cyhoeddus i ben yn dilyn Deddf a gyflwynwyd yn 1868.

Cynhaliwyd y crogi cyhoeddus olaf yng Nghymru yn Abertawe ar 12 Ebrill 1866 pan ddienyddiwyd Robert Coe am lofruddio John Davies. Michael Barrett oedd y carcharor olaf i'w grogi'n gyhoeddus yn Lloegr, y tu allan i Garchar Newgate ar 26 Mai 1868. Roedd hwn yn drobwynt pwysig mewn dulliau cosbi ac o 1868 hyd at 1965, pan ddilëwyd y gosb eithaf, dienyddiwyd troseddwyr mewn carchardai allan o olwg y cyhoedd.

YSTYRIWCH

1. Esboniwch pam roedd cosbau yn aml yn cael eu gweithredu'n gyhoeddus cyn y bedwaredd ganrif ar bymtheg.
2. 'Cyflwynwyd y "Cod Gwaedlyd" yn bennaf oherwydd cynnydd sydyn mewn troseddu.' I ba raddau rydych chi'n cytuno â'r datganiad hwn?

Defnyddio alltudiaeth yn ystod y ddeunawfed ganrif a'r bedwaredd ganrif ar bymtheg

Drwy gydol y ddeunawfed ganrif cafwyd teimlad cynyddol, yn enwedig ymysg meddylwyr goleuedig, fod cosbau yn llawer rhy llym. Dadleuwyd y dylai'r cosbau gyfateb yn fwy cywir i'r drosedd a gyflawnwyd, a symudwyd tuag at arbrofi â dulliau cosbi eraill fel **alltudiaeth** drwy drawsgludo.

Problemau yn gysylltiedig â dienyddio cyhoeddus

Yn 1783 gwnaeth ynad o Lundain sylw ar fethiannau'r Cod Gwaedlyd: 'Mae holl amcanion cyfiawnder cyhoeddus wedi eu trechu. Mae holl effeithiau esiampl, arswydion marwolaeth, cywilydd cosb, wedi eu colli.' Collwyd effeithiolrwydd dienyddiadau cyhoeddus. Byddent yn denu torfeydd mawr, afreolus a fyddai, yn hytrach nag yn cael eu dychryn gan y digwyddiad, yn gwawdio'r dienyddiwr ac yn chwerthin am ben y digwyddiadau (gweler Ffynhonnell B). Ar ben hynny, roedd y digwyddiadau hyn yn gyfleoedd perffaith ar gyfer lladron pocedi, gan felly gynyddu yn hytrach na lleihau troseddu.

Ffynhonnell B: Bernard Mandeville yn disgrifio effaith y dienyddiadau cyhoeddus yn Llundain yn 1725.

Mae'r holl ffordd, o Newgate i Tyburn, yn un ffair ddiddiwedd i'r dihirod a'r puteiniaid mwyaf dibwys ... yn hytrach na rhybuddio, maent yn batrwm o'r math anghywir, ac yn annog lle dylasent rwystro.

Chwilio am gosbau eraill – alltudiaeth drwy drawsgludo

Roedd yr agweddau tuag at ddefnyddio cosbau eithafol fel crogi ar gyfer mân droseddau yn newid ac roedd angen dull gwahanol yn hytrach na dienyddio. Yr ateb a gynigiwyd oedd trawsgludo gan ei fod yn cael ei ystyried yn gosb 'ganolig' rhwng eithafion dienyddio ar y naill law a chosbau ysgafnach fel chwipio neu ddefnyddio'r cyffion a'r rhigod ar y llaw arall. Mantais alltudio'r troseddwr i fyd dieithr oedd cael gwared ar y troseddwr yn llwyr; yn hyn o beth, roedd yn debyg i grogi (gweler Ffynhonnell C). Gobeithiwyd y byddai ofni'r fath alltudiaeth yn atal pobl rhag troseddu, ac y byddai'r rheiny a drawsgludwyd yn cael eu diwygio trwy eu gorfodi i weithio a dysgu sgiliau newydd.

Ffynhonnell C: Wrth grynhoi'r ddedfryd a roddwyd i droseddwr, disgrifiodd un barnwr y gosb o alltudio i Awstralia fel a ganlyn:

Rwyf yn eich dedfrydu, ond i beth, ni wn; efallai i storm a llongddrylliad, efallai i afiechydon heintus, efallai i newyn, efallai i'ch lladd gan anwariaid, efallai i'ch bwyta gan fwystfilod gwyllt. Ewch ymaith – cymerwch eich cyfle; marw neu ffynnu, dioddef neu fwynhau; caf wared ohonoch.

Roedd Deddf Trawsgludo 1717 yn drobwynt pwysig o ran dulliau cosbi, ac agweddau tuag at gosbi, troseddwyr. Fe'i defnyddiwyd fel math llai difrifol o gosbi na chrogi ac, mewn rhai achosion, byddai'r unigolyn yn cael dychwelyd ar ôl iddo gwblhau ei ddedfryd. Fodd bynnag, doedd fawr o gysondeb yn y cosbau a bennwyd gan y llysoedd (gweler Ffynhonnell Ch).

Ffynhonnell Ch: Dedfrydau a roddwyd i droseddwyr ym Mrawdlys Caerloyw ym mis Awst 1826

Troseddwr	Dedfryd
Thomas Jones, am dorri i mewn i dŷ John Nichols, o St James', Bryste, a dwyn crysau ac ati	Dedfrydu i farwolaeth
William Jones, am dorri i mewn i dŷ John Cox, o St Philip's, Bryste, a dwyn 20 pwys o gaws	Trawsgludo am 7 mlynedd
George Gwilliam, am fwriadu treisio Mary Gwilliam, o Stanton, yn erbyn ei hewyllys	3 blynedd o garchar
William George, Thomas Parker ac Elizabeth Parker, am dorri i mewn i dŷ, yn Old Sodbury, a dwyn cwilt gwely	Trawsgludo am 7 mlynedd
Robert Hudson, am ymosod ar Jane Neale, yn Stroud, gan fwriadu ei threisio	2 flynedd o garchar
John Mico a Robert Shackle, am ddwyn 2 sach a 3 casgen, oddi ar J. Staite, o Fryste	Trawsgludo am 7 mlynedd
Richard Fowler, am ddwyn gwair, yn Winterbourne	12 mis o garchar
George Cootle, am dorri i mewn i dŷ yn Dursley, a dwyn cist de, ac eitemau eraill	Trawsgludo am 7 mlynedd
Richard Mee, am ddwyn potel o frandi yn Cheltenham	Trawsgludo am 7 mlynedd
Elizabeth Jones, am ddwyn calico, eiddo W. Mumford, hefyd am droseddau amrywiol eraill, yn Tewkesbury	Trawsgludo am oes

YSTYRIWCH

1. Defnyddiwch Ffynhonnell B a'ch gwybodaeth eich hun i esbonio pam roedd mwy a mwy o bobl yn beirniadu dienyddio cyhoeddus.
2. Astudiwch Ffynhonnell Ch. Yn eich barn chi, a oedd y dedfrydau a roddwyd gan farnwyr ym Mrawdlys Caerloyw yn 1826 yn deg o ystyried y troseddau a gyflawnwyd? Rhowch resymau ac enghreifftiau i gefnogi eich ateb.

GWEITHGAREDD

Ysgrifennwch araith fer, yn cyflwyno'r dadleuon o blaid defnyddio trawsgludo fel cosb wahanol i ddienyddio.

Dileu'r Cod Troseddol neu'r 'Cod Gwaedlyd'

Er gwaetha'r 225 o droseddau oedd â chosb o farwolaeth, nid oedd y Cod Troseddol neu'r 'Cod Gwaedlyd' yn gweithio. Erbyn dechrau'r bedwaredd ganrif ar bymtheg roedd rheithgorau yn fwyfwy anfodlon i ddedfrydu pobl am droseddau marwol gan fod y gosb yn rhy llym yn eu tyb hwy. Rhwng 1770 ac 1830 yng Nghymru a Lloegr, rhoddwyd 35,000 dedfryd o farwolaeth, ond 7,000 o droseddwyr yn unig (20 y cant) gafodd eu crogi. Erbyn dechrau'r bedwaredd ganrif ar bymtheg roedd y gyfradd ddienyddio wedi disgyn i 10 y cant, er bod y gyfradd droseddu yn uwch bryd hynny. Roedd y Cod Troseddol yn tanseilio'r gyfraith gan fod rheithgorau yn cael troseddwyr yn ddieuog er mwyn osgoi dienyddio cyhoeddus.

Yn y Senedd dechreuodd ASau gwestiynu pa mor effeithiol oedd y Cod Troseddol a dadlau ei fod yn rhy eithafol (gweler Ffynhonnell D). Dyn a ymgyrchodd yn frwd dros ddiwygio'r Cod Troseddol oedd y cyfreithiwr Syr Samuel Romilly (1757–1818) a ddaeth yn AS yn ddiweddarach. Cafodd ei lwyddiant cyntaf yn 1808 pan ddileodd y gosb eithaf am bigo pocedi. Yn 1810 ysgrifennodd Romilly *Observations on the Criminal Law in England* lle beirniadodd y modd yr oedd y Cod Troseddol yn cael ei weithredu. Lleisiodd ei feirniadaeth hefyd mewn araith i'r Senedd.

Daeth y llwyddiant mwyaf pan ymunodd yr Ysgrifennydd Cartref, Syr Robert Peel, yntau â'r ymgyrch. Fel Romilly a beirniaid eraill, credai Peel fod y Cod yn anwaraidd ac yn rhy eithafol (gweler Ffigur 5.4). Yn 1823 dileodd y gosb eithaf am dros 100 o droseddau marwol. Yn 1832 diwygiwyd y Cod Troseddol unwaith eto a gostyngodd nifer y troseddau marwol o ddau draean dan Ddeddf y Gosb Eithaf. Erbyn 1861 roedd nifer y troseddau marwol wedi disgyn i bump:

- llofruddiaeth
- brad
- ysbïo
- llosgi bwriadol mewn dociau brenhinol.
- môr-ladrad gyda thrais

Roedd y Cod Troseddol wedi ei ddileu o'r diwedd.

Ffynhonnell D: Dyfyniad o araith i'r Senedd gan Syr William Meredith, AS, yn 1770

Caiff dyn a ddygodd hances sydd yn werth 18 ceiniog o boced ei gosbi yr un mor llym â phetai wedi llofruddio teulu cyfan. Ni ddylid cosbi neb â marwolaeth ac eithrio yn achos llofruddiaeth.

Ffynhonnell Dd: Sylwadau ar fethiannau'r Cod Troseddol a wnaed gan Cesare Beccaria yn ei lyfr *Of Crimes and Punishments* (1767)

Nid yw cosbau heddiw yn atal troseddu. Yn hytrach na gwneud esiampl frawychus [trwy grogi] ambell droseddwr dylem gosbi pob troseddwr a'u cosbi'n deg. Mae angen cosbau arnom sy'n cyfateb i'r troseddau. Yn hytrach na dibynnu ar ddedfrydu i farwolaeth, dylid carcharu troseddwyr a'u peri i wneud llafur caled sy'n weladwy i'r cyhoedd.

GWEITHGAREDD

Gan ddefnyddio gwybodaeth o Ffynonellau D a Dd, yn ogystal â Ffigur 5.4, ysgrifennwch adroddiad yn cyfiawnhau'r angen i ddod â'r 'Cod Gwaedlyd' i ben.

Rhesymau dros ddod â'r Cod Troseddol neu'r 'Cod Gwaedlyd' i ben

Rheithgorau yn anfodlon i ddedfrydu
Roedd rheithgorau'n fwy amharod i gael unigolion a oedd wedi eu cyhuddo yn euog o fân droseddau marwol oherwydd roeddent yn ystyried bod y gosb yn annheg ac yn anaddas ar gyfer y drosedd.

Nid oedd dienyddiadau cyhoeddus yn gweithio
Byddai digwyddiadau o'r fath yn denu torfeydd mawr ac roedd hi'n fwyfwy anodd i'r awdurdodau gadw trefn. Roedd risg uwch o derfysgoedd protest os cynhaliwyd crogi torfol lle byddai'r troseddwyr wedi eu dedfrydu i farwolaeth am fân droseddau neu droseddau cymdeithasol.

Syniadau am gosbi yn newid
Dechreuodd rhai pobl feddwl bod defnyddio'r gosb eithaf yn ormodol a bod dienyddio cyhoeddus yn gwneud troseddwyr yn arwyr yn hytrach na'u sarhau. Pwysleisiodd meddylwyr goleuedig bwysigrwydd cosbi yn unol â'r drosedd; credent hefyd ei bod hi'n bosib i ddiwygio'r troseddwr trwy gosbi'n gywir.

Dulliau eraill o gosbi
Roedd cosbau newydd fel trawsgludo eisoes wedi eu profi ac yn llwyddo. Dangoswyd bod carcharorion a drawsgludwyd yn aml wedi eu diwygio.

▲ **Ffigur 5.4:** Rhesymau dros ddod â'r Cod Troseddol neu'r 'Cod Gwaedlyd' i ben

Defnyddio carchardai i gosbi a diwygio yn y bedwaredd ganrif ar bymtheg

Ar ddechrau'r bedwaredd ganrif ar bymtheg roedd gan Brydain system carchardai a oedd yn ganrifoedd oed. Rhan fechan yn unig o'r system cosbi oedd carchardai yn 1750, ond erbyn yr 1860au roedd mwy na 90 y cant o droseddwyr difrifol yn cael eu hanfon i'r carchar. Erbyn y cyfnod hwn roedd yr agweddau tuag at ddefnyddio carchardai wedi newid yn ddramatig. Roedd prif bwrpas cosbi wedi newid o weithredu fel ataliaeth, er mwyn rhybuddio eraill rhag cyflawni'r drosedd, i ddiwygio'r troseddwr. Y nod oedd newid y carcharor, yn hytrach na chael gwared ohono.

Yn ystod y bedwaredd ganrif ar bymtheg effeithiodd tri newid mawr ar ddatblygiad defnyddio carchardai fel cosb:

1. Datblygodd carcharu yn brif ffordd o gosbi troseddwyr – daeth trawsgludo i ben yn 1868, gwelwyd gostyngiad mawr yn nifer y troseddau marwol a chafwyd newid yn agweddau'r cyhoedd tuag at gosbi.
2. Datblygodd diwygio carcharorion yn brif amcan cosbi – arweiniodd hyn at ddadleuon brwd ynghylch y systemau gwrthgyferbyniol i'w defnyddio mewn carchardai (y System ar Wahân a'r System Dawel).
3. O ganlyniad i'r cynnydd enfawr yn nifer y bobl a oedd yn y carchardai gorfodwyd y llywodraeth i gymryd cyfrifoldeb am redeg y system carchardai ac i oruchwylio adeiladu carchardai pwrpasol, newydd. Yn yr 1770au roedd y carchardai yn cael eu rhedeg gan drefi a siroedd heb reolau am eu trefniadaeth; erbyn yr 1870au roedd arolygwyr y llywodraeth yn gwirio pob agwedd ar fywyd carchar.

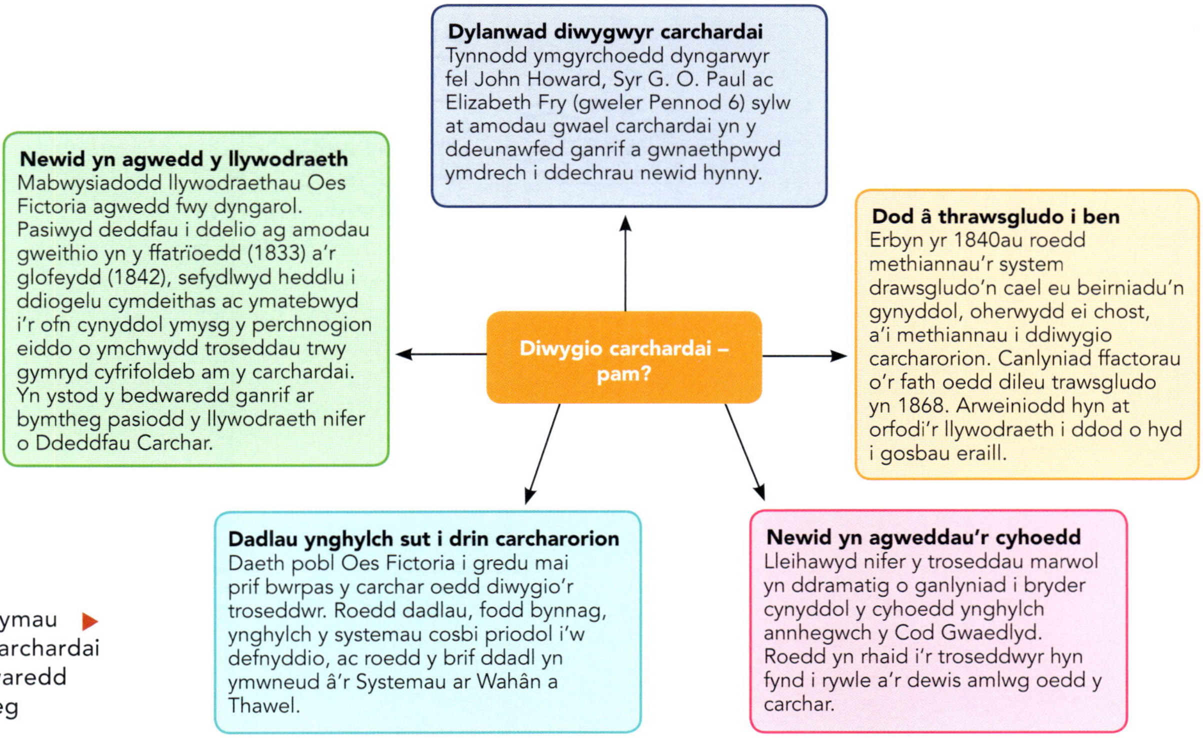

Ffigur 5.5: Rhesymau dros ddiwygio carchardai yn ystod y bedwaredd ganrif ar bymtheg

Ymgyrchoedd diwygwyr carchar

Erbyn diwedd y bedwaredd ganrif ar bymtheg roedd carchardai wedi eu diwygio'n llwyr o lefydd di-drefn, budr, afiach, i sefydliadau effeithiol a oedd yn cael eu rheoli'n llym. Cychwynnwyd y newid hwn o ganlyniad i weithredoedd nifer bychan o ddiwygwyr cosbi a oedd, trwy ymweld â charchardai a chasglu gwybodaeth, yn gallu adrodd am yr amodau llym a budr oedd ynddynt (gweler Pennod 6 am ragor o fanylion). Tynnwyd sylw at y ffaith fod carchardai yn sefydliadau creulon ac annheg, a gâi eu rhedeg yn aneffeithlon.

Dadlau ynghylch sut i drin carcharorion – cosbi neu ddiwygio?

Roedd y cyfnod Fictoraidd yn dyst i'r 'ddadl fawr' ynghylch sut orau i drin carcharorion. Roedd y dadleuon yn troi o amgylch dau ddull gwahanol; bwriad y naill oedd cosbi, a'r llall oedd diwygio:

- **Y System ar Wahân**: roedd y system hon yn gweithredu yn unol â'r gred sylfaenol fod troseddwyr yn ddrwg oherwydd iddynt gael eu cyflwyno i ddylanwadau drwg a phe gellid eu cyflwyno i ddylanwadau da gellid eu newid er gwell (gweler Ffynhonnell E). Roedd yn rhaid eu gwahanu oddi wrth eraill a rhoi amser iddynt fyfyrio ar ddrygioni troseddu, drwy addysg Gristnogol. Dylid gwneud i'r troseddwyr gyflawni tasgau buddiol fel gwneud esgidiau, matiau a dillad carchar, a gwnïo bagiau post a sachau glo.
- **Y System Dawel**: barn eraill oedd mai'r unig ffordd o dorri ewyllys carcharorion oedd trwy eu cyflwyno i gyfundrefn galed a llym o ddisgyblaeth lem, cosbau garw, ac arwahanu'n llwyr. Roedd y pwyslais ar gosbi yn hytrach na diwygio. Byddai'n rhaid i garcharorion gyflawni tasgau undonog, dibwrpas yn ddyddiol, fel pigo ocwm neu gerdded y felin droed. Credwyd na fyddent yn troseddu eto o ganlyniad i'r cosbi rheolaidd.

Ffynhonnell E: Y Parch. John Clay, caplan carchar, yn disgrifio effeithiau'r System ar Wahân

Mae ychydig fisoedd yn y gell unigol yn gwneud y carcharor yn rhyfeddol o hawdd i'w fowldio. Gall y caplan beri i'r nafi cyhyrog [labrwr] grio fel baban; gall weithio ar ei deimladau mewn unrhyw ffordd a ddymuna, bron.

Agweddau'n newid erbyn blynyddoedd olaf y bedwaredd ganrif ar bymtheg – Pwyllgor Gladstone, 1895

Yn dilyn Deddf Carchardai 1865, gorchmynnodd y Comisiynydd Carchardai, Edmund du Cane, i garchardai gael eu rhedeg yn unol â'r egwyddorion o 'waith caled, bwyd caled a llety caled'. Erbyn diwedd y ganrif, fodd bynnag, roedd barn y cyhoedd yn troi yn erbyn yr agwedd 'galed' hon. Dadleuai'r beirniaid fod amodau mewn carchardai yn rhy greulon a heb lwyddo i ddiwygio troseddwyr na lleihau'r achosion o aildroseddu. Yn hytrach na diwygio troseddwyr, roedd llawer o garcharorion wedi mynd yn wallgo a gwelwyd cynnydd yn y gyfradd hunanladdiadau (gweler Ffynhonnell F).

Ffynhonnell F: Sylwadau ar fywyd carchar gan y dramodydd a'r bardd Oscar Wilde, a dreuliodd ddwy flynedd yng Ngharchar Reading rhwng 1895 ac 1897

Mae bywyd carchar, a'i gyfyngiadau di-ben-draw, yn gwneud rhywun yn wrthryfelgar. Nid ei fod yn torri calon rhywun yw'r peth mwyaf ofnadwy amdano, ond ei fod yn troi calon rhywun yn garreg. Dim ond trwy fod yn ddigywilydd a dirmygus y gall rhywun ddod drwy'r diwrnod.

Canlyniad y pryderon ynghylch effeithiau cosbau llym ar garcharorion oedd sefydlu ymchwiliad gan y llywodraeth. Fe'i henwyd yn Bwyllgor Gladstone ac adroddodd ei ganfyddiadau yn 1895 (gweler Ffynhonnell Ff); dyma'r prif bwyntiau:

- Nid oedd cyfnodau hir o fod ar wahân yn diwygio'r carcharorion ond roeddent yn cael effaith negyddol ar eu hiechyd meddwl.
- Ni ddylai'r carcharorion ifanc, rhwng 16 ac 20 oed, dderbyn yr un cosbau llym â'r carcharorion hŷn.
- Dylid addysgu a hyfforddi carcharorion ifanc yn y carchar, er mwyn cynnig sgiliau buddiol iddynt.

Ffynhonnell Ff: Un o argymhellion Adroddiad Gladstone, 1895

Dylid cynllunio disgyblaeth carchar i ddeffro greddfau moesol carcharorion, i'w hyfforddi mewn arferion trefnus a gweithgar, a, pha bryd bynnag sy'n bosib, i'w troi allan o'r carchar yn well dynion a menywod, yn gorfforol ac yn foesol, na phan aethant yno.

Ymatebodd y llywodraeth i'r argymhellion hyn trwy basio Deddf Carchardai 1898, a thrwy wneud nifer o newidiadau pwysig i fywyd carchar:

- Lleihau'r amser y byddai'r carcharorion yn cael eu cadw ar wahân.
- Caniatáu mwy o amser rhydd i'r carcharorion gyfathrebu â'i gilydd.
- Dilëwyd llafur caled, anghynhyrchiol yn 1898.
- Agorwyd y carchar cyntaf ar gyfer troseddwyr ifanc yn Borstal, Caint yn 1902.

YSTYRIWCH

1. Gan ddefnyddio Ffynonellau E a Ff, disgrifiwch sut newidiodd agweddau tuag at drin carcharorion yn ystod y bedwaredd ganrif ar bymtheg.
2. Beth mae Ffynonellau E a F yn ei ddweud wrthych am effaith y system carchardai Fictoraidd ar garcharorion?
3. Pa mor bwysig oedd Pwyllgor Gladstone 1895 wrth newid agweddau tuag at drin carcharorion?
4. 'Mae'r bedwaredd ganrif ar bymtheg yn nodi trobwynt mewn agweddau tuag at rôl a swyddogaeth carchar fel cosb.' I ba raddau rydych yn cytuno â'r datganiad hwn?

Newid mewn agweddau at gosb yn yr ugeinfed ganrif

Ffynhonnell G: Roedd y Parch. Sydney Turner, a oedd yn rheoli Penydfa (*Reformatory*) Redhill ar ddiwedd y bedwaredd ganrif ar bymtheg, yn credu mewn cosbi bechgyn yn llym trwy eu rhoi dan glo ar eu pen eu hunain

... am ychydig ddyddiau mewn celloedd heb wres ar ddiet o fara a dŵr a'u chwipio â chymaint o ddifrifoldeb â phosib.

Mae agweddau tuag at gosb yn yr ugeinfed ganrif a'r unfed ganrif ar hugain wedi newid yn sylweddol, ac wedi arwain at newidiadau mawr yn y mathau o ddedfryd a roddir i droseddwyr a geir yn euog, a'r ffordd y caiff carcharorion eu trin yn y carchar. Diflannodd y gosb gorfforol a'r gosb eithaf yn ystod yr ugeinfed ganrif. Yn eu lle daeth y farn y dylai troseddwyr nid yn unig gael eu cosbi am eu gweithredoedd, ond y dylid hefyd eu hannog i newid eu ffyrdd. Erbyn hyn, felly, ystyrir cosb fel ffordd o ailsefydlu drwgweithredwyr, yn ogystal â dial arnynt.

Newidiadau mewn agweddau tuag at garchar

Dangosodd Adroddiad Gladstone (1895) newid ym marn y cyhoedd, gan symud i ffwrdd o'r cosbau llym tuag at ddiwygio. Canlyniad hynny oedd symud tuag at ddod â'r System Dawel i ben. Yn ystod blynyddoedd cynnar yr ugeinfed ganrif, dan gyfarwyddyd dau Gomisiynydd Carchar diwygiol, Syr Evelyn Ruggles-Brise (1895–1921) a Syr Alexander Paterson (1921–1947), gwelwyd newidiadau mawr wrth drin carcharorion.

LLINELL AMSER

1900

1902 Cefnwyd ar lafur caled ar y cranc a'r felin droed

1907 Cyflwynwyd y Gwasanaeth Profiannaeth

1910

1920

1921 Diddymwyd yr arfer o dorri gwallt carcharorion yn fyr a gwisgo iwnifform â saethau llydan

1923 Rhoddwyd caniatâd i garcharorion gwrdd a siarad â'i gilydd ar adegau penodol, gan ddod â'r System Dawel i ben

1930

1936 Agorwyd y 'carchar agored' cyntaf yn Wakefield

1940

1948 Cafodd fflangellu carcharorion ei ddileu

1950

Roedd yr hen gred fod troseddwyr yn etifeddu eu tueddiadau troseddol yn lleihau, ac yn cael ei thanseilio gan y gred y gellid diwygio carcharorion trwy eu trin a'u haddysgu'n well mewn carchar.

Delio â throseddwyr ifanc

Yn ystod y bedwaredd ganrif ar bymtheg nid oedd troseddwyr ifanc yn cael eu trin yn wahanol i oedolion a gellid eu dedfrydu i'w crogi, eu trawsgludo, eu carcharu neu eu dirwyo. Roedd 6,500 o blant dan 16 oed mewn carchardai i oedolion yn 1880, ac roedd 900 ohonynt dan 12 oed. Roedd pobl Oes Fictoria yn gweithredu agwedd galed, gan eu bod o'r farn y byddai hyn yn atal troseddwyr rhag troseddu eto (gweler Ffynhonnell G). Roedd agweddau'n newid yn ystod yr ugeinfed ganrif ac yn symud mwy tuag at ddiwygio. Ehangodd y gred fod pobl ifanc yn addas i'w diwygio gan nad oedd eu cymeriadau eto wedi eu sefydlu. Trwy ddylanwadu'n gadarnhaol arnynt a chynnig cartref da iddynt gellid eu troi oddi wrth fywyd o droseddu. Man cychwyn y newid oedd gwahanu'r troseddwyr ifanc oddi wrth y troseddwyr hŷn. Yn 1902 agorwyd y '**borstal**' cyntaf yng Nghaint ar gyfer troseddwyr dan 21 oed fel dewis arall i garchar i droseddwyr ifanc. Y nod oedd diwygio pobl ifanc trwy gyfuno hyfforddiant a gofal arbenigol (gweler Ffynhonnell Ng). Roedd y sefydliadau hyn yn cael eu rhedeg fel ysgolion preswyl.

Yn 1908 sefydlwyd llysoedd ar wahân ar gyfer troseddwyr ifanc, gan weithredu agwedd lai ffurfiol o lawer na'r llysoedd arferol. Byddai ymdrech yn cael ei wneud yma i roi pwyslais ar ddiwygio'r troseddwr ifanc. Yn 1932 sefydlwyd Ysgolion Gwarchod ar gyfer troseddwyr dan 15 yn y gobaith y byddai addysg yn eu paratoi'n well ar gyfer bywyd ar ôl eu rhyddhau.

Yn ystod chwarter olaf yr ugeinfed ganrif newidiodd agweddau tuag at forstalau. Roedd ystadegau'n dangos bod dros 60 y cant o bobl ifanc a oedd yn cael eu rhyddhau o forstalau neu Ysgolion Gwarchod yn troseddu eto. Pan gaewyd borstalau yn 1982 daeth Canolfannau Cadw Ieuenctid yn eu lle (gweler Pennod 6 am ragor o fanylion). Erbyn yr 1980au roedd barn y cyhoedd yn symud tuag at ddefnyddio system fwy llym o gosbi, sef 'sioc sydyn a byr'. Roedd hyn yn cynnwys llawer o ddriliau milwrol a disgyblaeth er mwyn brawychu'r carcharorion rhag troseddu eto yn y dyfodol. Roedd yr agwedd galetach hon yn llai llwyddiannus na'r borstalau, ac roedd y gyfradd aildroseddu yn 75 y cant. Ar ddechrau'r unfed ganrif ar hugain cyflwynwyd mathau newydd o gosbau ar gyfer pobl ifanc:

- defnyddiwyd Gorchmynion Ymddygiad Gwrthgymdeithasol (ASBO = *Anti-Social Behaviour Orders*) am y tro cyntaf yn 1999
- cyflwynwyd tagio a gorchmynion cyrffyw yn 2003.

Troes y sylw hefyd tuag at gosbi'r rhieni, eu dirwyo os nad ydynt yn gallu rheoli eu plant a thynnu'r plentyn o gartref ei rieni, fel cosb derfynol, os nad yw dirwyo yn cael effaith. Yr hyn y mae arbrofion o'r fath yn ei ddangos yw fod cosbau'n newid wrth i agweddau cymdeithas newid.

▲ **Ffynhonnell Ng:** Gweithdy gof mewn borstal, 1945. Nod cyfleusterau o'r fath oedd dysgu crefft i fechgyn i'w paratoi'n well ar gyfer bywyd ar ôl borstal

YSTYRIWCH

1. Disgrifiwch sut newidiodd yr agweddau tuag at drin carcharorion yn ystod hanner cyntaf yr ugeinfed ganrif.
2. Beth mae Ffynonellau G a Ng yn ei ddweud wrthych am agweddau tuag at drin troseddwyr ifanc yn ystod hanner cyntaf yr ugeinfed ganrif?
3. I ba raddau roedd y dulliau o gosbi troseddwyr ifanc yn ystod yr ugeinfed ganrif yn llwyddiannus?

Dileu'r gosb eithaf

Trwy ddod â dienyddio cyhoeddus i ben yn 1868 roedd hi'n amlwg bod agwedd y cyhoedd tuag at y ddedfryd o farwolaeth yn newid. Roedd llai o ddefnydd o'r gosb eithaf yn ystod y bedwaredd ganrif ar bymtheg. Tyfodd y gwrthwynebiad i'r gosb eithaf yn raddol yn ystod blynyddoedd cynnar yr ugeinfed ganrif a gwelwyd sawl ymgyrch gan ASau i'w dileu yn methu:

- 1930 – Argymhellodd Pwyllgor Dethol y llywodraeth ddod â'r gosb eithaf i ben am bum mlynedd, ond gwrthododd yr Ysgrifennydd Cartref yr argymhelliad
- 1948 ac 1956 – pleidleisiodd ASau dros ddileu'r gosb eithaf ond anghytunodd Tŷ'r Arglwyddi â'u penderfyniad ar y ddau achlysur a'i wrthdroi

Daeth trobwynt yn 1957 pan gyfyngwyd y gosb eithaf i bum math o lofruddiaeth:

- llofruddio swyddog yr heddlu neu swyddog carchar
- llofruddio drwy saethu neu ffrwydrad
- llofruddio wrth wrthsefyll arest
- llofruddio wrth ddwyn
- llofruddio mwy nag un person.

Dadleuon o blaid ac yn erbyn defnyddio'r gosb eithaf

Erbyn yr 1950au roedd y dadleuon o blaid ac yn erbyn defnyddio'r gosb eithaf yn cael eu trafod yn frwd. Bu nifer o gamweinyddiadau cyfiawnder o gymorth i ymestyn y drafodaeth ac erbyn yr 1960au roedd y pwnc yn cael ei drafod yn rheolaidd ar y teledu ac yn y papurau newydd. Roedd y farn yn rhanedig rhwng y rheiny a oedd yn ystyried dienyddio yn arfer barbaraidd, anwaraidd ac anghristnogol a'r rheiny a oedd yn ei ystyried yn ataliaeth angenrheidiol, ac yn ffordd o ddiogelu cymdeithas rhag troseddau treisgar (gweler Tabl 5.1 isod).

Dadleuon yn erbyn dileu	Dadleuon o blaid dileu
• Ni all llofrudd marw ladd eto. • Crogi yw'r rhwystr eithaf. • Mae cadw llofrudd yn y carchar yn gostus. • Mae llofrudd yn haeddu cael ei grogi. • Mae crogi yn bodloni teulu'r dioddefwr a'r cyhoedd yn gyffredinol. • Mae crogi yn diogelu'r heddlu a staff y carchar. • Mae'n bosib y bydd llofruddion sydd wedi cwblhau eu dedfryd yn lladd eto ar ôl eu rhyddhau. • Mae troseddwyr yn fwy tebygol o gario gynnau os nad oes perygl o ddedfryd o farwolaeth.	• Gallai'r person anghywir gael ei grogi. • Nid yw crogi yn rhwystr, gan fod y mwyafrif o lofruddiaethau yn digwydd yn ddirybudd. • Mae crogi yn farbaraidd; does gan neb yr hawl i gymryd bywyd. • Gellir diwygio'r person gwaethaf hyd yn oed. • Mae gwledydd eraill wedi dileu'r gosb eithaf ac nid yw'r gyfradd droseddu wedi cynyddu yno. • Gall crogi wneud terfysgwyr a throseddwyr eraill yn ferthyron. • Mae dienyddio yn erbyn dysgeidiaeth crefyddau gwahanol a'r syniad Cristnogol o faddau. • Mae rhai pobl yn sâl yn feddyliol ac nid ydynt yn deall difrifoldeb eu gweithredoedd.

▲ Tabl 5.1

Ffynhonnell H: Reginald Paget, AS, yn siarad yn y Senedd yn 1947

Gadewch i'r unbeniaid gael eu crocbrenni a'u bwyelli, eu minteioedd saethu a'u siambrau nwy. Nid oes yn rhaid i ni, ddinasyddion democratiaeth rydd, lochesu dan gysgod coeden grocbren.

Ffynhonnell I: Sylwadau gan Albert Pierrepoint, dienyddiwr swyddogol olaf Prydain. Crogodd dros 430 o droseddwyr

Rwyf wedi dod i'r casgliad nad yw dienyddiadau yn datrys dim oll ... ni wnaeth eu hatal bryd hynny ac nid oedd wedi eu hatal wrth iddynt gyflawni'r hyn y'u cafwyd yn euog ohono. Mae'r holl ddynion a menywod a wynebais yn yr eiliad olaf honno wedi fy argyhoeddi nad wyf wedi atal yr un llofruddiaeth trwy wneud yr hyn a wneuthum.

YSTYRIWCH ?

A yw Ffynonellau H ac I yn cefnogi neu'n gwrthwynebu'r ddadl o blaid dileu'r gosb eithaf? Rhowch resymau i gyfiawnhau eich ateb.

Effaith achosion dadleuol a chamweinyddiadau cyfiawnder

Cafwyd tri achos dadleuol iawn yn yr 1950au a ddaeth â'r ddadl am y gosb eithaf i'r amlwg.

Achos Timothy Evans

Ganwyd Timothy Evans ym Merthyr Tudful yn 1924 a chafodd ei grogi am lofruddio ei ferch fach yn 1950. Ym mis Tachwedd 1949 cyfaddefodd Evans i'r heddlu ei fod wedi lladd ei wraig, Beryl, yn ddamweiniol a'i fod wedi mynd i aros yng Nghymru ar ôl trefnu i rywun warchod ei ferch. Pan ddaeth yr heddlu o hyd i gyrff ei wraig a'i ferch, cyfaddefodd iddo ladd y ddwy. Serch hynny, newidiodd ei ddatganiad sawl gwaith cyn yr achos llys.

Oherwydd diffyg arbenigedd fforensig yr heddlu yn ystod yr ymchwiliad, cafodd llawer iawn o dystiolaeth ei methu, gan gynnwys esgyrn dynol yng ngardd gefn 10 Rillington Place, Llundain, y tŷ lle roedd Evans a'i deulu'n byw. Yn y llys, honnodd Evans bod yr heddlu wedi ei fygwth â thrais a'i orfodi i wneud datganiadau anghywir. Serch hynny, o ganlyniad i'w gyfaddefiad, fe'i cafwyd yn euog a'i grogi yng ngharchar Pentonville ar 9 Mawrth 1950.

Yn 1953, cafwyd hyd i weddillion chwe menyw arall, gan gynnwys gwraig John Christie, cymydog a oedd yn byw lawr grisiau, yn y tŷ lle roedd Evans a'i deulu wedi byw yn Rillington Place. Daeth yn amlwg yn fuan iawn bod Christie yn llofrudd cyfresol (*serial killer*) a chafodd ei ddedfrydu a'i grogi am lofruddio ei wraig. Cyfaddefodd hefyd mai ef oedd wedi lladd Beryl Evans, ond daeth ymchwiliad ar y pryd i'r casgliad nad oedd hi'n bosib dibynnu ar ei ddatganiad.

▲ **Ffynhonnell L:** Timothy Evans ar ei fordd i sefyll ei brawf

Rhoddwyd pardwn ar ôl marwolaeth (*posthumous pardon*) i Timothy Evans yn 1966

Achos Derek Bentley

Crogwyd Derek Bentley (1933–53) yng Ngharchar Wandsworth yn Llundain. Cafwyd ef yn euog o fod â rhan yn llofruddiaeth plismon yn ystod lladrad. Ei ffrind 16 oed, Christopher Craig, gyflawnodd y llofruddiaeth, ond yn ôl y sôn gwaeddodd Bentley 'Let him have it' at Craig cyn iddo saethu'r plismon. Oherwydd ei oed nid oedd yn bosib dedfrydu Craig i farwolaeth. Yn lle hynny cafodd ei ddedfrydu i'w gadw yn y ddalfa 'hyd y mynno Ei Mawrhydi', hynny yw ei garcharu am gyfnod amhenodol.

Cafwyd tipyn o ddadlau ynghylch crogi Bentley ar 28 Ionawr 1953, yn 19 oed, yn enwedig am fod ganddo anawsterau dysgu ac oed meddyliol o 11. Cafodd yr achos sylw eang ac arweiniodd at brotestiadau gan y cyhoedd. Awgrymodd nifer o bapurau newydd fod defnyddio'r gosb eithaf yn perthyn i'r oes o'r blaen. Wedi'r ddedfryd, arwyddodd dros 200 o ASau femorandwm yn galw ar yr Ysgrifennydd Cartref i ddiddymu'r dienyddiad. Roedd nifer yn dadlau bod hwn yn achos o gamweinyddu cyfiawnder ac arweiniodd at ymgyrch i fynnu pardwn ar ôl marwolaeth iddo a barodd 45 mlynedd. Yn 1993 rhoddwyd pardwn rhannol iddo, a chafodd bardwn llawn yn 1998. Golygai hyn nad oedd Derek Bentley yn euog yng ngolwg y gyfraith mwyach.

▲ **Ffynhonnell Ll:** Gofyn i aelodau'r cyhoedd arwyddo deiseb yn galw ar y llywodraeth i ailystyried y ddedfryd a roddwyd i Derek Bentley

Achos Ruth Ellis

Ganed Ruth Ellis yn y Rhyl, gogledd Cymru, a hi oedd y fenyw olaf i gael ei chrogi yn y Deyrnas Unedig. Cafodd ei dedfrydu am lofruddio ei chariad, David Blakely, drwy ei saethu mewn gwaed oer. Perthynas stormus oedd ganddynt ac ymosododd ef arni'n dreisgar ar sawl achlysur. Bu ef yn anffyddlon yn ystod eu perthynas drwy fynd allan gyda menywod eraill. Er gwaethaf apeliadau fod hon yn 'drosedd angerddol' (*crime of passion*), ni dderbyniwyd mai hyn oedd achos y llofruddiaeth. Crogwyd Ellis yng Ngharchar Holloway, Llundain, ar 13 Gorffennaf 1955.

▲ **Ffynhonnell M:** Torfeydd yn protestio yn erbyn dienyddiad Ruth Ellis

YSTYRIWCH

1 Esboniwch gyfraniad pob un o'r achosion canlynol i'r ddadl a arweiniodd at ddod â'r gosb eithaf i ben yn y pen draw:
   a) Timothy Evans
   b) Derek Bentley
   c) Ruth Ellis.
2 Yn eich barn chi, a wnaeth un o'r tri achos chwarae mwy o rôl wrth ddylanwadu ar farn y cyhoedd na'r ddau arall? Os do, pa achos a pham?

Dod â'r gosb eithaf i ben

Ar 13 Awst 1964 am 8 o'r gloch y bore, dienyddiwyd dau ddyn mewn carchardai gwahanol – Peter Allen yng Ngharchar Walton, Lerpwl, a Gwynne Evans yng Ngharchar Strangeways, Manceinion. Cafwyd y ddau yn euog o lofruddiaeth John Alan West a nhw oedd y ddau berson olaf i gael eu dienyddio yn y Deyrnas Unedig. Yn 1965 cyflwynwyd y Ddeddf Llofruddiaeth (Dileu'r Gosb Eithaf) am gyfnod prawf o bum mlynedd. Yn 1969 daeth Deddf Dileu'r Gosb Eithaf yn barhaol, gan ddileu'r gosb eithaf am lofruddio er iddi barhau ar y llyfr statud ar gyfer troseddau brad a môr-ladrad hyd at 1999. Gan mlynedd ar ôl dileu dienyddio cyhoeddus, daeth y gosb eithaf i ben yng Nghymru a Lloegr o'r diwedd.

Y person olaf i gael ei ddienyddio yng Nghymru oedd Vivian Teed. Cafodd ei grogi yng Ngharchar Abertawe ar 6 Mai 1958 am lofruddio William Williams, is-bostfeistr Swyddfa'r Post yn Fforest-fach, Abertawe.

GWEITHGAREDD

Gweithiwch mewn grwpiau o bedwar neu chwech a rhannwch yn ddau grŵp. Dylai un grŵp baratoi dadl dros gadw'r gosb eithaf a dylai'r grŵp arall baratoi dadl dros ddileu'r gosb eithaf. Ar ôl i chi gwblhau eich achos, holwch eich athro/athrawes am amser i drafod dwy ochr y ddadl gerbron y dosbarth.

Ymdrechion i ailsefydlu a gwneud yn iawn

Yn ystod blynyddoedd olaf yr ugeinfed ganrif a dechrau'r unfed ganrif ar hugain mae'r agweddau tuag at gosbi wedi tueddu i gyfeirio tuag at ailsefydlu troseddwyr a gwneud yn iawn am eu troseddau. Ailsefydlu yw'r syniad o addysgu'r troseddwr a'i helpu i ddychwelyd at y llwybr cywir. Gall hyn olygu dysgu sgiliau newydd iddo i'w baratoi ar gyfer dychwelyd i gymdeithas, ei gofrestru ar raglen i'w ddiddyfnu o'i ddibyniaeth ar gyffuriau neu alcohol, neu ddarparu addysg a chwnsela priodol.

Mae gwneud yn iawn yn mynd gam ymhellach trwy broses o gamau adferiadol. Gall hyn olygu wynebu'r person sydd wedi ei drin yn anghyfiawn, trwsio'r difrod troseddol i eiddo, neu wneud rhyw fath o wasanaeth cymunedol i ad-dalu'r gymuned am ddrwgweithredu.

Yn ystod y 60 mlynedd diwethaf cyflwynwyd cynlluniau amrywiol i gyflawni'r proses o ailsefydlu a gwneud yn iawn:

- Cyflwynwyd **parôl** yn 1967 fel modd o ailsefydlu carcharorion, trwy eu rhyddhau'n gynnar o'r carchar oherwydd ymddygiad da ar yr amod eu bod yn dangos nad ydynt bellach yn fygythiad i gymdeithas.
- Cyflwynwyd **gorchmynion cymunedol** yn 2003 fel dewis arall ar wahân i garchar. Mae dedfrydau o'r fath yn mynnu bod y troseddwr yn dilyn rhaglenni triniaeth ar gyfer cyffuriau neu alcohol, yn gweithio ar brosiectau cymunedol, yn gweithio i elusennau neu'n trwsio'r difrod i eiddo a glanhau graffiti (gweler Ffynhonnell N). Nod rhaglenni o'r fath yw sicrhau bod troseddwyr yn deall effaith eu troseddau.
- Sefydlwyd **Canolfannau Profiannaeth** yn yr 1980au fel dewis arall ar wahân i garchar. Cynhelir cyfarfodydd grŵp mewn canolfannau o'r fath sy'n galluogi'r troseddwyr i drafod sefyllfaoedd sy'n arwain at droseddu, archwilio ffyrdd o ddefnyddio amser hamdden mewn ffordd gadarnhaol ac adeiladol, a rhoi'r cyfle i swyddogion prawf fonitro a rheoli ymddygiad troseddwyr. (I ddysgu mwy am barôl, gwasanaeth cymunedol a phrofiannaeth, gweler tudalen 104.)

O ganlyniad i newidiadau cymdeithasol a newid mewn agweddau at gosbi, cafwyd dulliau eraill heblaw am garcharu. Mae ffactorau o'r fath yn dangos yn glir mai proses sy'n esblygu yw cosb, ac agweddau at gosbi, a bydd hyn yn parhau i newid wrth i gymdeithas newid.

▲ **Ffynhonnell N:** Troseddwyr a gafwyd yn euog yn gweithio ar brosiect Gwasanaeth Cymunedol yn ystod blynyddoedd cyntaf y 2000oedd. Defnyddir cynlluniau fel hyn fel dewis arall ar wahân i ddedfryd o garchar

GWEITHGAREDD ?

1. Beth mae Ffynhonnell N yn ei ddweud wrthych am agweddau tuag at gosbi yn yr unfed ganrif ar hugain?
2. Beth yw'r prif newidiadau yn yr agweddau at gosbi yn ystod y 60 mlynedd diwethaf? A allwch chi awgrymu pam mae newidiadau o'r fath wedi digwydd?

AILYMWELD Â'R DASG FFOCWS

Wrth weithio drwy'r bennod hon rydych wedi cwblhau siart amser yn amlinellu sut mae agweddau tuag at gosbi wedi newid/parhau ar draws y canrifoedd. Bydd gennych felly drosolwg o'r agweddau amlycaf ym mhob canrif. Defnyddiwch eich siart amser i ganfod:

1. Pa ganrifoedd fu'n dyst i'r newidiadau mwyaf dramatig yn yr agweddau tuag at gosbi?
2. Y rhesymau pam y digwyddodd y newidiadau mewn agwedd ar yr adegau penodol hyn.
3. Yr hyn rydych yn ei ystyried y newid mwyaf arwyddocaol mewn agwedd tuag at gosbi ar hyd y cyfnod o tua 1500 hyd heddiw, gan gyflwyno tystiolaeth i gefnogi eich ateb.

CRYNODEB O'R PWNC

- Mae pedwar prif reswm pam mae cymdeithas yn cosbi'r rheiny sydd yn troseddu – er mwyn disgyblu, atal, diwygio a diogelu.
- Newidiodd agweddau at gosbi ar hyd y canrifoedd i adlewyrchu newidiadau mewn cymdeithas, newidiadau mewn agweddau cymdeithasol, a rôl y llywodraeth.
- Rhwng tua 1500 a chanol y bedwaredd ganrif ar bymtheg gweinyddwyd y gosb gorfforol a'r gosb eithaf yn gyhoeddus, gan gynnwys chwipio, fflangellu, defnyddio'r cyffion a'r rhigod, a chrogi.
- Arweiniodd ofn am gynnydd mewn troseddu at ddatblygu'r Cod Troseddol neu'r 'Cod Gwaedlyd' – rhwng 1688 ac 1815 cynyddodd nifer y troseddau marwol o 50 i 225.
- Roedd agweddau yn ystod cyfnod y 'Cod Gwaedlyd' yn ffafrio cosbau llym fel y ffordd orau o reoli ac atal troseddu.
- O ganlyniad i bryderon ynghylch creulondeb y 'Cod Gwaedlyd' cyflwynwyd cosbau newydd yn ystod y ddeunawfed ganrif, fel alltudiaeth drwy drawsgludo.
- Erbyn blynyddoedd cynnar y ddeunawfed ganrif roedd agweddau cymdeithasol yn newid ac arweiniodd hyn at droi cefn ar y 'Cod Gwaedlyd' a thwf yn y defnydd o'r carchar fel cosb.
- Yn ystod y bedwaredd ganrif ar bymtheg, carchar oedd y math amlycaf o gosbi, er bod gwahanol ddulliau o drin carcharorion yn cael eu defnyddio – y prif rai oedd y Systemau ar Wahân a Thawel.
- Roedd Adroddiad Gladstone yn 1895 yn drobwynt mawr gan ei fod yn adlewyrchu'r newidiadau mewn agwedd tuag at system garcharu a fyddai'n llai llym a difrifol.
- Cyflwynwyd mathau newydd o gosbau ar gyfer troseddwyr ifanc yn ystod blynyddoedd cynnar yr ugeinfed ganrif, fel borstalau ac Ysgolion Gwarchod.
- Yn ystod yr 1950au a'r 1960au bu dadlau ffyrnig ynglŷn â dileu'r gosb eithaf ai peidio.
- Rhoddodd tri achos dadleuol angerdd i'r dadlau – achosion Timothy Evans, Derek Bentley a Ruth Ellis.
- Daeth y gosb eithaf i ben yn swyddogol yn 1969.
- Yn ystod y 60 mlynedd diwethaf gwelwyd agweddau cymdeithasol yn symud tuag at ddulliau gwahanol i ddedfrydu i garchar drwy ganolbwyntio ar ailsefydlu a gwneud yn iawn.

Cwestiynau ymarfer

1. Cwblhewch y brawddegau isod gan ddefnyddio'r term cywir:
   a) Rhwng 1688 ac 1815 roedd dros 225 o droseddau yn dwyn cosb o farwolaeth ac yn ffurfio rhan o'r Cod ……. .
   b) Gelwid y system o gosbi a fyddai'n golygu alltudio dramor yn …………
   c) Galwyd math o garchar ar gyfer troseddwyr ifanc a agorwyd am y tro cyntaf yn 1902 yn ………
   ch) Daeth y gosb eithaf i ben o'r diwedd yn 19…
   (I gael cyfarwyddyd, gweler tudalen 124.)
2. Edrychwch ar Ffynhonnell A (cyffion, tudalen 75), Ffynhonnell Ng (borstal, tudalen 82) a Ffynhonnell N (gwasanaeth cymunedol, tudalen 86) i nodi un tebygrwydd ac un gwahaniaeth mewn agweddau at gosbi dros amser.
   (I gael cyfarwyddyd, gweler tudalennau 125–6.)
3. Disgrifiwch waith Pwyllgor Gladstone, 1895. *(I gael cyfarwyddyd, gweler tudalennau 127.)*
4. Disgrifiwch sut y newidiodd cosb troseddwyr ifanc yn ystod blynyddoedd cynnar yr ugeinfed ganrif. Yn eich ateb fe'ch cynghorir i gyfeirio at y cyd-destun Cymreig a rhoi enghreifftiau o Gymru. *(I gael cyfarwyddyd, gweler tudalen 128.)*
5. Esboniwch pam newidiodd agweddau tuag at y gosb eithaf yng nghanol yr ugeinfed ganrif. *(I gael cyfarwyddyd, gweler tudalen 129.)*
6. Esboniwch pam datblygodd y Cod Troseddol neu'r 'Cod Gwaedlyd' yn ystod yr ail ganrif ar bymtheg a'r ddeunawfed ganrif. *(I gael cyfarwyddyd, gweler tudalen 129.)*
7. I ba raddau mae'n bosib dweud mai newidiadau mewn agweddau cymdeithasol oedd y prif reswm dros newidiadau mewn cosbi rhwng tua 1500 a heddiw? Yn eich ateb, dylech wneud y canlynol:
   – dangos sut mae newidiadau mewn agweddau cymdeithasol wedi bod yn brif achos newidiadau mewn cosbi dros dri chyfnod hanesyddol
   – trafod pwysigrwydd achosion eraill o agweddau tuag at gosbi yn newid dros dri chyfnod hanesyddol
   – cyfeirio'n uniongyrchol at hanes Cymru.
   (I gael cyfarwyddyd, gweler tudalennau 130–1131.)

6 Dulliau cosbi

Mae'r bennod hon yn canolbwyntio ar y cwestiwn allweddol: Sut mae dulliau cosbi wedi newid dros amser?

Gwelodd cymdeithas yr angen i'w diogelu ei hun trwy gosbi drwgweithredwyr ar hyd y canrifoedd. Fel y gwelwyd ym Mhennod 5, roedd y gosb yn dibynnu'n gryf ar agweddau cymdeithasol cyfoes a, tan y ganrif ddiwethaf, yn canolbwyntio ar gosbi'n llym, gan gredu mai cosb lem yn unig fyddai'n atal troseddau. Yn ystod yr unfed ganrif ar bymtheg a'r ail ganrif ar bymtheg crogi oedd y gosb eithaf, ond byddai rhyw fath o sarhad cyhoeddus fel y cyffion a'r rhigod neu chwipio yn arferol ar gyfer troseddau llai. Dechreuwyd newid yn y ddeunawfed ganrif pan gyflwynwyd trawsgludo a pharhau hyd at y bedwaredd ganrif ar bymtheg drwy arbrofi â gwahanol systemau carchardai. Yn ystod yr ugeinfed ganrif daeth cymdeithas yn llai goddefgar o ddulliau cosbi corfforol fel y gosb eithaf a niweidio'r corff, a chafodd y ddau eu gwahardd yn y pen draw. Daeth dulliau newydd i gymryd eu lle fel carchar am oes, dedfrydau gohiriedig a gorchmynion gwasanaeth cymunedol. Yn y bennod hon byddwch yn ymchwilio i barhad a newid mewn dulliau cosbi dros y canrifoedd, a fydd yn eich galluogi i farnu sut a pham mae dulliau cosbi wedi newid neu barhau dros amser.

TASG FFOCWS

Wrth weithio drwy'r bennod hon bydd angen i chi ganolbwyntio ar sut mae dulliau cosbi wedi newid dros amser, gan farnu hefyd pa fathau o gosbau sydd wedi parhau ac sy'n cael eu defnyddio o hyd. I'ch helpu i greu darlun o'r parhad a'r newid, bydd yn rhaid i chi gwblhau pob adran o'r siart hon. Ym mhob adran gwnewch restrau o'r mathau o gosbau oedd yn cael eu defnyddio ar adeg benodol. Ar ddiwedd y bennod dylech fedru cynnig barn gyffredinol ynghylch pa fathau o gosbau sydd wedi newid/parhau dros amser.

	Y prif ddulliau cosbi a ddefnyddiwyd yn ystod y cyfnod hwn	Cosbau sydd wedi aros yr un peth ers y cyfnod blaenorol	Mathau newydd o gosbi a gyflwynwyd yn ystod y cyfnod hwn	Casgliad cyffredinol: newid neu barhad yn ystod y cyfnod hwn?
Yr unfed ganrif ar bymtheg a'r ail ganrif ar bymtheg				
Y ddeunawfed ganrif				
Y bedwaredd ganrif ar bymtheg				
Yr ugeinfed ganrif a'r unfed ganrif ar hugain				

Y dull o drin crwydriaid yn ystod cyfnod y Tuduriaid

Roedd diweithdra yn broblem fawr yng Nghymru a Lloegr yn ystod ail hanner yr unfed ganrif ar bymtheg. Arweiniodd hyn, ynghyd â'r hinsawdd grefyddol newidiol, at lefelau uchel iawn o droseddu. Roedd y cosbau ar y cyfan yn llym, hyd yn oed am fân droseddau, ac roedd cosbi drwy sarhad cyhoeddus a phoen corfforol yn gyffredin iawn. Un o'r troseddau mwyaf cyffredin yn ystod y cyfnod hwn oedd crwydraeth.

Defnyddiwyd chwipio fel cosb yn aml iawn ac yn 1530–31 pasiwyd Deddf i geisio mynd i'r afael â'r cynnydd enfawr yn nifer y lladradau ac achosion o ddwyn. Roedd llawer o hyn yn gysylltiedig â'r broblem gynyddol o gardota a chrwydraeth (gweler Ffynhonnell A). Daeth yr olaf yn fwy o broblem yn ystod cyfnod y Tuduriaid. Byddai person oedd yn ddi-waith ond yn ddigon iach i weithio yn cael ei ystyried yn droseddwr pe bai'n cael ei weld yn segur neu'n cardota. Roedd diweithdra yn uchel a doedd dim cefnogaeth i bobl ddi-waith yng Nghymru a Lloegr o'r 1530au ymlaen. Wedi Diddymiad y Mynachlogydd rhwng 1536 ac 1539 roedd nifer fawr o fynachod yn ddi-waith ac yn ddigartref, a chollwyd y cymorth ariannol oedd ar gael i'r tlodion ar ffurf elusen o'r mynachlogydd.

Yn ystod teyrnasiad Elisabeth I (1558–1603), cynyddodd y broblem ddiweithdra. O ganlyniad i newidiadau mewn arferion ffermio, symudodd nifer o bobl i'r trefi i chwilio am waith. Pan nad oedd gwaith ar gael, byddent yn aml yn troi at droseddu. Roedd gangiau o gardotwyr crwydrol yn creu tipyn o drafferth yn Llundain yn arbennig. Nid oedd y tlodion i gyd yn hollol ddiymadferth; roedd rhai yn 'gardotwyr holliach', sef pobl oedd yn ddigon iach i weithio ond yn rhy ddiog i wneud hynny. Pasiwyd Deddf Seneddol yn 1572 i gosbi'r cardotwyr holliach neu'r crwydriaid hyn (gweler Ffynhonnell B).

Byddai'r Llysoedd Chwarter yn aml iawn yn dedfrydu troseddwyr a gafwyd yn euog i gael eu fflangellu (gweler Ffynhonnell C). Fodd bynnag, gallai cosbau fod hyd yn oed yn fwy llym, ac yn aml iawn byddent yn niweidio'r corff, e.e. llosgi drwy 'gïau' (*gristle*) y glust dde â haearn poeth. Nod y cosbau llym hyn oedd codi ofn ar bobl a'u rhwystro rhag cardota neu droi at droseddu.

Defnyddiwyd chwipio, neu fflangellu, fel cosb yn y canrifoedd dilynol hefyd a byddai'n aml yn cael ei ddefnyddio i gosbi pobl oedd yn cymryd rhan mewn gwrthryfeloedd. Erbyn y ddeunawfed ganrif roedd chwipio yn llai cyffredin. Cafodd ei ddileu fel cosb i fenywod yn 1820 ond parhaodd yn ddull o gosbi dynion hyd at yr 1830au. Serch hynny, defnyddiwyd y chwip i gosbi pobl mewn carchardai hyd yn oed ar ddechrau'r ugeinfed ganrif.

Ffynhonnell A: Adran o Ddeddf Crwydriaid 1572

Lle mae dihirod, crwydriaid a chardotwyr abl yn bla difrifol ar hyn o bryd dros holl rannau teyrnas Lloegr a Chymru, ac oherwydd hynny mae llofruddiaethau, lladrata a phethau ofnadwy eraill yn digwydd bob dydd, caiff ei ddeddfu y bydd pob person sydd dros 14 oed, os yw'n ddihiryn, yn grwydrad neu'n gardotyn abl ... yn cael ei chwipio'n ddifrifol a'i losgi drwy'r glust dde â haearn poeth.

▲ **Ffynhonnell B:** Torlun pren o *Chronicle* Holinshed o 1577 yn dangos crwydryn yn cael ei chwipio drwy'r strydoedd. Ar y chwith gwelir crwydryn arall yn cael ei grogi, sef y gosb eithaf ar gyfer cardota

Ffynhonnell C: Dyfyniad o gofnodion y Llysoedd Chwarter ar gyfer 1574 a gedwir yn Swyddfa Cofnodion Sir Middlesex

Ar 29 Mawrth, yn unfed blwydd ar bymtheg teyrnasiad y Frenhines Elisabeth (1574), yn Harrow-on-the-Hill yn Sir Middlesex, ar y diwrnod hwnnw, roedd John Allen, Elizabeth Turner, Humphrey Foxe, Henry Bower ac Agnes Wort, a oedd dros 14 oed, a heb ddim modd cyfreithlon o ennill bywoliaeth, yn grwydriaid ac wedi bod yn grwydriaid mewn rhannau eraill o'r wlad. Fe'u dedfrydwyd i gael eu fflangellu'n llym a'u llosgi ar y glust dde.

YSTYRIWCH

1 Copïwch a chwblhewch y tabl isod sy'n gysylltiedig â'r mathau o gosb a oedd yn gyffredin yn ystod cyfnod y Tuduriaid.

	Dyddiad y ffynhonnell	Pa fath o gosb a roddwyd?	Beth oedd y rhesymau dros y gosb hon?
Ffynhonnell A			
Ffynhonnell B			
Ffynhonnell C			

2 Defnyddiwch yr wybodaeth o'r tabl yr ydych wedi'i gwblhau i ateb y canlynol:

a) A wnaeth y gosb ar gyfer dihirod a chrwydriaid newid yn ystod cyfnod y Tuduriaid?

b) Yn eich barn chi, a gafodd cosbau o'r fath lawer o effaith ar ostwng lefel y troseddau oedd yn gysylltiedig â dihirod a chrwydriaid? Rhowch resymau i gefnogi eich barn.

Defnyddio cosbi cyhoeddus hyd at y bedwaredd ganrif ar bymtheg

Parhawyd i gosbi'n gorfforol ac yn gyhoeddus o gyfnod y Tuduriaid drwy'r canrifoedd hyd at y bedwaredd ganrif ar bymtheg, a pharhaodd ambell gosb tan yr ugeinfed ganrif.

Y cyffion a'r rhigod

Prif bwrpas y **cyffion** a'r **rhigod** oedd sarhau troseddwyr yn gyhoeddus fel esiampl i eraill.

Y cyffion

Fframwaith pren oedd y cyffion a byddai mân droseddwyr yn cael eu caethiwo ynddynt gerfydd eu pigyrnau mewn man cyhoeddus. Yn 1351 pasiwyd Deddf yn mynnu bod cyffion yn cael eu codi ym mhob pentref i gadw a chosbi gweision a gweithwyr oedd wedi dianc. Byddai pentrefwyr yn aml yn cael eu cosbi ynddynt am droseddau bychain. Nododd Deddf yn 1406 y dylai pob tref feddu ar gyffion i gosbi meddwon, halogwyr (pobl a siaradai yn erbyn pethau sanctaidd fel Cristnogaeth), gamblwyr a chrwydriaid. Gallai pobl gael eu cadw yn y cyffion am dair i chwe awr am beidio â thalu dirwyon.

Prif bwrpas y gosb oedd sarhau a chywilyddio yn gyhoeddus, gan y gallai'r pentrefwyr weiddi enllibion a thaflu pethau at y person a fyddai'n cael ei gosbi (gweler Ffynhonnell Ch). Defnyddiwyd y cyffion hyd nes iddynt gael eu dileu yn 1872. Roedd y cyffion yn olygfa gyffredin ym mhob tref fawr yng Nghymru a gellir gweld rhai ohonynt, fel y rheiny ar sgwâr tref Dinbych, hyd heddiw. Mae'r cofnod olaf o ddefnyddio'r cyffion yng Nghymru yng Nghastellnewydd Emlyn yn y flwyddyn y cawsant eu dileu, 1872.

▲ **Ffynhonnell Ch:** Mae'r person hwn, sydd wedi ei gael yn euog o fân drosedd, yn derbyn ei gosb yn y cyffion yn ystod cyfnod y Tuduriaid

Y rhigod

Pwrpas y rhigod, sef ffrâm bren a fyddai'n dal y troseddwyr wrth eu gwddf a'u garddyrnau, hefyd oedd cosbi troseddwyr trwy eu sarhau yn gyhoeddus. Defnyddiwyd y dull hwn hyd yn oed cyn i'r Normaniaid ddod i Brydain yn 1066. Cosbwyd masnachwyr anonest a fyddai, er enghraifft, yn gwerthu nwyddau dan bwysau, pobl oedd yn rhegi'n barhaol a hyd yn oed y rheiny oedd yn twyllo mewn gemau cardiau yn y modd hwn.

Byddai'r dorf yn trin rhai troseddwyr a ddedfrydwyd i'r rhigod yn gas iawn, trwy daflu cerrig a llysiau pwdr atynt. Byddent yn aml yn ymosod ar unigolion a gafwyd yn euog o droseddau rhyw, yn enwedig mewn cysylltiad â phlant, a byddai rhai yn cael eu lladd yn y rhigod (gweler Ffynhonnell D).

Defnyddiwyd y rhigod, fel y cyffion, i gosbi troseddwyr trwy gydol yr unfed ganrif ar bymtheg, yr ail ganrif ar bymtheg a'r ddeunawfed ganrif, hyd nes iddo gael ei ddileu yn 1837.

▲ **Ffynhonnell D:** John Waller yn cael ei gosbi yn y rhigod am anudoniaeth (*perjury*) a'i bledu i farwolaeth gan dorf gas yn 1732

Erbyn dechrau'r bedwaredd ganrif ar bymtheg roedd y cyffion a'r rhigod yn cael eu defnyddio yn llai aml, wrth i ddulliau cosbi eraill gymryd eu lle.

> **YSTYRIWCH**
>
> Defnyddiwch Ffynonellau Ch a D, a'ch gwybodaeth eich hun, i esbonio pam roedd y cyffion a'r rhigod yn ddulliau cosbi cyffredin hyd at y bedwaredd ganrif ar bymtheg.

Defnyddio'r ceffyl pren yng Nghymru

Math o hunanblismona cymunedol trwy sarhau yn gyhoeddus oedd y ceffyl pren. Byddai person dan amheuaeth o drosedd fel trais yn y cartref neu ymosodiad yn cael ei gario ar bolyn neu ysgol er mwyn ei wawdio'n gyhoeddus. Byddai hyn yn digwydd fel arfer ar ôl iddi dywyllu a byddai'r dynion yn gwisgo dillad menywod. Byddai ffug-achos yn cael ei gynnal cyn gorymdeithio o gwmpas y dref, i gyfeiliant sŵn drymiau. Parhaodd yr arfer hyd at ddechrau'r bedwaredd ganrif ar bymtheg a phrofodd yn ffordd effeithiol o ymarfer rheolaeth gymdeithasol cyn sefydlu heddlu.

Dienyddio cyhoeddus

Defnyddiwyd dienyddio fel cosb yng Nghymru a Lloegr am sawl canrif. Dienyddiwyd pobl am droseddau mawr fel llofruddiaeth trwy gydol yr unfed ganrif ar bymtheg, yr ail ganrif ar bymtheg a'r ddeunawfed ganrif, gan fod pobl o'r farn y dylai'r gosb adlewyrchu'r drosedd. Rhoddwyd y gosb eithaf am frad, ffugio a llosgi bwriadol hefyd. Crogwyd cannoedd o bobl bob blwyddyn yng Nghymru a Lloegr am gyflawni'r troseddau hyn.

Yng nghyfnod y Tuduriaid a'r Stiwartiaid, dienyddiwyd lladron am ddwyn nwyddau a oedd yn werth dros un swllt (5c). A dweud y gwir, yn y cyfnod hwn cynyddodd nifer yr achosion o bobl yn cael eu dienyddio am droseddau bychain, ac erbyn yr ail ganrif ar bymtheg rhoddwyd y gosb eithaf am dros 50 trosedd wahanol. Erbyn diwedd y ddeunawfed ganrif roedd mwy na 200 o droseddau â chosb o farwolaeth, yn amrywio o lofruddio i ddwyn ceffylau, bathu arian ffug, dwyn o siop a dwyn unrhyw beth o boced person.

Astudiaeth achos: gwaith Rowland Lee yn adfer cyfraith a threfn yng Nghymru

Pasiwyd dwy Ddeddf Seneddol, yn 1536 ac 1542–43, i uno Cymru a Lloegr. Roedd Cyngor Cymru a'r Gororau, â'i bencadlys yn Llwydlo, yn gyfrifol am gynnal cyfraith a threfn yng Nghymru, a'r Esgob Rowland Lee oedd Arglwydd Lywydd y Cyngor hwn o 1534 hyd 1543. Roedd Lee o'r farn bod y Cymry yn 'ddigyfraith' ac roedd yn llywodraethu Cymru a'i ffiniau yn llym iawn. Seiliai ei bolisïau ar ofn a defnyddiai'r gosb eithaf i orfodi cyfraith a threfn wrth baratoi i uno â Lloegr. Credir iddo orchymyn crogi dros 5,000 o ddrwgweithredwyr mewn naw mlynedd yn unig, ond wrth wneud hynny helpodd i adfer cyfraith a threfn ar hyd gororau Cymru. Roedd safleoedd dienyddio cyhoeddus yn bodoli yn y trefi hynny yng Nghymru a oedd yn gysylltiedig â Brawdlysoedd fel Biwmaris, Caernarfon, Y Fflint, Caerfyrddin, Aberteifi, Penfro, Aberhonddu a Threfynwy.

Tyburn

Cyflawnwyd dienyddiadau yn gyhoeddus yn bennaf er mwyn atal y rhai oedd yn gwylio rhag cyflawni troseddau tebyg. Yn ystod y ddeunawfed ganrif byddai 'diwrnodau crogi' yn denu torfeydd enfawr; wrth i siopwyr a chrefftwyr gau eu busnesau byddai llawer o'u gweithwyr yn cymryd diwrnod i ffwrdd i wylio'r dienyddiadau cyhoeddus. Yn Llundain roedd Tyburn, sef safle Marble Arch heddiw, yn lleoliad ar gyfer dienyddio. Ffrâm fawr oedd y crocbren – a oedd yn dwyn y llysenw 'Coeden Tyburn' – lle gellid crogi sawl troseddwr ar yr un pryd. O'r 1,232 o bobl a grogwyd yn Tyburn rhwng 1703 ac 1792, 92 yn unig oedd yn fenywod. Amcangyfrifwyd bod 90 y cant o'r holl bobl a ddienyddiwyd yn ddynion ifanc dan 21 oed. Yn 1724, gwyliodd dros 200,000 o bobl ddienyddiad Jack Sheppard, y lleidr drwg-enwog a oedd yn enwog oherwydd iddo ddianc droeon o'r carchar. Roedd y torfeydd mawr hyn yn dyst i boblogrwydd cosbi cyhoeddus yn y cyfnod hwn (gweler Ffynhonnell Dd).

▲ **Ffynhonnell Dd:** Argraffiad dychanol gan William Hogarth yn dwyn y teitl *The Idle Prentice Executed at Tyburn* (1747)

YSTYRIWCH

1. Pa mor ddefnyddiol yw Ffynhonnell Dd i hanesydd sy'n astudio dienyddio cyhoeddus yn y ddeunawfed ganrif?
2. 'Cyflawnwyd dienyddiadau yn gyhoeddus er mwyn atal eraill rhag troseddu.' Pa ddadleuon allwch chi eu cyflwyno i (a) gefnogi, a (b) herio'r datganiad hwn?

Defnyddio trawsgludo o'r 1770au hyd yr 1860au

Cosbi troseddwyr trwy eu hanfon dramor oedd trawsgludo. Roedd Deddf yn 1678 yn caniatáu anfon troseddwyr i drefedigaethau Prydeinig Virginia a Maryland yng Ngogledd America, yn ogystal ag i India'r Gorllewin. Roedd yn ateb syml a chyflym i'r broblem o orboblogi'r carchardai ac i gael gwared ar elfen droseddol y gymdeithas.

Rhesymau dros drawsgludo

- Roedd yn ddewis arall yn lle crogi, a oedd, yn ôl rhai, yn rhy eithafol ar gyfer rhai troseddau.
- Byddai'n gostwng troseddau ym Mhrydain trwy gael gwared â'r troseddwyr.
- Roedd carcharu yn rhy ddrud.
- Credwyd y byddai gwaith caled a dysgu sgiliau newydd yn diwygio troseddwyr.
- Credwyd y byddai troseddwyr yn elwa o'r gobaith o ddechrau eto gyda bywyd newydd ar ôl iddynt dderbyn eu cosb.
- Byddai'n helpu Prydain i ehangu ei Hymerodraeth dramor.

Trawsgludo i Ogledd America

Pasiwyd y Ddeddf Trawsgludo yn 1717. Roedd hwn yn drobwynt pwysig o ran dulliau cosbi. Roedd yn caniatáu i garcharorion ddewis cael eu hanfon i America yn lle cael eu brandio, chwipio neu weithiau eu crogi. Roedd y ddedfryd yn para am saith mlynedd, pedair blynedd ar ddeg, neu am oes. Rhwng 1718 ac 1776, trawsgludwyd dros 30,000 o garcharorion Prydeinig i America.

Datblygodd masnach broffidiol mewn trawsgludo carcharorion. Crëwyd cwmnïau pwrpasol fel '*Messrs. Stephenson and Randolph, felon dealers, Bristol*'. Byddai cwmni o'r fath yn cymryd y carcharorion, eu cludo mewn llongau i drefedigaethau America ac yn adennill eu costau trwy eu gwerthu. Yn 1740 gallai carcharor iach, da werthu am hyd at £80 yn India'r Gorllewin.

Beth bynnag, daeth trawsgludo i America i ben yn sydyn yn 1776 pan ddechreuodd Rhyfel Annibyniaeth America. Achosodd hyn argyfwng yn nhrefn garcharu Prydain gan na allai'r carchardai ymdopi â'r gorboblogi.

Y llongau carchar (hylciau)

Ar ôl colli trefedigaethau America wynebai'r llywodraeth broblem o beth i'w wneud â'r holl droseddwyr. Hyd nes y byddai'n gallu dod o hyd i leoliad newydd, penderfynwyd cymryd yr hen longau rhyfel a'r llongau masnachol a'u troi yn garchardai ar y dŵr. Gelwid y llongau segur hyn yn 'hylciau' a'u prif swyddogaeth oedd fel llety brys i gadw carcharorion a oedd yn aros i gael eu trawsgludo (gweler Ffynhonnell E).

Roedd cadw torf o garcharorion yn iach mewn hen long bydredig yn dipyn o her. Pan ddefnyddiwyd yr hylciau i gychwyn roedd yr amodau byw yn warthus. Ni fyddai'r gofalwyr, neu'r 'capteniaid', yn gwneud unrhyw ymdrech i gadw'r llongau yn lân ac yn iach. O ganlyniad bu farw dros chwarter y carcharorion rhwng 1776 ac 1778. Roedd diffyg goruchwyliaeth ar fwrdd y llongau hyn hefyd, ac arweiniai hyn at anhrefn lwyr, ymladd a hyd yn oed derfysgoedd (gweler Ffynhonnell F).

Roedd y llywodraeth yn poeni'n arw a threfnwyd ymchwiliad cyhoeddus. O ganlyniad, gwellodd yr amodau byw gryn dipyn erbyn dechrau'r bedwaredd ganrif ar bymtheg. Byddai pob diwrnod ar fwrdd yr hylc yn cychwyn am 5.30 y bore, gyda brecwast am 6 o'r gloch. Byddai'r carcharorion yn gadael yr hylc i weithio am 7 o'r gloch. Roedd rhai yn gweithio yn Arfdy Woolwich yn aber afon Tafwys. Roedd y gwaith yn drwm a di-grefft – clirio sbwriel, cario glo, tynnu certi, crafu pelenni ac adeiladu gwrthgloddiau.

▲ **Ffynhonnell E:** Y llong garchar *York* a oedd wedi ei hangori gerllaw Gosport, Portsmouth, yn Swydd Hampshire. Cafodd ei throi yn llong garchar yn 1819 a'i malu yn 1854

Ffynhonnell F: Adroddiad gan gaplan carchar ar ôl ymweld â hylc, ym mlynyddoedd olaf yr 1770au

Ar fwrdd un hylc yn aber afon Medway yng Nghaint, lladdwyd un carcharor ac anafwyd 24 yn ddifrifol. Roedd yr hylc yn llanast. Ni allai'r llond dwrn o warcheidwaid ddelio â'r dorf arfog o dan y bwrdd. Yr unig beth i'w wneud oedd cau'r hatsys yn dynn a phan ddeuai'r lladdfa a'r gyflafan i ben, mynd islaw i gasglu'r meirw a'r clwyfedig.

YSTYRIWCH

1 Yn eich barn chi, beth oedd y ddau reswm pwysicaf pam y dewisodd Prydain drawsgludo ei drwgweithredwyr dramor? Rhowch resymau i gefnogi eich ateb.

2 Astudiwch yr adran am yr hylciau a chwblhewch y tabl isod. Meddyliwch am dri rheswm ar gyfer pob colofn.

Y manteision o ddefnyddio hylciau i gadw troseddwyr	Yr anfanteision o ddefnyddio hylciau i gadw troseddwyr
1.	1.
2.	2.
3.	3.

Trawsgludo i Awstralia

Nid oedd yr hylciau yn ffordd foddhaol nac effeithiol o ddelio â niferoedd mor fawr o garcharorion ac, ar ôl i Gapten Cook ddarganfod Awstralia yn 1770, penderfynwyd trawsgludo carcharorion i'r rhan newydd hon o'r Ymerodraeth Brydeinig, ym mhen draw'r byd. Gadawodd y carcharorion cyntaf i gael eu trawsgludo i Awstralia harbwr Portsmouth ym Mhrydain ym mis Mai 1787, pan arweiniodd Capten Arthur Phillip 11 o longau, a oedd yn cario 736 carcharor (gan gynnwys bron 200 o garcharorion benywaidd). Bu farw mwy na 40 ar y fordaith. Ar 26 Ionawr 1788, ar ôl mordaith o naw mis, cyrhaeddodd y llongau Fae Botany (Sydney heddiw), New South Wales, gan sefydlu gwladfa gosb (*penal colony*) gyntaf Prydain yn Awstralia. Rhwng 1788 ac 1868, trawsgludwyd 160,663 o garcharorion (yn cynnwys 24,960 o fenywod) yno. Dedfrydwyd 2,200 o'r rhain yng Nghymru. Erbyn yr 1820au anfonwyd pum llong y flwyddyn ar gyfartaledd, sef dros 2,000 o garcharorion bob blwyddyn.

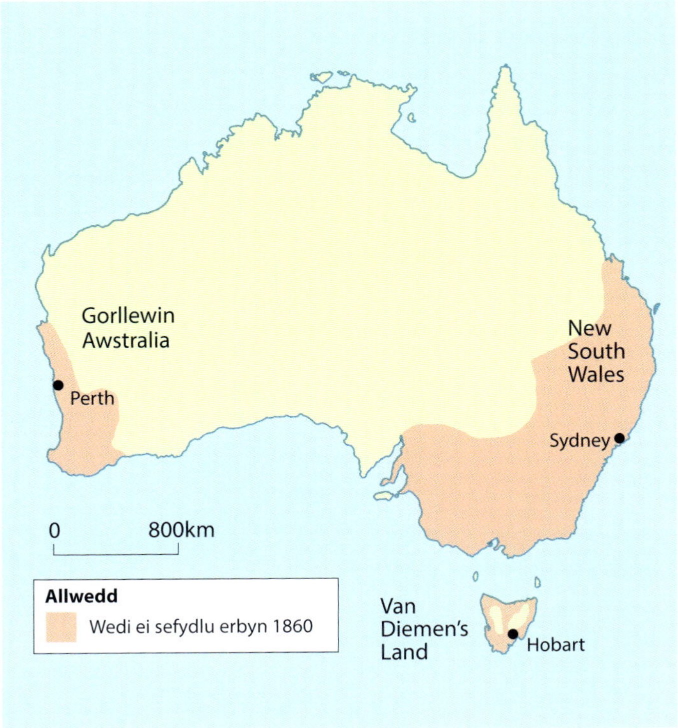

▲ **Ffigur 6.1:** Prif ardaloedd gwladfeydd y carcharorion yn Awstralia erbyn 1868

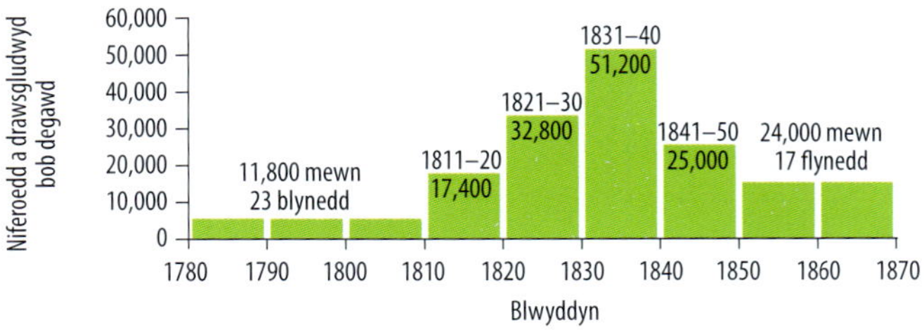

▲ **Ffigur 6.2:** Cyfanswm y bobl a drawsgludwyd i Awstralia rhwng 1787 ac 1868

Golwg ar Gymru

Rhwng 1787 ac 1868 trawsgludwyd dros 2,200 o droseddwyr o Gymru i Awstralia, sef tua 15 o blith pob mil o garcharorion. Roedd trwch y carcharorion wedi eu cael yn euog o droseddau yn erbyn eiddo fel dwyn ceffylau neu ddefaid, bwrgleriaeth, torri i mewn i dai neu ddwyn eitemau gan berson. Ar ôl iddynt gael eu dedfrydu'n euog gan y llysoedd yng Nghymru, byddai'n rhaid cludo'r carcharorion ar y ffyrdd i'r hylciau a oedd wedi eu hangori ar afon Tafwys.

Achos Frances Williams

O'r 24,960 o fenywod a gafodd eu trawsgludo, 283 ohonynt yn unig oedd yn Gymry. Un ohonynt oedd Frances Williams a hwyliodd ar y Llynges Gyntaf a adawodd am Awstralia ar 13 Mai 1787. Fe'i cafwyd yn euog o dorri i mewn i dŷ Moses Griffith o Chwitffordd yn Sir y Fflint, am hanner nos ar 1 Awst 1783, a dwyn dillad a oedd newydd eu smwddio. Ar ôl iddi ymddangos gerbron yr ynad lleol, Thomas Pennant, rhoddwyd gorchymyn iddi gael ei chadw yng ngharchar y Fflint tan Frawdlys yr Wyddgrug yn hwyrach yn y flwyddyn. Yn ystod yr achos fe'i cafwyd yn euog o 'Ddwyn a chymryd i ffwrdd yn Droseddol a thrwy Ladrata ddarnau amrywiol o ddillad i'w gwisgo', ac fe'i dedfrydwyd i farwolaeth. Newidiwyd hyn yn ddiweddarach i drawsgludo am saith mlynedd. Treuliodd y pedair blynedd nesaf yng ngharchar y Fflint tra oedd y llywodraeth yn trefnu lleoliad newydd ar gyfer trawsgludo. Ar ôl i'r penderfyniad gael ei wneud i ddefnyddio Awstralia fel gwladfa gosb, gorchmynnwyd mynd â Frances, mewn heyrn, i Portsmouth i fynd ar y Llynges Gyntaf. Fe'i rhoddwyd ar yr unig long o blith yr 11 llong oedd yn cario carcharorion benywaidd. Parodd y fordaith dros 9 mis a phan fwrodd y llongau angor ym Mae Botany ar 26 Ionawr 1788 gwyddom fod Frances wedi goroesi'r fordaith; ni wyddom, fodd bynnag, beth ddigwyddodd iddi yn ystod ei chyfnod yn y wladfa gosb yn Awstralia.

Cymry a fu'n rhan o derfysgoedd poblogaidd ac a gafodd eu trawsgludo

Dim ond 1.2 y cant o'r rheiny a gafodd eu trawsgludo oedd yn dod o Gymru ond yn eu plith roedd nifer o unigolion a fu'n rhan o derfysgoedd poblogaidd:

- **Gwrthryfel Merthyr, 1831** – cafodd Lewis Lewis (Lewsyn yr Heliwr) ei ddedfrydu i farwolaeth am ei ran fel un o arweinwyr Gwrthryfel Merthyr (gweler Pennod 7). Fe'i cafwyd yn euog o arwain y dorf i ymosod ar y milwyr yng Ngwesty'r Castell ym Merthyr. Newidiwyd ei ddedfryd yn ddiweddarach i drawsgludo am oes i Awstralia.
- **Gwrthryfel Casnewydd, 1839** – cafodd tri arweinydd y Siartwyr yng Nghymru, John Frost, Zephaniah Williams a William Jones, eu dedfrydu i farwolaeth am frad am eu rhan yng Ngwrthryfel Casnewydd (gweler Pennod 2) ond cafodd hyn ei newid yn ddiweddarach i drawsgludo am oes.
- **Terfysgoedd Beca, 1839–44** – cafodd wyth o'r terfysgwyr eu dedfrydu i drawsgludo i Awstralia am eu rhan yn yr ymosodiadau ar dollbyrth yng ngorllewin Cymru (gweler Pennod 2). Cafodd David Thomas 20 mlynedd am 'berswadio a pheri' i derfysgwyr eraill ymosod ar y tolldy ym Mhorth Hyfryd; dedfrydwyd David Davies (Dai'r Cantwr) i 20 mlynedd yn ogystal, a thrawsgludwyd John Jones (Shoni Ysgubor Fawr) am oes.

Y gosb a'r amodau byw yn Awstralia

Roedd bywyd yn y wladfa newydd yn llym iawn a bu farw nifer o garcharorion oherwydd y driniaeth galed. Sefydlwyd gwladfeydd cosb newydd i garcharorion yn fuan ar Ynys Norfolk a Van Diemen's Land (ynys Tasmania). Sefydlwyd system neilltuo yn rhai o'r gwladfeydd, lle neilltuwyd y carcharorion i weithio i unigolion preifat. Roedd yn rhaid i'r carcharorion wneud pa bynnag waith a ddewisai eu meistri:

- Gweithwyr fferm oedd y lleiaf ffodus, oherwydd byddent yn aml yn eu cael eu hunain ar ffermydd anghysbell, unig gyda meistri creulon.
- Byddai gweithwyr domestig yn cael eu trin yn dda fel arfer ac yn byw fel aelodau o'r teulu.
- Crefftwyr – gofaint, seiri coed, casgenwyr, garddwyr, seiri meini neu seiri olwynion – oedd y mwyaf ffodus; roedd galw mawr am eu sgiliau ac, yn nhyb rhai, nhw oedd y gweision mwyaf gwerthfawr.
- Gorfodwyd eraill i weithio mewn gangiau.

Weithiau byddai'r carcharorion yn cael eu gwobrwyo am eu hymddygiad da:

- Tocyn Gadael – dyma ddogfen a roddwyd i garcharorion cyn diwedd eu dedfryd, gan roi iddynt y rhyddid i weithio a byw mewn ardal benodol o'r drefedigaeth. Gallai carcharorion wneud cais am Docyn Gadael ar ôl cwblhau rhan o'u tymor.
- Pardwn Amodol – roedd hyn yn golygu bod y carcharor yn cael ei ryddhau ond ni châi ddychwelyd i'w famwlad.
- Pardwn Absoliwt – roedd hwn yn diddymu dedfryd carcharorion ac yn eu caniatáu i ddychwelyd adref.
- Tystysgrif Rhyddid – cyflwynwyd y rhain yn 1810 a'u rhoi i garcharorion ar ddiwedd eu dedfryd.

Pe bai carcharor yn cyflawni trosedd arall yn ystod ei gyfnod yn Awstralia, byddai'n cael ei chwipio neu ei anfon i wladfa gosb arw fel Ynys Norfolk, allan yng nghanol y Môr Tawel. Yma byddent yn gweithio mewn **criwiau cadwyn**, yn torri cerrig ac adeiladu ffyrdd.

Diwedd trawsgludo

Adroddodd Pwyllgor Ymchwil Seneddol ar y system drawsgludo yn 1838. Daeth i'r casgliad nad oedd yn ddigon o rwystr a'i bod yn gostus iawn. Ar yr un pryd, roedd yr Awstraliaid eu hunain yn ddig wrth Brydain am ddefnyddio eu gwlad fel lle i ddadlwytho drwgweithredwyr cymdeithas.

O ganlyniad i'r newid agwedd yma:

- Yn 1839 gwrthododd llywodraeth New South Wales dderbyn rhagor o garcharorion.
- Ar ôl y dyddiad hwn fe'u hanfonwyd yn hytrach i Van Diemen's Land.
- Yn 1853 daeth trawsgludo i Van Diemen's Land i ben. Anfonwyd carcharorion yn hytrach i Orllewin Awstralia.

Gadawodd y llong carcharorion olaf Brydain yn 1867 a chyrhaeddodd Orllewin Awstralia ym mis Ionawr 1868, gan nodi diwedd trawsgludo. Ar ôl y dyddiad hwn roedd yn rhaid i Brydain edrych ar ôl ei throseddwyr ei hun, ac arweiniodd hyn at godi llawer o garchardai newydd.

Cosbau cymunedol yng Nghymru – y Teirw Scotch (*Scotch Cattle*)

Rhoddwyd yr enw y Teirw Scotch ar y criwiau o weithwyr a ymosododd, yn ystod y blynyddoedd 1820 i 1835, yng nghymoedd de-orllewin Cymru, ar y rheiny yr oeddent yn dal dig yn eu herbyn. Roeddent hefyd yn benderfynol o fynnu cydsafiad ymhlith eu cyd-weithwyr. Glowyr ifanc Cymraeg eu hiaith oedd y mwyafrif ohonynt fel William Jenkins (Wil Aberhonddu) a John James (Shoni Coal Tar) a oedd yn protestio yn erbyn gostyngiadau yn eu cyflogau, y system dryc ac amodau gwaith llym. Roeddent yn cynnal cyfarfodydd awyr-agored yn ystod y nos i gyfeiliant cyrn, drymiau a thanio gynnau, yn anfon llythyron yn rhybuddio'r bradwyr a'r hysbyswyr, ac ymosod ar eiddo eu rheolwyr, gan dorri ffenestri, malu celfi a cham-drin eu dioddefwyr. Daeth y mudiad i ben erbyn yr 1840au cynnar.

GWEITHGAREDD

Ysgrifennwch adroddiad yn amlinellu nodweddion allweddol trawsgludo i Awstralia. Gwnewch yn sicr eich bod yn sôn am y canlynol:

a) y rhesymau dros ddewis Awstralia yn lleoliad ar gyfer trawsgludo

b) y ffordd y câi'r troseddwyr eu trin yn y wladfa gosb yn Awstralia

c) y cynnydd a'r gostyngiad yn nifer y troseddwyr a drawsgludwyd i Awstralia (gweler Ffigur 6.2).

Yr angen i ddiwygio carchardai: Howard, Paul a Fry

Cyn y ddeunawfed ganrif, prif ddiben carchardai oedd cadw troseddwyr wrth iddynt aros i fynd i'r llys. Gan fod achosion llys yn digwydd mor anaml, gallai troseddwyr gael eu cadw dan glo am gyfnodau hir, dan amodau ofnadwy, mewn carchardai oedd heb unrhyw gynllun pendant na rheolau cyson. Canlyniad hyn oedd gorboblogi, ac amodau budr ac afiach ym mron pob carchar.

Amodau mewn carchardai yn y ddeunawfed ganrif

Gan mai cartrefu unigolion dan amheuaeth a charcharorion dros dro yn unig oedd pwrpas carchardai, prin fod neb yn poeni rhyw lawer am yr amodau y tu mewn iddynt. Penodwyd pwyllgor llywodraeth yn 1729 i archwilio'r amodau ac i gyflwyno adroddiad ar eu canfyddiadau i'r Senedd. Fe'u syfrdanwyd gan y canfyddiadau. Ymhlith y rhain roedd y ffaith fod dros 300 o garcharorion yng Ngharchar Marshalsea, Llundain ar fin llwgu a bod dros 100 o garcharorion wedi marw o ddiffyg bwyd yn yr un carchar.

Carchardai preifat oedd y rhain ac, yn naturiol ddigon, roedd eu perchnogion yn dymuno gwneud elw. Byddai'r gofalwyr yn gwneud arian trwy godi ffioedd ar y carcharorion am fwyd, gwely a beth bynnag arall roedd ei angen arnynt (gweler Ffynhonnell Ff). Roedd hyn yn arbennig o anodd ar ddyledwyr, sef canran uchel o'r carcharorion, gan na allent gael eu rhyddhau tan iddynt dalu eu dyledion a thalu'r gofalwr i'w rhyddhau.

Ffynhonnell Ff: Detholiad o'r ffioedd a godwyd ar garcharorion yng Ngharchar Newgate, Llundain yn 1729, i'w derbyn gan Ofalwr neu Geidwad y Carchar [Sylltau (s) Ceiniogau (d)]

Bydd pob carcharor yn talu Ffi Mynediad i'r Gofalwr	3s 0d
Bydd pob carcharor yn talu'r Gofalwr am ddefnyddio gwely, dillad gwely, a chynfasau, a bydded dau mewn gwely, a dim mwy, bob wythnos	1s 3d
Bydd pob carcharor sy'n dymuno hynny yn cael gwely iddo'i hun ac yn talu'r Gofalwr am ddefnyddio gwely, dillad gwely a chynfasau, bob wythnos	2s 6d
Bydd pob Dyledwr yn talu Ffi Rhyddhau i'r Gofalwr	6s 10d

YSTYRIWCH

Beth mae Ffynhonnell Ff yn ei ddweud wrthych am amodau carcharorion mewn carchardai yn y ddeunawfed ganrif?

John Howard, 1726–90

Ganed John Howard yn Llundain yn 1726. Collodd ei fam yn ifanc iawn a phan fu farw ei dad yn 1742 etifeddodd dipyn o arian. Yn 1755, tra oedd yn teithio dramor, cipiwyd y llong roedd yn hwylio arni gan fôr-ladron o Ffrainc, a chafodd Howard ei garcharu yn Ffrainc. Er iddo gael ei ryddhau yn fuan, cafodd y digwyddiad effaith barhaol arno. Yn 1773 daeth yn Uwch Siryf Swydd Bedford, ac un o'i gyfrifoldebau oedd goruchwylio carchar y sir. Cafodd ei ysgwyd gymaint gan yr amodau yno nes iddo benderfynu ymweld â charchardai eraill yn Lloegr, ond gwelodd fod y sefyllfa yn debyg iawn ym mhobman.

Yn 1775, aeth John Howard ar ei daith gyntaf i archwilio carchardai ar hyd a lled Ewrop. Yn ôl ei arolwg o garchardai Cymru a Lloegr yn 1776 roedd y mwyafrif o garcharorion yn ddyledwyr, a dim ond tua chwarter ohonynt oedd wedi cyflawni trosedd ddifrifol. Yn dilyn yr arolwg cyhoeddodd ei lyfr, *The State of the Prisons in England and Wales*, yn 1777 (gweler Ffynhonnell G).

▲ **Ffigur 6.3:** Portread o John Howard, diwygiwr carchardai, a baentiwyd yn 1789

Troseddwyr a ddedfrydwyd am droseddau bychain	16%
Troseddwyr difrifol yn aros am achos llys, trawsgludo neu ddienyddio	24.3%
Dyledwyr	59.7%

▲ **Tabl 6.1:** Y gwahanol fathau o droseddwyr, yn ôl canran, oedd yng ngharchardai Cymru a Lloegr yn 1776

Ffynhonnell G: Dyfyniadau o lyfr John Howard *The State of the Prisons in England and Wales*, 1777.

Ni allai llawer o garcharorion a gâi eu dyfarnu'n ddieuog adael y carchar am na allent fforddio talu'r ffi rhyddhau a bennwyd gan y gofalwr. Ychydig iawn o ofalwyr oedd yng ngharchardai'r dyledwyr ac nid oedd modd rhoi'r carcharorion mewn cadwyni na'u gorfodi i weithio. Yng ngharchar Marshalsea, Llundain, deuai cigyddion a chrefftwyr eraill i'r carchar i werthu bwyd neu chwarae sgitls â'r carcharorion yn ystafell yfed y carchar. Pan fyddai troseddwyr difrifol yn cymysgu â dyledwyr, byddai'r gofalwyr yn caniatáu'r un breintiau â'r dyledwyr iddynt. Nid oedd digon o ofalwyr i'w cadw ar wahân. Gorfodwyd carcharorion newydd i dalu ffi i garcharorion oedd eisoes mewn celloedd, sef garnais (*garnish*). Ni fyddai'r gofalwyr yn gwneud llawer i rwystro hyn.

Yn 1773 cyflwynodd Howard dystiolaeth i Bwyllgor Seneddol a chynnig pedwar awgrym:

- adeiladau cadarn, helaeth, glân
- cyflogau ar gyfer gofalwyr
- hyfforddiant ar gyfer carcharorion i'w cynorthwyo i ddiwygio
- archwilio carchardai.

Credai Howard y dylai carchardai ddiwygio carcharorion ac y dylai clerigwyr ymweld yn rheolaidd i gynorthwyo carcharorion i fyw bywyd gwell. Credai hefyd y dylid cadw carcharorion mewn carchariad unigol (*solitary confinement*) er mwyn peidio â dysgu mwy gan droseddwyr mwy profiadol.

Gweithredwyd awgrymiadau Howard gan un AS, Alexander Popham, a gyflwynodd ddau fesur. Roedd y cyntaf ohonynt, y Mesur Twymyn Carchar, yn galw am lanhau carchardai yn rheolaidd, eu gwyngalchu bob blwyddyn, awyru, penodi meddyg cyson a darparu clafdai ar wahân. Yn anffodus, nid oedd y Ddeddf yn nodi sut i orfodi'r pethau hyn ac ychydig iawn a wnaethpwyd felly. Roedd ail fesur Popham yn fwy effeithiol. Cafodd wared ar y ffi i ddod allan o'r carchar, gan sicrhau felly y byddai unrhyw berson a ganfuwyd yn ddieuog yn cael ei ryddhau ar unwaith.

Erbyn diwedd y ddeunawfed ganrif, roedd angen newid y system carchardai ar frys. Roedd carchardai gorboblog Cymru a Lloegr yn fudr ac yn llawn clefydau ac roedd **twymyn carchar** yn gyffredin iawn. Bu farw John Howard yn 1790 ar ôl dal twymyn carchar tra oedd yn ymweld â charchar yn Rwsia.

Golwg ar Gymru: ymweliadau Howard â charchardai yng Nghymru

Yn ei waith *The State of the Prisons in England and Wales* (1777) cofnododd John Howard iddo ymweld â sawl carchar yng Nghymru, gan gynnwys Caernarfon, Abertawe a Wrecsam. Ystyriodd fod pob un o'r carchardai hyn mewn cyflwr ofnadwy, o ran eu llety a'r modd y cawsai'r carcharorion ynddynt eu trin. Nododd fod Carchar y Sir yng Nghaernarfon bron yn adfail, heb unrhyw gyfleusterau draenio na dŵr ffres, a bod y carcharorion – dyledwyr a throseddwyr fel ei gilydd – yn cael eu cadw mewn celloedd pitw, tywyll (gweler Ffynhonnell Ng). Nid oedd yr amodau yng ngharchardai Castell Abertawe a Wrecsam (gweler Ffynhonnell H) ddim gwell, ac roedd y carcharorion yn cael eu cymysgu a'u cadw mewn celloedd bach heb fawr o olau dydd na chyflenwad dŵr.

Ffynhonnell Ng: Disgrifiad Howard o'r amodau yng Ngharchar y Sir yng Nghaernarfon a ymddangosodd yn ei gyfrol *The State of the Prisons in England and Wales* (1777)

Mae'r carchar hwn mewn cyflwr gwael iawn. Dwy ystafell ar gyfer dyledwyr, a dwy ar gyfer troseddwyr difrifol; un o'r olaf i lawr 11 gris, gydag agoriad [ffenestr] 18 modfedd wrth 3; y llall dan y grisiau yn ddim ond 9 troedfedd wrth 7, heb ffenestr: pob un yn fudr iawn, a byth yn cael eu gwyngalchu. ... Cwrt, ond dim carthffos; dim dŵr. ... Mae'r gofalwr yn derbyn £5 y flwyddyn fel ceidwad carchar. Mae'n tynnu chwe cheiniog yr wythnos o lwfans pob troseddwr difrifol am (yr hyn y mae'n ei alw) ei drafferth o daliadau wythnosol. Dim tabl ffioedd.

Ymhlith yr amryw welliannau sy'n cael eu gwneud yn y dref hon, oni ellir gobeithio y bydd ynadon y sir yn meddwl am well carchar.

YSTYRIWCH

I ba raddau roedd canfyddiadau John Howard o gyflwr carchardai Cymru yn debyg i'r amodau yng ngharchardai Lloegr?

Ffynhonnell H: Disgrifiad Howell o'r amodau yng ngharchar Wrecsam a ymddangosodd yn ei *The State of the Prisons in England and Wales* (1777)

Mae gan y carchar – ar y llawr gwaelod ystafelloedd y ceidwad ac ystabl; ac ar gyfer carcharorion, dwy ystafell dywyll, annymunol, gydag agoriadau [ffenestri] yn y drysau 10 modfedd wrth 7; wal o fewn 6 troedfedd i'r drysau; mae'r carcharorion, yn gwbl deg, wedi cwyno eu bod bron yn mygu; ac wedi erfyn am gael eu rhyddhau i ardd y ceidwad i gael aer. Ceir tair ystafell fyny grisiau ar gyfer y sawl all dalu. Nid oes modd atgyweirio'r carchar. Dim pwmp.

Syr George O. Paul, 1746–1820

Yn ystod ei gyfnod fel Uwch Siryf Caerloyw, dechreuodd Syr George Onesiphorous Paul boeni ynghylch cyflwr gwael y carchardai, yn enwedig Carchar Caerloyw. Yn 1784 ysgrifennodd *Thoughts on the Alarming Progress of Jail Fever*, a arweiniodd at fudiad diwygio carchardai yn Swydd Gaerloyw.

Perswadiodd Paul y llywodraeth i basio Deddf Carchardai Swydd Gaerloyw yn 1785, yn eu caniatáu i adeiladu carchardai newydd. Cydweithiodd â'r pensaer William Blackburn i greu cynlluniau newydd a gopïwyd yn ddiweddarach mewn mannau eraill yng Nghymru a Lloegr. Roedd yn rhaid i'r carchardai newydd hyn gwrdd â thri angen:

- diogelwch – dylai'r wal o amgylch y carchar fod yn 5.4 m o uchder a dylid trefnu'r adeiladau fel y gallai'r staff weld yn rhwydd beth oedd yn digwydd ar draws y carchar.
- iechyd – byddai adran ar wahân ar gyfer carcharorion newydd er mwyn eu golchi, mygdarthu eu dillad a gwirio eu hiechyd. Byddai buarth ymarfer ac awyriad digonol yn y carchar.
- gwahanu – dylid rhannu'r carcharorion rhwng y Carchar i droseddwyr oedd yn aros i fynd o flaen eu gwell, Cyweirdy i fân-droseddwyr a'r Benydfa (*Penitentiary*) i droseddwyr mwy difrifol. Byddai gan bob ardal adran ar gyfer dynion ac adran ar gyfer y menywod. Roedd rhaid cynnwys capel a gweithdai, yn ogystal â chelloedd tywyll i gosbi.

Elizabeth Fry, 1780–1845

Amlygodd Syr George O. Paul yr angen i wahanu dynion a menywod mewn carchardai ac aed â hyn gam ymhellach gan y Crynwr Elizabeth Fry. Roedd Fry yn fam i 11 o blant, yn grefyddol iawn ac yn gweithio'n galed i helpu'r tlodion. Yn 1813 ymwelodd ag adran y menywod yng Ngharchar Newgate a chafodd ei dychryn gan yr hyn a welodd yno (gweler Ffynhonnell I). Ar ôl ymweld â Newgate, dechreuodd Fry ymgyrch i wella amodau byw menywod yn y carchar. Teimlai y byddai hyn yn helpu i'w diwygio a rhoi gwell cyfle iddynt mewn bywyd ar ôl eu rhyddhau.

Yn 1817 sefydlodd y Gymdeithas i Wella Carcharorion Benywaidd yn Newgate. Roedd yn sicr mai'r hyn oedd ei angen ar fenywod yn y carchar oedd addysg, disgyblaeth, gwaith defnyddiol ac, yn bennaf oll, crefydd (gweler Ffynhonnell L). Teithiodd Fry o gwmpas Cymru a Lloegr i ddenu cymaint o gyhoeddusrwydd â phosib, a sefydlodd Bwyllgorau Carchardai Menywod i ymweld â charchardai a newid y ffordd roeddent yn cael eu rhedeg.

▲ **Ffigur 6.4:** Elizabeth Fry

Ffynhonnell I: Dyfyniad o adroddiad Elizabeth Fry ar yr amodau yng Ngharchar Newgate, 1813

Bron 300 o fenywod, wedi eu hanfon yno am bob math o drosedd, rhai heb fod o flaen eu gwell a rhai wedi eu dedfrydu i farwolaeth, i gyd yn tyrru at ei gilydd mewn dwy ward a dwy gell. Yma byddent yn gweld eu ffrindiau ac yn cadw llawer o blant, ac nid oedd ganddynt le arall i goginio, golchi, bwyta a chysgu.

Cysgent i gyd ar y llawr. Ar adegau byddai 120 mewn un ward heb gymaint â mat fel gwely a nifer ohonynt bron yn noeth. Yfant wirodydd yn agored ac mae rhegi yn gyffredin. Mae popeth yn fudr a'r arogl yn gwbl ffiaidd.

Ffynhonnell L: Amcanion y Gymdeithas i Wella Carcharorion Benywaidd yn Newgate

... darparu ar gyfer dilladu, addysgu, a chyflogi'r menywod hyn, eu cyflwyno i wybodaeth am yr ysgrythurau, a meithrin ynddynt, hyd eithaf ein gallu, yr arferion hynny o drefn, sobreiddiwch, a gwaith all eu gwneud yn ddof ac yn ddirnadwy yn y carchar, ac yn barchus pan fyddant yn ei adael.

Diolch i Fry, gwellodd amodau byw menywod yng Ngharchar Newgate yn sylweddol. Ymhen hir a hwyr cyflwynwyd newidiadau tebyg i garchardai eraill:

- Lluniwyd rheolau i'r menywod eu dilyn.
- Penodwyd gofalwyr benywaidd.
- Sefydlwyd ysgolion ar gyfer y menywod a'u plant, â phwyslais cryf ar addysg grefyddol a darllen o'r Beibl.
- Cyflwynwyd gwaith rheolaidd fel gwnïo neu wau.

Fodd bynnag, roedd y newidiadau a ddeilliodd o ymgyrchoedd yr arloeswyr hyn yn araf ac yn digwydd ar hap. Yr hyn roedd ei angen i drawsnewid y carchardai oedd i'r llywodraeth weithredu'n uniongyrchol.

GWEITHGAREDDAU

1. Pa mor ddefnyddiol yw Ffynonellau I a L i hanesydd sy'n astudio cyflwr carchardai yng Nghymru a Lloegr yn ystod y ddeunawfed ganrif a blynyddoedd cynnar y bedwaredd ganrif ar bymtheg?
2. Defnyddiwch eich gwybodaeth am garchardai'r ddeunawfed ganrif a blynyddoedd cynnar y bedwaredd ganrif ar bymtheg i gwblhau'r tabl isod:

Diwygiwr carchardai	Eu cynigion i sicrhau gwell amodau mewn carchardai	Beth a gyflawnwyd o ganlyniad i'w hymgyrchu?
John Howard		
Syr George O. Paul		
Elizabeth Fry		

3. O'r tri diwygiwr carchardai rydych wedi eu hastudio (Howard, Paul a Fry), pa un o'r unigolion hyn, yn eich barn chi, wnaeth y cyfraniad mwyaf i ddiwygio carchardai? Rhowch enghreifftiau i gyfiawnhau eich dewis.

Carchardai newydd yn hwyrach yn y bedwaredd ganrif ar bymtheg: y Systemau ar Wahân a Thawel

Canlyniad gwaith yr Ysgrifennydd Cartref, Syr Robert Peel, oedd ymdrech ddifrifol gyntaf y llywodraeth i fynd i'r afael â diwygio system y carchardai. Llwyddodd i basio'r Ddeddf Carchardai yn 1823. Dylanwadwyd ar Peel gan waith Howard a Fry.

Deddf Carchardai, 1823

Cyflwynodd Deddf Carchardai 1823 nifer o ddiwygiadau pwysig:

- Byddai carchar yn cael ei sefydlu ym mhob sir ac ym mhob tref fawr, i'w weinyddu gan ynadon lleol a'i gynnal drwy drethi lleol.
- Byddai ynadon heddwch yn archwilio'r carchardai ac yn cyflwyno adroddiadau i'r Llysoedd Chwarter, ac yn anfon Adroddiad Blynyddol i'r Swyddfa Gartref.
- Byddai system ddisgyblu yn cael ei gorfodi ym mhob carchar.
- Roedd yn rhaid i garchardai fod yn ddiogel ac yn iach.
- Byddai'r gofalwr yn derbyn cyflog gan yr awdurdod lleol.
- Byddai'r carcharorion yn cael eu categoreiddio yn ôl oed, rhyw, y math o drosedd a hyd y ddedfryd.

Cam cyntaf ar gyfer dod â rhywfaint o drefn i'r carchardai oedd y diwygiadau hyn ond roedd eu dylanwad yn gyfyngedig. Roedd y Ddeddf hefyd ddim ond yn delio â 130 carchar yn Llundain, y siroedd ac 17 o drefi mawr, a byddai'n aml yn cael ei hanwybyddu. Dim ond pum arolygwr oedd (na phenodwyd tan 1835) ac roedd eu pwerau yn gyfyngedig.

Adeiladu carchardai newydd

Yn ystod blynyddoedd cynnar y bedwaredd ganrif ar bymtheg adeiladodd y llywodraeth garchardai newydd yn Millbank, Portland, Dartmoor, Portsmouth, Chatham a Borstal ac ailadeiladodd llawer o awdurdodau lleol garchardai lleol. Rhwng 1842 ac 1877, adeiladwyd 90 o garchardai newydd ym Mhrydain. Un o'r rhai enwocaf oedd y carchar a godwyd yn Pentonville, Llundain yn 1842.

Yng Nghymru, cynlluniodd y pensaer John Nash garchardai sirol newydd yng Nghaerfyrddin yn 1792 ac yng Ngheredigion yn 1796. Ymwelodd John Howard â thref Caerfyrddin yn 1788 ac roedd cynllun Nash ar gyfer carchar Caerfyrddin yn cynnwys syniadau diwygio Howard. Creodd garchar a oedd wedi ei awyru'n dda, gyda chelloedd nos ac ystafelloedd dydd ar wahân ar gyfer y gwahanol fathau o garcharorion – troseddwyr difrifol, dyledwyr a mân droseddwyr. Roedd y rhain wedi eu trefnu o amgylch cwrtiau ymarfer ar wahân. Roedd yna hefyd gapel, gweithdy a chlafdy, pob un o fewn wal allanol yr hen gastell.

Roedd William Blackburn, un o brif benseiri carchardai ym mlynyddoedd olaf y ddeunawfed ganrif, wedi cyflwyno cynlluniau ar gyfer carchar newydd yn Aberteifi ond bu farw cyn cychwyn ar y gwaith. Parhaodd John Nash â gwaith Blackburn, gan fabwysiadu ei syniad am gynllun amlochrog neu reiddiol. Gwahanwyd y carcharorion mewn adrannau ar wahân oddi ar neuadd neu arsyllfa ganolog. Gallai staff y carchar wylio'r carcharorion yn y cwrtiau rhwng yr adrannau drwy ffenestri a osodwyd yn onglau'r arsyllfa wythonglog. Nash gynlluniodd Garchar Swydd Henffordd hefyd. Adeiladwyd carchardai newydd yn ogystal ym Miwmaris yn 1829, Caerdydd yn 1832 ac Abertawe yn 1861. Adeiladwyd y carchar 'arddull Pentonville' cyntaf yng Nghymru yn Rhuthun ac fe'i hagorwyd yn 1878.

Er bod rhyw fath o gytundeb ynghylch cynllun y carchardai newydd hyn, roedd pobl yn dal i anghytuno am sut i drin y carcharorion a fyddai'n dod i fyw ynddynt.

YSTYRIWCH

Nodwch brif gryfderau a gwendidau Deddf Carchardai, 1823.

Arbrofi â gwahanol systemau carchardai

Yn ystod hanner cyntaf y bedwaredd ganrif ar bymtheg cafwyd anghytuno sylweddol am sut y dylid trin carcharorion. Roedd ambell un, fel y Parch. Sydney Smith, o'r farn y dylai bywyd mewn carchar fod mor llym ac amhleserus â phosib er mwyn atal troseddwyr rhag troseddu eto.

Roedd y diwygiwr Jeremy Bentham yn credu'n wahanol; ei farn ef oedd y dylid gwneud i garcharorion weithio, a gellid gwerthu canlyniadau'r gwaith i helpu gyda'r costau rhedeg. Credai hefyd mewn cynllunio a rhedeg carchardai yn effeithiol, a ffafriai garchardai â blociau yn dod o'r canol fel na fyddai angen ond ychydig ofalwyr i oruchwylio'r carchar i gyd. Roedd eraill, fel y caplan carchar y Parch. Kingsmill, o'r farn y dylai diwygio'r carcharorion fod yn brif nod carcharu. Y ffordd orau o wneud hynny, yn ei farn ef, oedd trwy garchariad unigol.

Yn ystod ail hanner y bedwaredd ganrif ar bymtheg arbrofodd carchardai â defnyddio'r system ar wahân neu'r system dawel. Ceisiai'r ddwy system, a oedd yn seiliedig ar syniadau o UDA, sicrhau na fyddai'r carcharorion yn cyfathrebu â'i gilydd.

Y System ar Wahân

Roedd y system hon yn canolbwyntio'n bennaf ar geisio diwygio carcharorion trwy arwahanu, addysg grefyddol a gwaith cynhyrchiol. Cadwyd carcharorion mewn celloedd ar wahân. Yno byddent yn gweithio, gweddïo a derbyn addysg grefyddol gan glerigwyr ar ymweliad. Y gred oedd y byddai cadw carcharorion ar wahân yn achosi chwalfa nerfol, ac y byddent yn fwy parod i wrando ar gyngor clerigwyr wedi hynny. Ni allai carcharorion adael eu celloedd ond i fynychu gwasanaethau crefyddol mewn corau ar wahân yng nghapel y carchar, neu i wneud ymarfer corff. Roedd yn rhaid iddynt wisgo mygydau ar yr adegau hyn fel na allent weld carcharorion eraill na'u hadnabod na chyfathrebu â'i gilydd pe baent yn cwrdd. Yn ystod ymarfer corff byddai'n rhaid iddynt ddal rhaff â chlymau ynddi, a byddai 4.5 metr rhwng pob cwlwm fel y byddai'r carcharorion yn rhy bell oddi wrth ei gilydd i siarad (gweler Ffigur 6.5).

Credai diwygwyr y byddai'r System ar Wahân yn helpu carcharorion i ddod o hyd i waith ar ôl gadael y carchar fel gwneud esgidiau, matiau a dillad carchar a gwnïo bagiau post a sachau glo. Fodd bynnag, roedd y System ar Wahân yn gostus iawn gan fod rhaid ailadeiladu carchardai i ddarparu celloedd ar wahân. Roedd y gyfradd marwolaethau yn uchel iawn hefyd. Yn ystod wyth mlynedd cyntaf Carchar Pentonville aeth 22 o'r carcharorion yn wallgo, cafodd 26 chwalfeydd nerfol difrifol a lladdodd tri eu hunain.

Adeiladwyd Carchar Pentonville yn 1842 ar gynllun rheiddiol

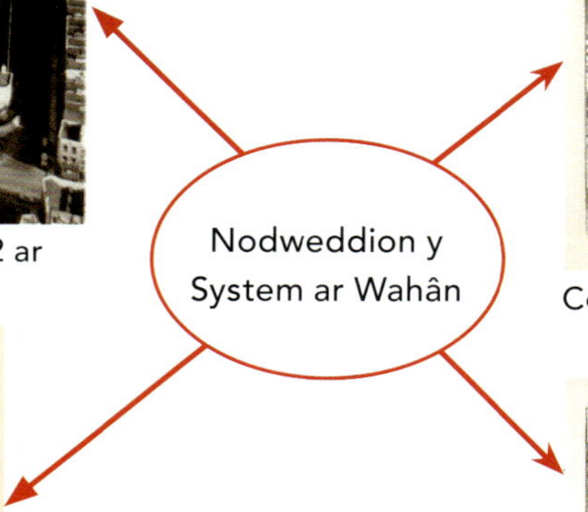

Corau ar wahân yn y capel

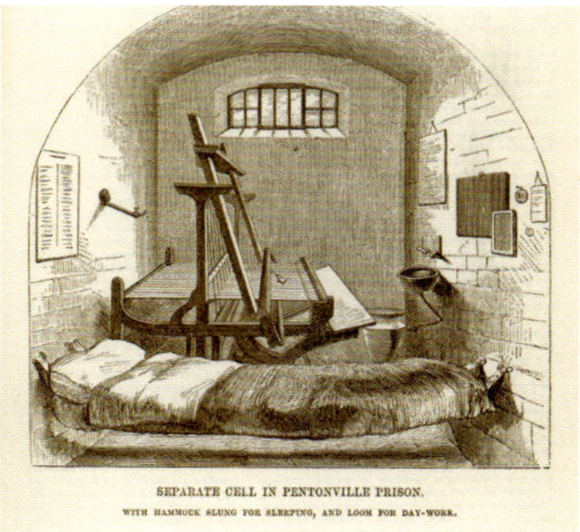

Gweithio mewn celloedd ar wahân

Ymarfer yn y cwrt, yn gwisgo cyflau

▲ **Ffigur 6.5:** Nodweddion y System ar Wahân

Astudiaeth achos: Carchar Pentonville

Adeiladwyd Carchar Pentonville, a enwyd 'The Ville' gan y carcharorion, yn 1842 fel enghraifft o garchar lle y defnyddiwyd y System ar Wahân. Roedd wedi ei seilio ar Garchar Cherry Hall yn Pennsylvania, UDA. Roedd cynllun y carchar yn gymesur. Roedd blociau'r celloedd yn rheiddio oddi ar un man canolog. Gallai gofalwr a fyddai'n sefyll yn y canol weld i lawr pob coridor. Roedd pob un o'r pedair adran yn cynnwys 130 cell, ac roedd pob cell yn 14 troedfedd o hyd a 9 troedfedd o uchder. Roedd y carchar yn lân ac yn drefnus. I gwblhau'r diogelwch roedd wal uchel yn amgylchynu'r carchar. Erbyn yr 1850au roedd dros 50 o garchardai yn defnyddio'r System ar Wahân.

Y System Dawel

Prif bwrpas y system hon oedd ceisio atal carcharorion trwy wneud bywyd carchar mor amhleserus â phosib. Roedd yn seiliedig ar y system a ddefnyddiwyd yng Ngharchar Auburn, Efrog Newydd, UDA. Gwaith y gofalwyr oedd gorfodi tawelwch fel na allai'r carcharorion gael dylanwad drwg ar ei gilydd. Dan y drefn hon, caniatawyd i'r carcharorion weld ei gilydd yn y gweithdai neu'r ystafell fwyta, er enghraifft, ond eu bod yn gwneud hyn mewn tawelwch. Trwy hyn, ni fyddai'r carcharorion yn dylanwadu ar ei gilydd. Roedd y system yn dibynnu ar ofn a chasineb. Er mwyn cyrraedd y nodau hyn, roedd rhaid i fywyd carcharorion fod mor ddiflas â phosib, felly gosodwyd tasgau diflas a diwerth. Y tasgau mwyaf cyffredin oedd y felin droed, y cranc, pigo ocwm a dril pelenni (gweler Ffigur 6.6).

Roedd y System Dawel yn rhatach na'r System ar Wahân. Credai pobl y byddai'r carcharorion yn casáu'r system gymaint fel eu bod yn llai tebygol o gyflawni troseddau er mwyn osgoi dychwelyd i'r carchar. Ond, fel gyda'r System ar Wahân, roedd tawelwch ac arwahanrwydd yn arwain at hunanladdiad neu wallgofrwydd ac yn atal y system rhag gweithio'n iawn.

YSTYRIWCH

1 Defnyddiwch eich gwybodaeth o'r Systemau ar Wahân a Thawel i gwblhau'r tabl isod:

Y System ar Wahân		
Nodweddion allweddol y system hon	Manteision y system hon	Anfanteision y system hon

Y System Dawel		
Nodweddion allweddol y system hon	Manteision y system hon	Anfanteision y system hon

2 Disgrifiwch sut y cynyddodd rôl y llywodraeth yn rhedeg carchardai o ganlyniad i Ddeddfau Carchardai 1865 ac 1877.

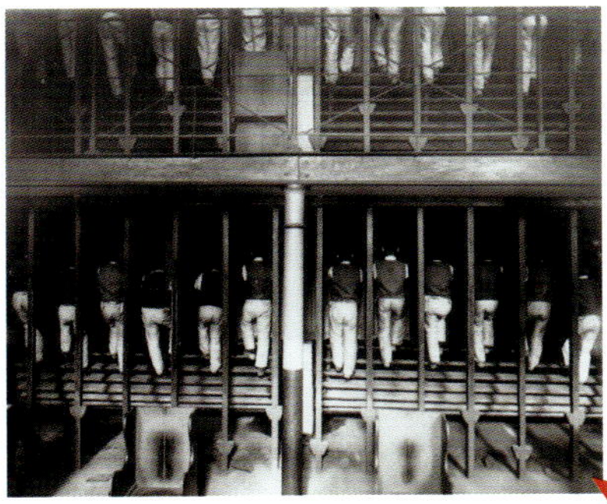

Y felin droed

Y cranc

Nodweddion y System Dawel

Pigo ocwm

Dril pelenni

▲ **Ffigur 6.6:** Nodweddion y System Dawel

Y llywodraeth yn rheoli'r carchardai

Yn ystod blynyddoedd olaf y bedwaredd ganrif ar bymtheg cynyddodd nifer o Ddeddfau reolaeth y llywodraeth dros y carchardai:

- Deddf Carchardai, 1865 [a elwir hefyd y Ddeddf Penyd-wasanaeth] – gellir crynhoi'r Ddeddf â'r geiriau 'Gwaith caled, bwyd caled a llety caled':
  - gwaith caled: o leiaf dri mis ar y felin droed, cranc, dril pelenni, pigo ocwm a thorri cerrig;
  - bwyd caled: deiet o fara a dŵr am dri diwrnod, a allai godi i fis, yn ogystal â chosb gorfforol;
  - llety caled: darparwyd gwelyau bwrdd caled yn lle gwelyau crog (*hammocks*).
- Nod y Ddeddf hon oedd cosbi'n llym yn hytrach na diwygio. Roedd y Ddeddf hefyd yn diddymu'r gwahaniaeth rhwng carchardai a chyweirdai. Caewyd oddeutu 80 o garchardai bach, gan adael tua 113 o garchardai yng Nghymru a Lloegr dan reolaeth y llywodraeth.
- Deddf Carchardai, 1877 – rhoddodd hon yr holl garchardai dan reolaeth y Swyddfa Gartref. Sefydlwyd Comisiwn o dri dyn i redeg pob carchar yng Nghymru a Lloegr. Caewyd 53 o garchardai llai. Erbyn hyn roedd y system carchardai wedi ei threfnu'n ganolog ac roedd hi'n bosib gwneud newidiadau 'ar draws y bwrdd'.

Dulliau eraill o ddelio â charcharorion yn yr ugeinfed ganrif

Bu newid mawr yn y system carchardai yng Nghymru a Lloegr ym mlynyddoedd cynnar yr ugeinfed ganrif. Pan gafodd y gosb eithaf ei dileu yn 1969 roedd rhaid addasu'r system hyd yn oed yn fwy. Mae'r newidiadau hyn yn parhau yn yr unfed ganrif ar hugain.

Defnyddio borstalau

Roedd troseddau pobl ifanc yn broblem yn ystod Oes Fictoria a cheisiwyd mynd i'r afael â'r broblem bryd hynny, gan ganolbwyntio ar ddiwygio yn hytrach na dial. Cafodd hyn ei adlewyrchu yn yr ymgais i ddelio â throseddau pobl ifanc ym mlynyddoedd cynnar yr ugeinfed ganrif. Yn 1902 dechreuwyd arbrofi gyda dulliau ailsefydlu yng Ngharchar Rochester ym mhentref Borstal yng Nghaint, i ddatblygu triniaeth ar gyfer troseddwyr ifanc. Barnwyd bod yr arbrawf yn llwyddiannus ac yn 1908 gorchmynnodd Deddf Atal Troseddau sefydlu 'borstalau' ar gyfer pobl ifanc rhwng 15 ac 21 oed. Byddai'r carcharorion yn cael eu rhyddhau pan fyddai eu cynnydd yn dderbyniol.

Cynlluniwyd y system borstal i gynnig addysg yn hytrach na chosb. Roedd y system yn un anhyblyg iawn ac wedi ei threfnu yn ôl rheolau llym. Roedd yn canolbwyntio ar drefn, disgyblaeth ac awdurdod (gweler Ffynhonnell Ll). Gwnaed defnydd cyfyngedig o gosb gorfforol – y wialen fedw (*birch*) – ond cafodd hyn ei ddileu yn 1962.

Yn 1969 cynyddwyd yr oed ar gyfer mynd i'r borstal i 17. Cafodd y borstalau eu dileu yn 1982. Roedd angen newid pellach a chyflwynwyd dulliau gwahanol o gosbi a diwygio troseddwyr ifanc.

▲ **Ffynhonnell Ll:** Dosbarth ymarfer corff mewn borstal, 1937

Canolfannau cadw, sefydliadau troseddwyr ifanc a charchardai i'r ifanc

Pan gafodd borstalau eu dileu yn 1982, dedfrydwyd troseddwyr ifanc i gyfnodau byr mewn canolfannau cadw, neu i gyfnodau hirach mewn carchardai i'r ifanc. Roedd y system newydd ar gyfer bechgyn rhwng 15 ac 20 oed a merched rhwng 17 ac 20 oed. Byddai dedfryd mewn canolfan gadw yn para chwe mis ar gyfartaledd, wedi ei ddilyn gan oruchwyliaeth am dri mis i flwyddyn. Roedd carchardai i'r ifanc wedi eu cynllunio ar gyfer pobl ifanc dreisgar neu'r rheiny oedd yn ddibynnol ar alcohol neu gyffuriau. Pwrpas y system oedd dysgu hunan-barch a hunanddisgyblaeth i'r troseddwyr ifanc. Yn 1988 crëwyd canolfannau troseddwyr ifanc (*young offenders' institutes*) yn lle'r canolfannau cadw. Mae'r canolfannau hyn ar gyfer pobl 18 i 21 oed, dan reolaeth Gwasanaeth Carchardai Ei Mawrhydi.

Canolfan Troseddwyr Ifanc y Parc, Pen-y-bont ar Ogwr

Agorodd Carchar y Parc ym Mhen-y-bont ar Ogwr yn 1997 ac mae bellach yn Ganolfan Troseddwyr Ifanc, yr unig sefydliad o'i fath yng Nghymru. Mae ganddi ei hadran addysg ei hun, yn cynnig ystod o bynciau academaidd a galwedigaethol i alluogi'r carcharorion i ennill cymwysterau hyd at safon y Brifysgol Agored. Mae yno naw gweithdy, yn cynnwys cyfleusterau ar gyfer astudio gwaith saer coed, gwaith metel, dylunio graffig a glanhau diwydiannol. Mae yno hefyd lyfrgell, campfa ac ystafell ffitrwydd, yn ogystal â chapel ar gyfer credoau crefyddol. Y nod yw paratoi troseddwyr ifanc ar gyfer bywyd ar ôl carchar.

Carchardai agored

Dechreuwyd arbrofi â charchardai agored yn 1936 pan agorwyd Gwersyll New Hall fel rhandy i Garchar Wakefield yng Ngorllewin Swydd Efrog. Anfonwyd y carcharorion gwrywaidd i weithio ar ffermydd cyfagos neu i wneud esgidiau. Roedd yr arbrawf yn llwyddiant, a sefydlwyd carchardai agored eraill ar ôl yr Ail Ryfel Byd i geisio ysgafnhau'r pwysau ar garchardai gorlawn.

Carchar Agored Leyhill yn Swydd Gaerloyw oedd un o'r carchardai agored cynharaf. Cafodd ei sefydlu yn 1946 mewn cyn-ysbyty milwrol Americanaidd. Erbyn heddiw mae 532 o garcharorion yno. Gorsaf Awyr y Llynges Brydeinig oedd Carchar Agored Ford yng Ngorllewin Sussex yn wreiddiol, a chafodd ei drawsnewid yn garchar agored yn 1960. Troseddwyr nad ydynt yn dreisgar ac sy'n annhebygol o geisio dianc (carcharorion Categori D) sy'n cael eu cadw yno. Nid yw'r carcharorion dan glo yn Ford; does dim bariau ar y ffenestri. Mae digon o gyfleoedd gwaith ar gael fel garddio masnachol, gwaith galwedigaethol mewn gweithdai, yn ogystal â gwaith yn y gymuned leol. Ar ben hyn, darperir cyrsiau galwedigaethol ac academaidd hefyd, fel y gall carcharorion geisio am gymwysterau a fydd yn eu helpu i gael swydd ar ôl cael eu rhyddhau.

Un carchar agored sydd yng Nghymru ac mae wedi ei leoli ym Mhrescoed, wrth ymyl Brynbuga. Fe'i hagorwyd yn wreiddiol yn 1939 fel borstal agored, a'i drawsnewid yn garchar agored i'r ifanc yn 1983. Yn 1988 daeth Prescoed yn Garchar Agored Categori D ar gyfer dynion. Mae carcharorion fel arfer yn symud i Brescoed o garchardai eraill ar gyfer cyfnod olaf eu dedfryd. Y nod yw eu hintegreiddio'n ôl yn y gymuned cyn iddynt gael eu rhyddhau.

Beirniadwyd carchardai agored am fod yn 'ddewis meddal', ond maent yn rhatach i'w rhedeg na charchardai caeedig.

YSTYRIWCH

1. Disgrifiwch sut y newidiodd cosb ar gyfer troseddwyr ifanc ym mlynyddoedd cynnar yr ugeinfed ganrif.
2. Esboniwch pam y cyflwynwyd carchardai agored.

Dulliau gwahanol o gosbi

Mae'r system carchardai yn ddrud i'w rhedeg ac mae carchardai Cymru a Lloegr yn orlawn ar hyn o bryd. Mae nifer y troseddwyr ar ei uchaf erioed ac ym mis Rhagfyr 2016 roedd 84,300 o garcharorion yng ngharchardai Cymru a Lloegr. O ganlyniad i'r fath bwysau, arbrofwyd â dulliau newydd gwahanol drwy gydol yr ugeinfed ganrif.

Profiannaeth a pharôl

Dechreuodd y gwasanaeth **profiannaeth** yn 1907. O ganlyniad gallai'r llysoedd roi troseddwyr ar brawf yn hytrach na'u hanfon i'r carchar. Roedd yn rhaid i'r troseddwr ddilyn set o reolau, cadw mewn cysylltiad â'r swyddog prawf ac adrodd yn ôl i'r heddlu yn rheolaidd. Cyn belled nad oedd y sawl oedd ar brawf yn aildroseddu yn ystod y cyfnod prawf, ni fyddai'n cael ei gosbi eto.

O 1982 ymlaen roedd yn rhaid i droseddwyr ar brawf wneud gweithgareddau penodol a mynychu canolfannau dydd am hyd at 60 diwrnod. Yma roedd cyfle i drafod unrhyw broblemau a derbyn cymorth. Mae'r Gwasanaeth Profiannaeth Cenedlaethol yn dal i wneud gwaith cefnogol yng Nghymru a Lloegr.

Cychwynnodd y system parôl yn 1967 pan sefydlwyd y Bwrdd Parôl. Ystyr parôl yw rhyddhau carcharor o'r carchar cyn diwedd y ddedfryd yn sgil ymddygiad da, ar yr amod ei fod yn addo dilyn set o reolau. Maent yn cael eu monitro gan swyddogion prawf a fydd yn gweithio gyda nhw ar y tu allan. Chwe mis cyn y gall y carcharor dderbyn parôl, bydd swyddogion yn gofyn a yw'n dymuno cael ei ryddhau'n gynnar. Yna caiff yr achos ei drafod yn fanwl. Os yw'r cais yn llwyddiannus, caiff y carcharor ei ryddhau ar drwydded ar yr amod ei fod yn dilyn set o reolau, h.y. caiff ei ryddhau yn amodol, a rhaid iddo gadw mewn cysylltiad â'r swyddog prawf. Os yw'n torri'r amodau hyn, gall gael ei alw yn ôl i'r carchar.

Mae profiannaeth a pharôl wedi helpu i leihau'r pwysau ar y carchardai. Ar yr un pryd gallant gynnig cefnogaeth i'r troseddwr trwy ei helpu i addasu i fywyd y tu allan i'r carchar.

Gwasanaeth cymunedol

Cyflwynwyd Gorchmynion Gwasanaeth Cymunedol am y tro cyntaf yn 1972. Dan y system hon, roedd yn rhaid i droseddwyr wneud nifer penodol o oriau o waith di-dâl yn y gymuned. Roedd y system yn fwy cost-effeithiol na phrofiannaeth. Er bod gwasanaeth cymunedol yn llwyddiannus iawn yn achos troseddwyr hŷn, nid oedd fel petai'n atal troseddwyr ifanc.

Er 2003, datblygodd gwasanaeth cymunedol i'r system bresennol o 'ad-dalu cymuned'. Caiff troseddwyr sydd wedi cyflawni troseddau penodol eu gorfodi i wneud rhwng 40 a 300 o oriau o ad-dalu cymuned. Mae'n waith caled, di-dâl ac mae troseddwyr yn talu am eu troseddau drwy roi rhywbeth yn ôl i gymunedau lleol. Gall pobl leol enwebu neu bleidleisio am brosiect a fyddai, yn eu barn hwy, yn elwa o'r gwaith di-dâl hwn.

Nod ad-dalu cymuned yw:

- cosbi troseddwyr heb eu hanfon i'r carchar
- gorfodi troseddwyr i dalu'r gymuned yn ôl am eu troseddau.

Mae'n rhaid i'r troseddwyr wisgo siacedi oren llachar gyda'r geiriau 'Community Payback/ Ad-dalu Cymuned' arnynt. Mae'r gwaith yn y gymuned yn cynnwys glanhau graffiti, glanhau strydoedd, clirio sbwriel, garddio, prosiectau trwsio ac ailgylchu. Y nod yw cosbi troseddwyr yn lle eu carcharu ac mae'n ffordd o sicrhau bod y cyhoedd yn ymwybodol bod y troseddwr yn cael ei gosbi.

YSTYRIWCH

'Y gwir reswm dros gyflwyno dulliau cosbi newydd oedd ceisio lleihau gorlenwi carchardai.' I ba raddau rydych chi'n cytuno â'r datganiad hwn? Rhowch resymau i gefnogi eich ateb.

AILYMWELD Â'R DASG FFOCWS

Wrth i chi weithio drwy'r bennod hon rydych wedi cwblhau grid trosolwg sydd wedi eich galluogi i weld sut mae cosb wedi newid/aros yr un peth ar hyd y canrifoedd.

Defnyddiwch yr wybodaeth hon, ynghyd ag unrhyw wybodaeth ychwanegol a gawsoch, i'ch helpu i ateb y cwestiynau isod:

1 Pa gosb, os o gwbl, oedd yn gyffredin dros yr holl gyfnodau hanesyddol?
2 Ym mha gyfnodau y cyflwynwyd mathau newydd o gosbi? Pam?
3 Yn eich barn chi, beth oedd y newid mwyaf yn y dull o gosbi ar hyd y cyfnod rhwng tua 1500 a heddiw? Rhowch resymau i gefnogi eich ateb.

CRYNODEB O'R PWNC

- Mae cymdeithas ym mhob oes wedi gweithredu i gosbi drwgweithredwyr.
- Yn ystod cyfnod y Tuduriaid byddai dihirod a chrwydriaid yn cael eu cosbi'n gorfforol trwy eu chwipio, eu brandio a'u crogi yn y pen draw.
- Defnyddiwyd cosbau a fyddai'n golygu rhyw fath o sarhad cyhoeddus fel y cyffion a'r rhigod hyd at y bedwaredd ganrif ar bymtheg.
- Atal troseddau oedd nod dienyddio cyhoeddus, a daeth crogi cyhoeddus yn ddigwyddiad poblogaidd gan ddenu torfeydd mawr, yn enwedig yn ystod y ddeunawfed ganrif.
- Yn ystod y ddeunawfed ganrif a'r bedwaredd ganrif ar bymtheg defnyddiwyd trawsgludo i alltudio troseddwyr dramor, i Ogledd America yn gyntaf ac i Awstralia yn ddiweddarach.
- Pan ddaeth trawsgludo i Ogledd America i ben yn 1776 a chyn i drawsgludo i Awstralia ddechrau yn 1787, defnyddiwyd hylciau (carchardai ar y dŵr) i gartrefu troseddwyr euog.
- Rhwng 1788 ac 1868, trawsgludwyd 160,663 o droseddwyr i Awstralia.
- Amlygwyd yr angen i wella'r amodau mewn carchardai trwy waith tri diwygiwr – John Howard, Syr George O. Paul ac Elizabeth Fry.
- Deddf Carchardai 1823 oedd y man cychwyn ar gyfer diwygio carchardai.
- Nod y System ar Wahân oedd diwygio carcharorion trwy eu cadw ar wahân, rhoi addysg grefyddol a gwneud gwaith cynhyrchiol.
- Carchar Pentonville, Llundain yw'r enghraifft orau o ddefnyddio'r System ar Wahân.
- Ceisiodd y System Dawel atal carcharorion rhag troseddu eto trwy wneud bywyd carchar mor amhleserus â phosib trwy eu cosbi'n llym a chyflawni tasgau dibwys ac undonog.
- O ganlyniad i'r newidiadau mewn cosbi troseddwyr ifanc, cyflwynwyd borstalau yn 1902.
- Sefydlwyd carchardai agored am y tro cyntaf yn 1932 i gartrefu troseddwyr di-drais, risg isel.
- Cyflwynwyd dulliau cosbi gwahanol yn ystod yr ugeinfed ganrif fel profiannaeth, parôl a gwasanaeth cymunedol. Nod y rhain oedd lleihau'r broblem enbyd o garchardai gorlawn.

Cwestiynau ymarfer

1 Cwblhewch y brawddegau isod gan ddefnyddio'r term cywir:
   a) Galwyd fframwaith pren a fyddai'n caethiwo mân droseddwyr gerfydd eu pigyrnau mewn mannau cyhoeddus yn ………..
   b) Y prif le yn Llundain ar gyfer dienyddio cyhoeddus yn y ddeunawfed ganrif oedd …………
   c) Daeth trawsgludo i Awstralia i ben o'r diwedd yn 18…
   ch) Carchar Pentonville yw un o'r enghreifftiau gorau o'r System ………… o gosbi.
   (I gael cyfarwyddyd, gweler tudalen 124.)
2 Edrychwch ar Ffynhonnell B [chwipio, tudalen 89], Ffynhonnell Dd [dienyddiad cyhoeddus, tudalen 91] a Ffynhonnell Ll [carchar, tudalen 102] i nodi un tebygrwydd ac un gwahaniaeth yn y mathau o gosbau a ddefnyddiwyd dros amser.
   (I gael cyfarwyddyd, gweler tudalennau 125–6.)
3 Disgrifiwch waith Elizabeth Fry yn diwygio carchardai ym mlynyddoedd cynnar y bedwaredd ganrif ar bymtheg.
   (I gael cyfarwyddyd, gweler tudalen 127.)
4 Disgrifiwch nodweddion allweddol y System Dawel a ddefnyddiwyd mewn carchardai yn y bedwaredd ganrif ar bymtheg. *(I gael cyfarwyddyd, gweler tudalen 127.)*
5 Esboniwch pam y cyflwynwyd trawsgludo fel cosb ym mlynyddoedd cynnar y ddeunawfed ganrif.
   (I gael cyfarwyddyd, gweler tudalen 129.)
6 Esboniwch pam y cyflwynwyd dulliau newydd o gosbi ar wahân i garcharu yn ystod blynyddoedd cynnar yr ugeinfed ganrif. *(I gael cyfarwyddyd, gweler tudalen 129.)*
7 I ba raddau mae'n bosib dweud mai defnyddio carchardai yw'r prif ddull o gosbi dros amser?
   Yn eich ateb, dylech wneud y canlynol:
   - dangos sut mai'r carchar oedd y prif ddull o gosbi dros dri chyfnod hanesyddol
   - trafod pwysigrwydd mathau eraill o gosbi dros dri chyfnod hanesyddol
   - cyfeirio'n uniongyrchol at hanes Cymru.
   (I gael cyfarwyddyd, gweler tudalennau 132–3.)

7 Astudiaeth o safle hanesyddol sy'n gysylltiedig â throsedd a chosb. 'China': Twf troseddu ym Merthyr Tudful ddiwydiannol yn y bedwaredd ganrif ar bymtheg

Cwestiwn allweddol: I ba raddau yr effeithiodd twf troseddu ym Merthyr Tudful yn ystod y bedwaredd ganrif ar bymtheg ar ddatblygiad plismona yn y dref?

O ganlyniad i dwf cyflym a datblygiad y diwydiant haearn ym Merthyr Tudful ym mlynyddoedd cynnar y bedwaredd ganrif ar bymtheg, daeth yn 'dref ddiwydiannol' gyntaf Cymru, a thref fwyaf poblog Cymru. Arweiniodd yr angen i ddarparu ar gyfer gweithlu a oedd yn dal i dyfu at adeiladu tai heb reolaeth, wedi eu gwasgu'n ddi-drefn at ei gilydd. Canlyniad hyn oedd problemau iechyd cyhoeddus oherwydd iechydaeth (*sanitation*) wael, clefydau rheolaidd a chyfraddau uchel o farwolaethau. Datblygodd ardaloedd slym a dyfodd yn llecynnau troseddu, a'r mwyaf drwg-enwog ohonynt oedd 'China', lle roedd achosion o ddwyn, meddwdod ac anhrefn gyhoeddus yn gyffredin. Lloriwyd y system bresennol o orfodi'r gyfraith gan gynnydd mor sydyn mewn troseddu ac ni ddatblygodd Merthyr heddlu tan yr 1840au. Aeth sawl degawd heibio wedi hynny, fodd bynnag, cyn torri'r cylch troseddu mewn ardaloedd fel China. Yn y bennod hon byddwch yn archwilio sut y datblygwyd gorfodi'r gyfraith ym Merthyr er mwyn mynd i'r afael â'r achosion uchel o droseddu yn y dref.

TASG FFOCWS

Wrth i chi weithio drwy'r bennod hon casglwch wybodaeth i'ch galluogi i gwblhau'r tabl isod. Ar ôl ei gwblhau dylech fedru cynnig barn gyffredinol am sut yr effeithiodd lefelau cynyddol o droseddu ar ddatblygiad plismona ym Merthyr Tudful.

	Pa effaith gafodd y ffactor hwn ar y lefel a'r math o droseddu?	Pa effaith gafodd y ffactor hwn ar ddulliau gorfodi'r gyfraith?
Amodau byw ym Merthyr		
Twf tref Merthyr		
Newidiadau mewn dulliau plismona		

◀ **Ffynhonnell A:** Llun o Ferthyr Tudful yn 1841

Amodau byw yn nhref Merthyr Tudful yn y bedwaredd ganrif ar bymtheg

Pentref bach oedd Merthyr Tudful yn 1750 ac roedd y rhan fwyaf o'r 40 o deuluoedd a oedd yn byw yno yn gweithio ar y tir. Gan mlynedd yn ddiweddarach roedd y pentref hwn wedi tyfu'n dref fwyaf Cymru ac roedd 46,378 o bobl yn byw yno yn 1851. Y rheswm am y twf dramatig hwn oedd datblygiad y diwydiant haearn.

Datblygiad y diwydiant haearn

Trawsnewidiwyd Merthyr gan y diwydiant haearn. Tyfodd y dref o gwmpas pedwar gwaith haearn mawr, ac roedd gan bob un ei ffwrneisi, gweithdai, siediau peiriannau, warysau a phentref o dai ar gyfer y gweithwyr:

- **Gweithfeydd haearn Dowlais** – Thomas Lewis o Lanisien oedd y cyntaf i sefydlu gwaith haearn yn Nowlais, heb fod ymhell o bentref Merthyr, yn 1748. Yn 1767 penododd John Guest, gŵr o Swydd Stafford, yn rheolwr y gweithfeydd a chyn pen dim ef oedd piau'r gwaith ac yn ei redeg.
- **Gweithfeydd haearn Plymouth** – Anthony Bacon, masnachwr o Lundain, a ddechreuodd yr ail waith haearn yn Plymouth. Ar yr un pryd, dechreuodd adeiladu ffwrnais arall yng Nghyfarthfa. Cafodd Richard Hill ei benodi i reoli gweithfeydd Plymouth.
- **Gweithfeydd haearn Cyfarthfa** – cafodd Richard Crawshay, gŵr o Swydd Efrog, ei benodi'n rheolwr gweithfeydd Cyfarthfa a dan ei arweiniad ef, a'i feibion yn ddiweddarach, tyfodd yn weithfeydd haearn mwyaf y byd. Roedd chwe ffwrnais yno erbyn 1806 ac roedd yn cynhyrchu 11,000 tunnell o haearn bob blwyddyn.
- **Gweithfeydd haearn Penydarren** – fe'u sefydlwyd yn 1784 gan ddau frawd o Swydd Stafford, Samuel a Jeremiah Homfray.

Un rheswm am y twf aruthrol hwn oedd y cyfoeth o ddeunyddiau crai angenrheidiol ym Merthyr ar gyfer gwneud haearn. Roedd digon o lo a haearnfaen (mwyn haearn) yn y tir o amgylch y dref hon a oedd yn prysur ehangu, ac roedd y rhain yn elfennau hanfodol ar gyfer cynhyrchu haearn. Buan iawn yr agorodd y meistri haearn eu gweithfeydd glo eu hunain yn yr ardal ac roeddent yn cyflogi cynifer o unigolion yn y gweithfeydd glo ag yn y gweithfeydd haearn.

Ffactor arall yn y twf hwn oedd gwell cyfleusterau trafnidiaeth. Yn 1794 agorwyd camlas Morgannwg a oedd yn darparu cyswllt uniongyrchol rhwng Merthyr a Chaerdydd. Byddai pob cwch camlas yn cludo 24 tunnell o fwyn haearn a dim ond un ceffyl, un dyn ac un bachgen fyddai angen i fynd gyda'r cwch. Byddai cludo llwyth o'r fath ar y ffordd yn y dyddiau a fu wedi hawlio 12 wagen, 48 ceffyl, 12 dyn a 12 bachgen. Yn 1834 sefydlodd y meistri haearn Guest a Hill gwmni rheilffordd i adeiladu rheilffordd yn cysylltu Merthyr â'r dociau a oedd yn cael eu hadeiladu yng Nghaerdydd i allforio glo a haearn. Rheilffordd Dyffryn Taf (*Taff Vale Railway*) oedd yr enw a roddwyd arni ac fe'i hagorwyd yn 1841.

Erbyn yr 1840au roedd gan Ferthyr yr elfennau hanfodol i'w throi yn 'dref ffyniannus' (*boom town*) ddiwydiannol:

- diwydianwyr mentrus, Saeson gan mwyaf, a oedd yn barod i fuddsoddi mewn datblygiad diwydiannol – y teuluoedd Guest, Crawshay, Homfray a Hill.
- cyflenwad digonol o ddeunyddiau crai – glo, haearnfaen, dŵr.
- cysylltiadau trafnidiaeth da – camlas Morgannwg a rheilffordd Dyffryn Taf.
- poblogaeth a oedd yn prysur ehangu i wasanaethu'r anghenion llafur.

Yr hyn a oedd yn ysgogi'r holl ffactorau hyn oedd y galw cynyddol am haearn o ganlyniad i ddatblygiad y Chwyldro Diwydiannol. Yn 1806 roedd y gweithfeydd haearn ym Merthyr yn cynhyrchu 16,000 tunnell o haearn, erbyn 1850 roedd hyn wedi cynyddu i 300,000 tunnell. Erbyn yr 1840au roedd Dowlais wedi goddiweddyd Cyfarthfa fel gweithfeydd haearn mwyaf y byd. Erbyn 1845 roedd yn cyflogi 7,300 o ddynion, menywod a phlant, ac roedd y 18 ffwrnais yn cynhyrchu 89,000 tunnell o haearn bob blwyddyn.

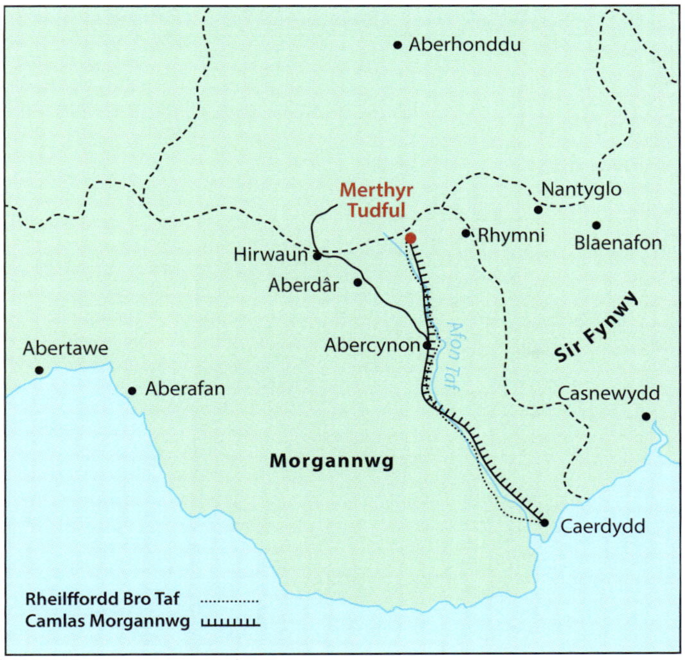

▲ **Ffigur 7.1:** Merthyr Tudful a'r cyffiniau yng nghanol y bedwaredd ganrif ar bymtheg

Dirywiad diwydiant haearn Merthyr

Ni fyddai'r ffyniant hwn yn parhau, fodd bynnag, a datblygiad y diwydiant dur yn ystod ail hanner y bedwaredd ganrif ar bymtheg oedd yr arwydd ar gyfer y dirywiad yn natblygiad diwydiannol Merthyr. Nid oedd Merthyr yn addas ar gyfer y diwydiant dur newydd. Roedd ei chyflenwad o haearnfeini yn dechrau mynd yn brin ac, yn bwysicach, nid oedd o'r ansawdd cywir ar gyfer cynhyrchu dur. Roedd rhaid mewnforio cyflenwadau o haearnfeini addas o dramor, a olygai ei bod hi'n fwy cyfleus i symud ac adeiladu gweithfeydd dur newydd ar yr arfordir ym Mhort Talbot, Llansawel, Aberafan, Castell-nedd ac Abertawe. Nid oedd gweithfeydd haearn Plymouth a Phenydarren yn addas ar gyfer cynhyrchu dur ac erbyn yr 1880au roeddent wedi cau. Erbyn yr 1860au roedd oes aur cynhyrchu haearn ym Merthyr drosodd.

Ffynhonnell B: Cofnod o gynhyrchu haearn ym Merthyr Tudful, yn ôl disgrifiad gan ddau ymwelydd, W. ac S. Sandby, ym mis Hydref 1819

Tua phum milltir o Ferthyr, fe welsom ... gochni yn goleuo'n wan ... wrth i ni agosáu daeth yn fwy sefydlog gan roi ambell fflach ddyfnach bob hyn a hyn ... Roedd pob dim mewn tywyllwch pur a oedd yn cael ei ddwysáu gan niwl gwlyb a thrwchus. Roedd y ffordd yn druenus o wael a budr ... erbyn nawr gallem weld dynion yn symud ymysg y coelcerthi o dân, a chlywed sŵn morthwylion enfawr, cadwyni'n cloncian, olwynion yn chwyrlïo, meginau yn ffrwydro, a'r tanau yn rhuo'n wyllt ... Roedd yr effaith yn wych o'i gymharu â thywyllwch pygddu y nos.

Ffynhonnell C: Tunelledd yr haearn a anfonwyd o weithfeydd haearn Merthyr i Gaerdydd i'w allforio

Gweithfeydd	1796	1830
Cyfarthfa	7,204	19,892
Dowlais	2,800	27,647
Penydarren	4,100	11,744
Plymouth	2,200	12,117

Ffynhonnell D: Disgrifiad o weithfeydd haearn Cyfarthfa a ymddangosodd yn llyfr Benjamin Heath Malkin, *The Scenery, Antiquities and Biography of South Wales* (1807)

Tua phymtheg yw nifer y ffwrneisi mwyndoddi ym Merthyr Tudful, ac mae chwech ohonynt yn eiddo i Weithfeydd Cyfarthfa ... sef y mwyaf yn y deyrnas o ddigon erbyn hyn; y mwyaf yn Ewrop, yn ôl pob tebyg; ac felly, cyhyd ag y gwyddom, y mwyaf yn y byd ... yn cyflogi'n gyson fwy na dwy fil o ddynion. Ar hyn o bryd, mae mwy na dau gan tunnell o haearn yn cael ei anfon gyda'r gamlas bob wythnos i'r porthladd yng Nghaerdydd; oddi yno mae'n cael ei anfon ar long i Fryste, Llundain, Plymouth, Portsmouth ... America. O boptu pob un o'r ffwrneisi hyn mae gefeiliau wedi eu codi a melinau rholio ar gyfer trosi haearn crai yn haearn plât a barrau haearn.

YSTYRIWCH

1 a) Esboniwch sut y gwnaeth pob un o'r ffactorau isod helpu Merthyr i ddatblygu yn brif dref weithgynhyrchu a diwydiannol Cymru:
   - unigolion mentrus
   - cyflenwadau o ddeunyddiau crai
   - cysylltiadau trafnidiaeth
   - poblogaeth yn ehangu.

   b) Yn eich barn chi, pa un o'r ffactorau hyn chwaraeodd y rôl bwysicaf wrth ehangu twf diwydiannol Merthyr? Rhowch resymau i gefnogi eich ateb.

2 Astudiwch Ffynonellau B, Ch a D.

   a) Beth maent yn ei ddweud wrthych am y diwydiant haearn ym Merthyr ym mlynyddoedd cynnar y bedwaredd ganrif ar bymtheg?

   b) Beth yw cryfderau a gwendidau ffynonellau o'r fath ar gyfer hanesydd sy'n astudio hanes Merthyr?

3 'Gweithfeydd haearn Cyfarthfa yw'r mwyaf yn y deyrnas erbyn hyn (1807).' Defnyddiwch yr wybodaeth yn Ffynonellau C a Ch, a'ch gwybodaeth eich hun, i ymchwilio i gywirdeb y datganiad hwn rhwng y cyfnod 1796 ac 1830.

◀ **Ffynhonnell Ch:** Argraffiad yn dangos gweithfeydd haearn Penydarren yn 1813

Twf poblogaeth Merthyr Tudful

Roedd twf poblogaeth Merthyr yn syfrdanol. Mae'r ffurflenni cyfrifiad yn dangos cynnydd dramatig bob degawd.

Blwyddyn	Poblogaeth
1750	400
1801	7,705
1831	22,000
1851	46,378
1861	51,949

Y galw am weithwyr yn y gweithfeydd haearn, y pyllau glo a'r chwareli haearnfaen oedd yn gyfrifol am y twf hwn, ac roedd yn cael ei fodloni drwy ddyfodiad cyson mewnfudwyr. Roedd y rhan fwyaf o'r bobl a ddeuai i Ferthyr yn teithio pellteroedd cymharol fyr o ardaloedd gwledig Sir Forgannwg. Er bod rhai crefftwyr a gweithwyr di-grefft yn dod o Loegr ac Iwerddon, Cymry oedd trwch poblogaeth 'newydd' Merthyr. Yn ôl cyfrifiad 1841, 9 y cant yn unig o bobl y dref oedd yn dod o'r tu allan i Gymru.

Roedd yn rhaid i'r meistri haearn godi tai ar gyfer eu gweithwyr, mor agos â phosib i'r gweithfeydd haearn a'r pyllau glo. Gwasgwyd hwy at ei gilydd yn y pentrefi newydd a ddatblygodd o amgylch bob gwaith haearn. Ymhen yr hir a'r hwyr, wrth i fwy a mwy o bobl heidio i Ferthyr, unodd y pentrefi ac, erbyn 1860, roedd Merthyr yn dref ddiwydiannol fawr â mwy na 50,000 o bobl yn byw ynddi (gweler Ffigur 7.2). Nid oedd cyfreithiau cynllunio na chyngor tref i reoleiddio'r ehangu ac, o ganlyniad, buan iawn y daeth y dref yn orboblog, budr ac afiach (gweler Ffynhonnell A).

Ffynhonnell Dd: Disgrifiad o ddatblygiad cynnar Merthyr yn llyfr Benjamin Heath Malkin, *The Scenery, Antiquities and Biography of South Wales* (1807)

Bythynnod bach, syml iawn ar gyfer dynion ffwrnais, dynion gefail, glowyr oedd y tai cyntaf a godwyd ... Adeiladwyd y rhan fwyaf o'r bythynnod hyn fan hyn a fan draw heb na threfn na chynllun. Wrth i'r gweithfeydd ehangu, roedd angen mwy o fythynnod, ac fe'u codwyd yn y bylchau rhwng y rheiny a oedd eisoes wedi eu hadeiladu.

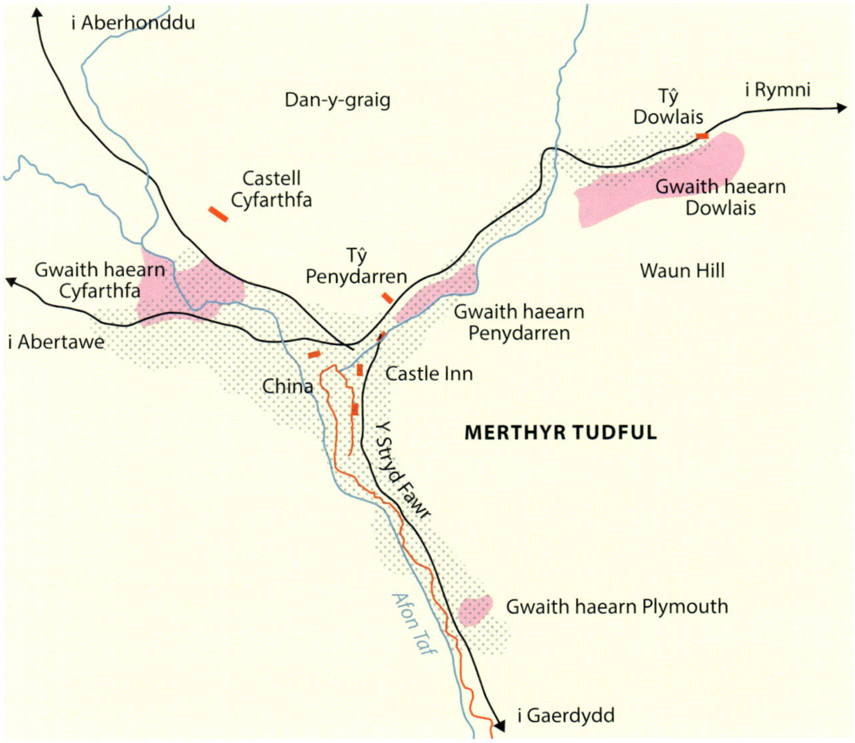

▲ **Ffigur 7.2:** Merthyr Tudful, tua 1830

Roedd y rhan fwyaf o'r gweithwyr yn byw mewn tai oedd yn berchen i'r meistri haearn. Roedd safon y tai yn amrywio, ond roedd yn wael iawn ar y cyfan. Gallai'r crefftwyr a oedd yn derbyn y cyflogau uchaf fforddio rhentu tai o well safon a fyddai fel arfer mewn rhes o dai teras ar hyd stryd, gydag iard fach yng nghefn pob un. Fel arfer, byddai dwy neu dair ystafell ond dim ystafell ymolchi yn y tai hyn, a byddai'r tŷ bach allan yn yr iard (gweler Ffynhonnell E).

Ffynhonnell E: Adroddiad am y tai a oedd yn cael eu rhentu gan grefftwyr a ymddangosodd ym mhapur newydd y *Morning Chronicle*, tua 1850

[Tai] deulawr yw'r rhain, gyda phedair ffenestr godi fach (nad ydynt byth yn cael eu hagor, gyda llaw), dwy uwchben, ac un bob ochr i'r drws. Ar y llawr gwaelod mae ystafell gegin â llawr carreg; mae ystafell fach gyfagos yn ddigon mawr i ddal gwely pedwar postyn, cist ddillad, cwpwrdd cornel bach, dwy gadair a bwrdd ffenestr, sef yr hyn sydd ynddi fel arfer. Nid yw'r nenfwd wedi ei blastro, ac mae'r trawstiau yn cael eu defnyddio ar gyfer hongian y llestri ac offer y tŷ. I fyny'r grisiau mae dwy ystafell wely, y naill yn fawr a'r llall yn fach; nenfwd dellt a phlastr sydd fan hyn. Dyna'r cyfan, ac eithrio, efallai, gwpwrdd cul, wedi ei wahanu o'r ystafell wely ar y llawr gwaelod, ac yn dwyn yr enw anrhydeddus 'pantri'. Nid oes llain o ardd, na drws cefn nac allanfa, na lle i letya [tŷ bach], na draen i gludo gwastraff y tŷ, na phwmp na phibell i gyflenwi dŵr.

Roedd y gweithwyr di-grefft yn fwy tebygol o fyw yn y tai o safon is yn y 'cwrtiau'. Byddai'r tai hyn yn cael eu hadeiladu o amgylch sgwâr a byddai iard yn y canol. Ceid mynediad i'r adeilad trwy ale gul rhwng dau dŷ, ac roedd yr iard yn ardal gyffredin i'w rhannu gan yr holl drigolion, ac yn cynnwys tŷ bach i'w rannu.

Roedd y tai gwaethaf yn y 'seleri-annedd'. Tai uchel trillawr fyddai'r rhain yn aml, a cheid mynediad i'r llawr gwaelod trwy fynd i lawr grisiau i'r seler. Byddai'r seleri hyn yn gartref i'r bobl dlotaf ac yn aml yn llaith a heb ffenestri. Gallai teulu cyfan fyw mewn un ystafell, a hyd yn oed lojar o bosib (gweler Ffynhonnell Ff).

Ffynhonnell F: Disgrifiad o'r tai slym ym Merthyr mewn adroddiad iechyd a ysgrifennwyd gan T. W. Rammell (1849)

Rhai o'r tai gwaethaf yw'r rhai a elwir 'y seleri', ger Pont-y-Storehouse. Tai bach a chanddynt ddwy ystafell yw'r rhain, wedi eu lleoli mewn pant rhwng llain o ffordd a thomen ludw enfawr. Yn ôl y sôn, mae bron 1,500 o fodau byw yn ymgynnull yn y tenementau truenus hyn, sydd wedi eu gwasgu'n dynn at ei gilydd, heb ddim o'u blaen na rhyngddynt ac eithrio pyllau llonydd o hylif ac ysbwriel tai. Mae'r rhent ar gyfer y tyllau afiach hyn yn uchel, o ystyried 'y llety', ac yn amrywio o 3 swllt i 5 swllt y mis. Mae llawer o'r tenantiaid yn cadw lojars sef, wrth gwrs, yn bennaf, y crwydriaid a'r cardotiaid sy'n heidio'n ddyddiol i'r dref.

Ffynhonnell Ff: Disgrifiad o dai gorlawn ym Merthyr wedi ei ysgrifennu gan De La Beche yn 1845

Tŷ lojin yw tŷ Michael Harrington. Wrth ymweld heddiw gwelais 45 o drigolion, ond daw llawer mwy i gysgu yn ystod y nos ... nid oes gwelyau, ond mae'r lojars i gyd yn gorwedd ar y ddaear neu'r llawr. Roedd y plant yn cysgu mewn hen focsys orenau, ac ar naddion: hynny yw, y plant iau, neu gallent gael eu gwasgu yn ystod y nos gan bobl yn troi drosodd. Roedd gan bob criw ei gyflenwadau, yn cynnwys tomenni o glytiau, esgyrn, pysgod hallt, tatws yn pydru, a phethau eraill ... roedd y drewdod yn ofnadwy ... Mae'n arfer cyffredin i bobl gysgu, y naill griw ar ôl y llall, yn yr ystafelloedd hyn, gan fod rhai ohonynt yn gweithio yn ystod y nos, a rhai yn ystod y dydd.

YSTYRIWCH ?

1. Astudiwch Ffigur 7.2 a Ffynhonnell Dd. Beth maent yn ei ddweud wrthych am yr amodau byw ym Merthyr ar ddechrau'r bedwaredd ganrif ar bymtheg?
2. Pe baech chi yn archwilydd iechyd y llywodraeth yn 1850, pa gamau fyddech chi'n eu hargymell i wella safon y llety oedd ar gael i weithwyr diwydiannol Merthyr?

Problemau iechyd cyhoeddus

O ganlyniad i dwf sydyn Merthyr Tudful, a'r diffyg cynllunio ffurfiol a rheoliadau adeiladu, nid oedd gan lawer o dai'r dref unrhyw fath o garthffosiaeth go iawn na chyflenwad dŵr glân. Yn ystod yr 1840au a'r 1850au ysgubodd ton ar ôl ton o epidemigau drwy'r dref oherwydd yr amodau byw afiach a budr, a gwneud Merthyr yn un o'r trefi mwyaf afiach yng Nghymru. Erbyn 1849, cyfradd marwolaethau Merthyr oedd yr uchaf yng Nghymru a'r drydedd uchaf ym Mhrydain.

Ar gyfartaledd, 22 oed oedd disgwyliad oes gweithiwr diwydiannol ym Merthyr, o'i gymharu â mwy na dwbwl hynny, sef 50 oed, ar gyfer teulu meistr haearn. Roedd y gyfradd marwolaethau uchaf ymhlith plant ac, yn ystod blynyddoedd cynnar y bedwaredd ganrif ar bymtheg, roedd tri chwarter holl farwolaethau'r dref yn blant dan bump oed (gweler Ffigur 7.3).

Byddai clefydau yn cychwyn yn aml yn y dref. Oherwydd y tai gorlawn, llaith a budr, roedd twbercwlosis yn broblem drwy'r amser, felly hefyd achosion rheolaidd o'r frech wen, teiffoid, y dwymyn goch a'r frech goch. Y llofrudd mwyaf arwyddocaol, fodd bynnag, oedd colera ac ymosododd y clefyd hwn ar Ferthyr bedair gwaith rhwng 1832 ac 1866 (gweler Ffigur 7.4). Digwyddodd yr achosion gwaethaf yn 1849 gan arwain at 1,467 o farwolaethau. Achos y clefyd ffyrnig hwn oedd cyflenwad dŵr llygredig.

Roedd llawer o'r cyflenwad dŵr i'r dref yn cael ei lygru gan wastraff o'r gweithfeydd haearn, carthffosiaeth ac ysbwriel (gweler Ffynhonnell G). Nid oedd tai bach yn y rhan fwyaf o dai ac nid oedd gan y trigolion ddewis ond taflu cynnwys eu potiau dan y gwely i'r stryd neu i'r afon. Roedd tai bach gan ambell un, ond nid oeddent yn ddim mwy na thwll yn y ddaear y byddai'n rhaid ei wagio yn rheolaidd (gweler Ffynhonnell Ng). Nid oedd ysbwriel yn cael ei gasglu ac nid oedd y strydoedd yn cael eu glanhau byth, ac o ganlyniad roeddent yn llawn baw ac ysbwriel (gweler Ffynhonnell H).

Roedd y cyflenwad o ddŵr ffres yn ofnadwy o wael ac er bod afon Taf yn llifo drwy'r dref roedd hi bellach yn garthffos agored. Câi pobl eu dŵr o ambell ffynnon a ffrwd, ond byddai rhai ohonynt yn sychu yn ystod misoedd yr haf, gan arwain at giwiau hir wrth y ffynhonnau eraill (gweler Ffynhonnell I). Roedd hi'n 1861 cyn i Fwrdd Iechyd Merthyr ddechrau darparu dŵr trwy bibell a thapiau cyhoeddus, ond aeth saith mlynedd arall heibio cyn i system garthffosiaeth gael ei hadeiladu.

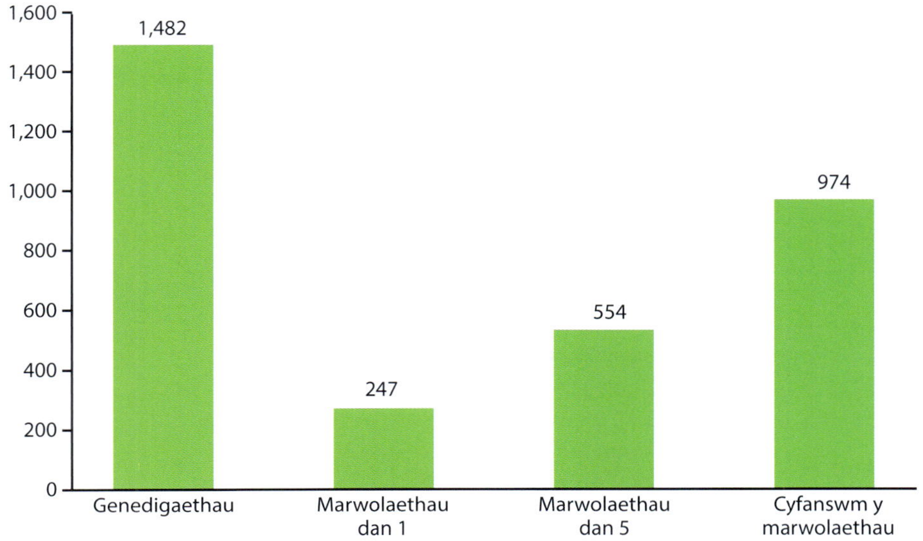

▲ **Ffigur 7.3:** Cyfraddau marwolaethau plant ym Merthyr Tudful, 1841

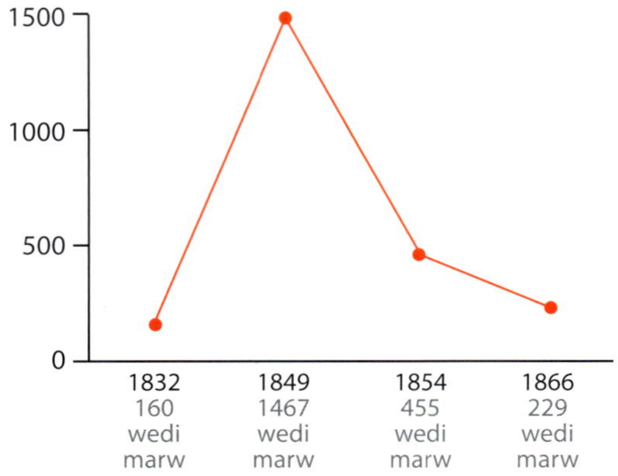

▲ **Ffigur 7.4:** Cyfraddau marwolaethau oherwydd colera ym Merthyr

Ffynhonnell G: Sylw a wnaeth Dr Holland o'r Bwrdd Iechyd Cyffredinol am dref fudr Merthyr yn 1853

Y peth cyntaf sy'n taro pob ymwelydd ym Merthyr yw aflendid a gwlybaniaeth eithafol a chyffredinol y dref. Rwyf wedi ymweld â llawer o lefydd budr, ac wedi cael fy arwain fel arfer at rannau gwaethaf y rhan fwyaf o'r trefi gwaethaf yn Lloegr; rwy'n gyfarwydd â rhannau gwaethaf Llundain a Manceinion, archwiliais dref fudr ofnadwy Bryste yn ddiweddar ond ni welais erioed ddim y gellir ei gymharu â Merthyr.

Ffynhonnell Ng: Sylw am ddiffyg iechydaeth ym Merthyr a wnaed yn *Report on the State of Education in Wales*, 1847

O safbwynt iachaol, mae cyflwr Merthyr yn gywilyddus … Nid oes tai bach yn y rhan fwyaf o dai; os oes rhywbeth o'r fath, dim ond twll yn y ddaear ydyw, heb ddraeniadau. … Dyna fel y mae hi drwy Gymru gyfan, bron; ond, mewn poblogaeth niferus, mae goblygiadau'r fath esgeulustra yn fwy atgas a diraddiol amlwg.

Ffynhonnell H: Cofnod o'r ysbwriel ar y strydoedd a ymddangosodd ym mhapur newydd y *Morning Chronicle* ym mis Mawrth 1850

Mae'r cwrtiau ac, yn aml, ganol y strydoedd yn cael eu cau gan domenni o ludw, carthion, gwastraff llysiau a'r gwair ceulog y mae'r Gwyddelod a rhai o'r Cymry yn ei ddefnyddio i wneud eu gwelyau. Ar ben hyn teflir holl slopiau'r tai … Mewn tywydd glawiog mae'n amhosib mynd ar hyd heolydd y strydoedd, yn enwedig yn … Nowlais a Phenydarren; mwd du pydredig ydynt, ac mae olwynion y certi sy'n cludo glo yn suddo'n ddwfn iddo.

Ffynhonnell I: Dyfyniad o *Enquiry into Merthyr Tydfil,* 1850

Yn ystod misoedd y gaeaf mae rhwng 6 ac 8 o ffynhonnau, rhai ohonynt tua hanner milltir o'r tai, eraill 2 filltir, ond yn yr haf yn aml dim ond tair sydd, gan fod y gweddill wedi sychu. Wrth y ffynhonnau hyn gwelais 50, 80 a chynifer â 100 o bobl yn aros eu tro … Dywedodd y menywod wrthyf iddynt aros 6, 8 a 10 awr am eu tro ar un adeg.

YSTYRIWCH

1. Beth mae Ffigurau 7.3 a 7.4 yn ei ddweud wrthych am gyflwr iechyd cyhoeddus ym Merthyr yng nghanol y bedwaredd ganrif ar bymtheg?
2. Esboniwch pam roedd clefydau yn gyffredin ym Merthyr yn ystod blynyddoedd cynnar y bedwaredd ganrif ar bymtheg.
3. 'Y dref ddiwydiannol fwyaf budr yng Nghymru.' Pa dystiolaeth allwch chi ddod o hyd iddi yn Ffynonellau G i I i gefnogi'r farn hon am Ferthyr Tudful yn y bedwaredd ganrif ar bymtheg?

Tlodi a achoswyd gan y system dryc

Roedd cyflogau yn y diwydiant haearn yn dibynnu ar werthiant haearn gwneuthuredig. Pan fyddai'r pris am haearn yn gostwng byddai'r meistri haearn yn ymateb trwy ostwng y cyflogau, fel y gwnaethant yn ystod dirwasgiad 1815–16 pan gafodd cyflogau eu lleihau o hyd at 40 y cant. Cafwyd gostyngiadau tebyg mewn cyflogau o rhwng 30 a 60 y cant yn y blynyddoedd 1833, 1842 ac 1847–48. Roedd y toriad cyflog hwn yn dwysáu'r tlodi ymhlith teuluoedd y dosbarth gweithiol. Gan na fyddai'r gweithwyr ond yn cael eu talu unwaith y mis byddent yn aml yn gorfod mynd i ddyled tua diwedd y mis, system dalu a oedd yn cael ei galw'n gyflog hir *(long pay)*.

Byddai rhai o'r meistri haearn yn talu rhan o'r cyflogau drwy dalebau arbennig o'r enw 'tryciau' yn hytrach na'r arian bath swyddogol. Dim ond yn y 'siopau tryc' a oedd yn eiddo i'r cwmnïoedd haearn yr oedd modd cyfnewid y tryciau hyn am nwyddau. Roedd y prisiau ar y cyfan yn uwch nag yn y siopau cyffredin ac roedd hyn yn faich ychwanegol ar y gweithiwr dan bwysau. Byddai'r siop dryc yn annog gweithwyr i fynd i ddyled trwy ganiatáu iddynt 'brynu ar fenthyciad' tan y diwrnod cyflog nesaf, gan sicrhau eu cwsmeriaeth barhaus o ganlyniad. Roedd dau o'r pedwar meistr haearn ym Merthyr yn gweithredu'r system dryc: sefydlodd y teulu Guest siop dryc yn Nowlais yn 1796 ac roedd y teulu Homfrey yn gweithredu system dryc ym Mhenydarren (gweler Ffynhonnell L). Nid oedd y teuluoedd Crawshay na Hill yn gweithredu system o'r fath.

▲ **Ffynhonnell L:** Arian tryc a roddwyd i weithwyr haearn Penydarren yn rhan o'u cyflog. Dim ond yn siop dryc y cwmni roedd modd ei wario

Oherwydd eu bod mewn dyled yn rheolaidd byddai'r gweithwyr yn aml yn gorfod ymddangos gerbron llys arbennig i ddyledwyr, Cwrt y Deisyfion. Roedd gan y llys hwn y pwerau i gasglu dyledion trwy orchymyn i feilïod fynd â nwyddau hyd at werth y ddyled. Daeth pobl Merthyr i gasáu Cwrt y Deisyfion a'r hyn a ysgogodd wrthryfel mawr ym Merthyr yn 1831 oedd gorchymyn y Cwrt i feilïod adennill nwyddau gan weithiwr haearn. Yn dilyn y digwyddiad hwn, gwnaeth y Senedd hi'n anghyfreithlon i dalu cyflogau mewn arian tryc, a daeth y siopau tryc i ben.

YSTYRIWCH

1. Esboniwch sut yr ychwanegodd y system dryc at dlodi gweithwyr diwydiannol Merthyr.
2. Pam, yn eich barn chi, y daeth Cwrt y Deisyfion yn un o'r arwyddion awdurdod mwyaf atgas ym Merthyr?

Mwy o gyfleoedd i droseddu yn nhref Merthyr Tudful yn y bedwaredd ganrif ar bymtheg

Prif ffocws Merthyr oedd ei diwydiant haearn a phan fyddai'r galw am haearn yn uchel a'r prisiau'n sefydlog, fel yn yr 1820au a chanol yr 1840au, roedd cyfraith a threfn yn gymharol sefydlog. Fodd bynnag, yn ystod cyfnodau o ddirwasgiad pan fyddai cyflogau'n cael eu torri, neu yn ystod cyfnodau o brisiau bwyd uchel oherwydd cynaeafau gwael, gwelwyd cynnydd mewn anhrefn.

Mae modd cysylltu cyfraddau troseddu uchel yn ystod blynyddoedd cynnar yr 1840au, rhwng 1847 ac 1848 ac yn ystod blynyddoedd cynnar yr 1850au ag adegau dirwasgiad, toriadau cyflog, cynaeafau gwael neu brisiau bwyd uchel.

Mae modd rhannu'r troseddau yn bedwar dosbarth eang:

- troseddau a achoswyd gan dlodi
- troseddau'n gysylltiedig â'r gweithfeydd haearn
- troseddau'n gysylltiedig ag amser hamdden
- troseddau o natur rywiol.

Troseddau a achoswyd gan dlodi

Roedd y troseddau a oedd yn gysylltiedig â thlodi yn ymwneud yn bennaf â lladrata. Roedd bron 70 y cant o'r holl achosion o ladrata yr adroddwyd amdanynt yn ymwneud â dwyn dillad, bwyd, glo neu ddwyn o'r person. Roedd llawer o'r troseddu hwn yn gysylltiedig â'r crwydriaid a'r cardotwyr niferus a ddenwyd i Ferthyr (gweler Ffynhonnell Ll).

Ffynhonnell Ll: Dyfyniad o adroddiad gan Brif Gwnstabl Sir Forgannwg, Capten Charles Napier, ym mis Mehefin 1842

Does dim dwywaith amdani bod y tlodi cyffredinol hwn yn arwain i raddau helaeth at droseddu. Mae llawer o unigolion wedi datgan wrthyf eu bwriad i weithio pan allent gael gwaith, ond pan oedd hynny'n amhosib, i ddwyn, ond byth i lwgu.

Troseddau'n gysylltiedig â'r gweithfeydd haearn

Roedd dwyn eiddo cwmni, yn enwedig dwyn glo, yn drosedd gyffredin. Yn y blynyddoedd rhwng 1848 ac 1854 cyhuddwyd dros 100 o bobl yn ardal Merthyr ac Aberdâr o ddwyn glo o'r gweithfeydd haearn. Ymhlith y troseddau eraill oedd yn gysylltiedig â'r dosbarth hwn roedd dinistrio eiddo cwmni, diffyg disgyblaeth yn y gwaith a streicio anghyfreithlon.

Troseddau'n gysylltiedig ag amser hamdden

Mae trwch y troseddau yn y dosbarth hwn yn ymwneud ag achosion o feddwdod ac ymddygiad afreolus. Roedd ymosodiadau a meddwdod yn un rhan o bump o'r holl achosion troseddu a gofnodwyd ym Merthyr. Er mai digwyddiadau ymhlith dynion oedd ffrygydau meddw yn bennaf, cafodd rhai menywod enw drwg am eu hymddygiad afreolus ac roedd llawer ohonynt yn byw yn yr ardaloedd slym caled fel China. Person o'r fath oedd Julia Carroll, 'arwres can ffrwgwd'. Menywod fel 'Brecon Jane' Powell, 'Snuffy Nell' Sullivan a 'Savey Stack' Edwards oedd rhai o'r meddwon gwaethaf ym Merthyr. Gallai achosion eithafol o feddwdod hefyd egluro diffyg cynhyrchu yn y gweithfeydd haearn.

Roedd meddwdod a'r ymddygiad treisgar oedd yn gysylltiedig ag ef yn broblem benodol ymhlith Gwyddelod y dref (gweler Ffynhonnell M). Roedd trais yn broblem go iawn ac ymosod cyffredin yn rheswm dros gyfran uchel o'r holl gyhuddiadau.

Ffynhonnell M: Adroddiad am dwrw yn Quarry Row yn yr ardal Wyddelig a ymddangosodd yn y *Merthyr Guardian* yn 1857

Ardal Wyddelig Merthyr yw'r ardal hon, ac mae ganddi enw drwg iawn, yn dwyn cywilydd arni ei hun yn dragwyddol oherwydd golygfeydd o natur derfysgol; mae meddwdod ac ymladd yn digwydd dro ar ôl tro; ymosodir ar yr heddlu yn rheolaidd wrth iddynt gyflawni eu dyletswyddau, ac mae darnau brics a thaflegrau trwm yn hedfan o gwmpas heb fod angen fawr o bryfocio.

Troseddau o natur rywiol

Y drosedd fwyaf cyffredin yn y dosbarth hwn oedd puteiniaid y dref yn 'dwyn o'r person'. Roedd Merthyr yn dref y 'Gorllewin Gwyllt' a chanddi ganran uchel o buteiniaid a'u gofalwyr, gamblwyr, twyllwyr a lladron. Ar y cyfan lleolwyd yr elfen droseddol yn rhannau tlotaf y dref, ardaloedd slym China a Phontstorehouse. Roedd y puteiniaid yn China yn ddrwg-enwog am ddwyn oddi wrth eu cwsmeriaid. Unwaith y byddai'r dynion y tu mewn i'r puteindy byddai'r puteiniaid yn eu hannog i yfed hyd at feddwi'n llwyr, gan wneud dwyn eu heitemau personol fel watshys, esgidiau ac arian yn dasg hawdd i'w chyflawni.

YSTYRIWCH

Astudiwch Ffynonellau Ll a M. Pa resymau sy'n cael eu rhoi yn y ffynonellau hyn dros y lefelau troseddu uchel ym Merthyr yn yr 1840au a'r 1850au?

Golwg ar droseddu – Ymerodraeth Nefol 'China'

Daeth 'Uffern Fach' yn enw cyffredin ar 'China', ardal o Ferthyr a oedd wedi ei lleoli ger gweithfeydd haearn Cyfarthfa yn ardal Georgetown (gweler Ffigur 7.5). Erbyn yr 1840au roedd China yn ogof meddwon, lladron, dihirod ac, yn bennaf oll, puteiniaid a'u gofalwyr. Roedd yn hafan i elfen droseddol y dref, ac nid oedd fawr o blismona ffurfiol, os o gwbl, yn yr ardal hon. Ceid mynediad i China trwy fynd o dan fwa ac roedd ceidwaid wrth y drws i anfon negeseuon i rybuddio'r trigolion. Ychydig iawn o ddieithriaid fyddai'n gallu dychwelyd yn ddiogel o China a'u holl eiddo ganddynt.

Isfyd troseddol China

Roedd y troseddwyr yn eu rheoli eu hunain ac roedd yr 'Ymerodraeth Nefol' hon yn cael ei dominyddu gan y troseddwyr mwyaf pwerus a fyddai'n dwyn y teitlau 'Ymerawdwr' ac 'Ymerodres' (gweler Ffynhonnell N). Datblygodd China yn guddfan i droseddwyr a oedd yn gobeithio dianc o afael y gyfraith. Byddai modd cuddio person roedd yr heddlu yn chwilio amdano a'i amddiffyn yn yr isfyd troseddol a oedd yn gweithredu yn China. Byddai cwnstabliaid yn dod i'r ardal hon ar eu menter eu hunain oherwydd byddai ei thrigolion yn cydweithio i wrthsefyll arestio unrhyw un o'i thrigolion.

Roedd y troseddu mwyaf cyffredin yn China yn gysylltiedig â phuteindra, sef mân ladrata. Yn ôl y sôn roedd hyd at 60 o buteiniaid yn gweithredu yn yr ardal hon yn y cyfnod 1839–40. Byddent yn derbyn cyfarwyddyd gan eu gofalwyr neu 'Bullies' i ddwyn oddi wrth eu cwsmeriaid, ac yn aros iddynt feddwi cyn dwyn eitemau gwerthfawr. Oherwydd cyffredinedd eu cyfenwau rhoddwyd enwau gwaith i'r menywod fel Margaret Llewellyn, a fyddai'n cael ei hadnabod yn well fel 'Peggy Two Constables', Jane Thomas neu 'Big Jane' a Margaret Evans 'The Buffalo'. Byddai menywod o'r fath yn cael eu hamddiffyn gan y 'Bullies' a fyddai'n aml yn eu helpu i ladrata. Byddai'r 'Bullies' hyn hefyd yn amddiffyn eu cyd-droseddwyr, y puteiniaid, drwy sicrhau na fyddai'r heddlu yn eu harestio a phe bai hynny'n digwydd, byddent yn sicrhau eu rhyddhad yn gyflym, ac yn eu hamddiffyn hefyd rhag aelodau eraill o'r isfyd troseddol.

Roedd y ffaith fod China yn agos at y Stryd Fawr a Sgwâr y Farchnad yn gyfle i grŵp arall o droseddwyr a elwid yn 'Rodnies' gael gafael ar ysbeiliau cyfoethog. Plant a fyddai'n dwyn ac yn pigo pocedi dan oruchwyliaeth meistri gangiau fel Fagin oedd y 'Rodnies'. Roeddent yn droseddwyr tragwyddol a fyddai'n cael eu cyhuddo o fân droseddau yn rheolaidd (gweler Ffynhonnell O).

Allwedd

1 Caepantywyll
2 Ffynnon Dudful
3 Morgan Town
4 China
5 Tŷ Penydaren
6 Tŷ Gwaelodygarth
7 Tŷ Gwaenfarren
8 Ironbridge
9 Tŷ Dowlais
10 Stryd Plymouth
11 Pontstorehouse
12 Plymouth Lodge

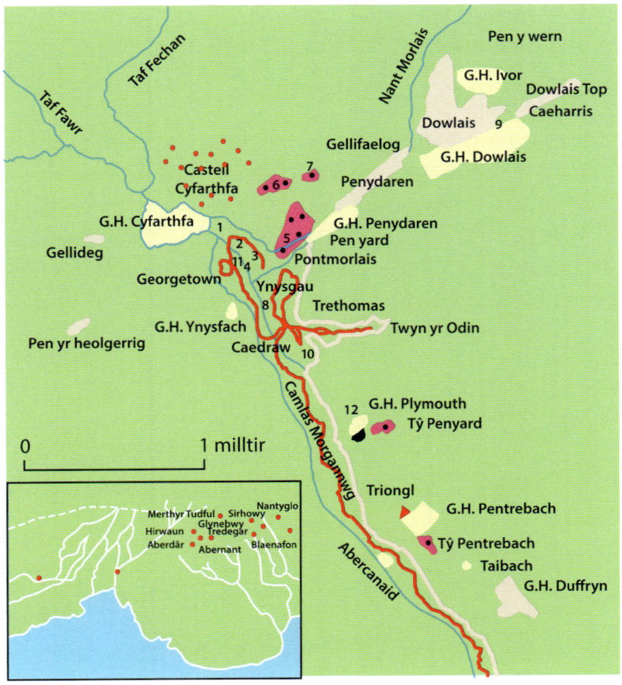

▶ **Ffigur 7.5:** Merthyr Tudful yn 1851, yn dangos ardaloedd China a Phontstorehouse lle roedd troseddu yn rhemp

Ffynhonnell N: Disgrifiad o ardal 'China' ym Merthyr Tudful lle roedd troseddu yn rhemp, a ymddangosodd ym mhapur newydd y *Morning Chronicle* ym mis Ebrill 1850

... dim ond cabanau o garreg - isel, cyfyng, wedi eu goleuo'n wael a heb eu hawyru; fe'u codir heb boeni am reoleidd-dra, a ffurfiant ddrysfa o gwrtiau a lonydd troellog ... Fel y bobl anhapus ac afreolus sy'n byw yno, mae gan y lle enw arall, a chyfeirir ato fel arfer wrth yr enw 'China' ... Yma, mewn awyrgylch cydnaws, mae'r rhan fwyaf o droseddau, clefydau a thlodi Merthyr wedi eu lleoli. Mae lladron, puteiniaid, crwydriaid, pobl segur, ddiofal ac afrad yn cyd-fyw yma mewn cyfeillach druenus.

Ffynhonnell O: Cofnod o ddau leidr yn gweithio dan feistr a ymddangosodd ym mhapur newydd y *Merthyr Guardian* yn 1849

Cyhuddwyd John Sweeny a John Williams, dau leidr drwg-enwog, yn byw yn China, ar sail amheuaeth o ddwyn til yn cynnwys tua £3 o siop Mr Jones ... Dywedodd yr Uwch Arolygydd Wrenn i'r carcharorion gael eu gweld yn llechu o gwmpas yr adeilad ar yr adeg y cafodd y til ei ddwyn; roeddent yn lladron drwg-enwog; bu Williams yn y ddalfa 20 o weithiau; roeddent yn byw yn China, yn nhŷ Jenkin Rees, a elwid hefyd yn 'Shenkin Bach', ac a oedd yn eu cyflogi ac yn mynd â hwy o amgylch y wlad yn dwyn.

Ymdrechu i blismona China

Yn ystod yr 1840au ceisiwyd gwaredu China o droseddau ac adfer cyfraith a threfn. Rhwng mis Mai 1846 a mis Mai 1847 cafodd dros 50 o droseddwyr yr 'Ymerodraeth' eu dal. Arestiwyd yr Ymerawdwr a'r Ymerodres, Benjamin Richards ac Anne Evans, eu canfod yn euog o droseddau amrywiol a'u dedfrydu i gael eu trawsgludo, ond unwaith iddynt ymadael daeth troseddwyr eraill i gymryd eu lle ac etifeddu'r teitlau ymerodrol. Wrth i bethau boethi yn China, symudodd cyn-Ymerawdwr, John Jones, paffiwr heb fenig, lleidr a gofalwr puteiniaid a oedd hefyd yn dwyn yr enw 'Shoni Sgubor Fawr', i'r gorllewin gyda'i ffrind, Dai'r Cantwr. Chwaraeodd y ddau ran amlwg yn Nherfysgoedd Beca yn ddiweddarach yn 1839–44 (gweler tudalen 30).

Eto i gyd, roedd elfen o hunanblismona yn yr isfyd troseddol hwn a byddai'r ceffyl pren yn cael ei ddefnyddio (gweler tudalen 91). Yn 1834 cyhuddwyd Anne Harman gan ei chyfoedion o fod yn anffyddlon i'w gŵr ar sawl achlysur ac fe'i gosodwyd o'i hanfodd ar ysgol a'i chludo'n dreisgar drwy China i dŷ ei mam, gan daflu mwd a cherrig ati ar hyd y ffordd. Ystyriwyd bod sarhau yn gyhoeddus yn gosb ddigonol ar yr achlysur hwn.

Gorchfygu China o'r diwedd

Ar ôl sefydlu Heddlu Morgannwg yn 1841 ceisiwyd mynd i'r afael â'r cyfraddau troseddu uchel mewn ardaloedd fel China ac ogofâu lladron eraill fel Pontstorehouse, lle cyfeiriwyd at y trigolion fel 'Cellarites' oherwydd y seleri niferus oedd yno. Aeth peth amser heibio cyn sefydlu presenoldeb yr heddlu ac ennyn parch ond erbyn 1860 roedd China yn dirywio. Roedd gweithredu parhaus gan yr heddlu a dedfrydau mwy llym yn dechrau cael effaith. Erbyn yr 1870au roedd llawer o'r troseddwyr proffesiynol wedi symud i Gaerdydd i chwilio am well ysbeiliau.

YSTYRIWCH

I ba raddau roedd yr ardal ym Merthyr a elwid 'China' yn haeddu ei henw fel 'prif ardal droseddu' y dref? Defnyddiwch Ffynonellau N ac O a'ch gwybodaeth eich hun i'ch helpu i ateb y cwestiwn hwn.

Effaith twf tref Merthyr Tudful ar newidiadau mewn plismona yn y bedwaredd ganrif ar bymtheg

Wrth i Ferthyr Tudful ddatblygu fel tref ddiwydiannol, cyflymwyd yr angen i addasu, diweddaru ac ehangu'r system a oedd yn cael ei defnyddio i gynnal cyfraith a threfn oherwydd bod ei phoblogaeth yn prysur ehangu. Roedd yr awdurdodau ym Merthyr, sef y trethdalwyr, yn araf i ymateb i'r angen am newid. Achosion o derfysgoedd difrifol fel Gwrthryfel 1831 a'r cynnydd sydyn mewn troseddau yn ystod cyfnodau o ddirwasgiad economaidd a barodd iddynt newid eu hagwedd o'r diwedd, a rhyddhau'r cyllid i ariannu sefydlu heddlu.

Methiannau'r system cyfraith a threfn etifeddedig

Yn draddodiadol, y gymuned oedd yn gyfrifol am sicrhau bod cyfraith a threfn yn cael eu cynnal. Arglwydd Raglaw Sir Forgannwg oedd ar frig yr hierarchiaeth cyfrifoldeb ac islaw ef roedd y Siryf. Yn ymarferol, fodd bynnag, erbyn blynyddoedd cynnar y ddeunawfed ganrif roedd y cyfrifoldeb hwn wedi syrthio ar ysgwyddau'r ynadon heddwch a'u cynorthwywyr, y cwnstabl plwyf. Yr ynadon heddwch oedd yr ynadon lleol a fyddai'n gweinyddu cyfiawnder trwy'r Llysoedd Chwarter a oedd yn cwrdd bedair gwaith y flwyddyn, ond roedd y gwaith o blismona o ddydd i ddydd yn cael ei gyflawni gan y cwnstabliaid plwyf.

Etholwyd cwnstabliaid bob blwyddyn o blith masnachwyr gwell eu byd yn y dref. Roedd gwasanaethu yn orfodol a byddai'n rhaid cyflawni'r gwaith yn ogystal â swydd arall, gan wneud y dasg yn amhoblogaidd yn gyffredinol. Yn ystod trafferthion byddai modd atgyfnerthu'r cwnstabl trwy benodi 'cwnstabliaid arbennig' dros dro a fyddai'n tyngu llw ar gyfer yr achlysur. At ei gilydd, roedd y system hon wedi gweithio pan oedd Merthyr yn bentrefan yn unig ac wedi profi'n effeithiol ar hyd y canrifoedd wrth gynnal cyfraith a threfn. O ganlyniad i dwf cyflym Merthyr yn ystod blynyddoedd cynnar y ddeunawfed ganrif, fodd bynnag, lloriwyd yr hen drefn a gafodd ei chynllunio i'w defnyddio ymysg cymuned amaethyddol fach. Erbyn yr 1830au, gan fod poblogaeth Merthyr wedi tyfu i fwy nag 20,000, roedd y system etifeddedig yn profi'n gwbl annigonol. Roedd ardaloedd yn y dref y tu allan i reolaeth y gyfraith – ardaloedd fel China a Phontstorehouse, a oedd yn cael eu rheoli gan y dihirod oedd yn gweithredu yno.

Terfysgoedd poblogaidd a defnyddio'r fyddin

Mewn argyfwng, fel y gwrthdaro a'r terfysgoedd yn 1800, 1816 ac 1831, er enghraifft, byddai'n rhaid i'r awdurdodau alw am gefnogaeth y byddinoedd sir lleol i helpu i adfer cyfraith a threfn. Ym mis Medi 1800 cychwynnodd helynt ym Merthyr, o ganlyniad i brisiau bwyd uchel a phrinder bwyd (grawn yn bennaf) yn dilyn cynhaeaf gwael. Mynegodd gweithwyr eu hanfodlonrwydd drwy ymosod ar siop dryc cwmni gweithfeydd haearn Penydarren, a gorfodi'r siopwyr i ostwng eu prisiau. Ni ddaeth y brotest i ben tan ar ôl i'r fyddin gyrraedd, sef 20 milwr o'r 7fed *Dragoons* a oedd wedi gorymdeithio o Gaerloyw. Arestiwyd y prif derfysgwyr yn syth, ond cais buan un o ynadon y dref am gefnogaeth filwrol oedd wedi atal y terfysg rhag gwaethygu ymhellach (gweler Ffynhonnell P).

Ffynhonnell P: Llythyr a ysgrifennwyd gan G. Lyndon yn gofyn am anfon cymorth milwrol i Ferthyr o'r barics yn Aberhonddu

Dydd Llun, 4 o'r gloch

Syr,

Mae'r Terfysg bellach wedi cyrraedd y fath uchafbwynt fel y bydd yn amhosib i'w Ostegu heb Gymorth Milwrol. Mae siop Morgan Lewis wedi ei dinistrio'n llwyr, y Nwyddau wedi eu cymryd oddi yno a'u cludo ymaith, a dyn a ŵyr beth fydd diwedd hyn. Rhaid cael cymorth ar unwaith. Rwy'n tybio bod 2000 o bobl wrthi'n gwneud cymaint o Ddrygioni ag y gallant. Nid siop Morgan Lewis yn unig sydd wedi ei dinistrio. Maent wedi atal pob dim yng Nghyfarthfa a Phenydarren ac eithrio'r ffwrneisi.

Yr wyf yn eiddo i chwi,

G. Lyndon, 22 Medi.

Yn 1816 bu gweithwyr ar hyd a lled de-ddwyrain Cymru yn streicio. O ganlyniad i ddirwasgiad yn y fasnach haearn gostyngodd y meistri haearn gyflogau eu gweithwyr o hyd at 40 y cant a digwyddodd hyn ar adeg pan oedd pris bwyd yn cynyddu'n sydyn. Cafwyd terfysgoedd ym Merthyr a meddiannodd y gweithwyr y gweithfeydd haearn, gan rwystro'r cynhyrchu (gweler Ffynhonnell Ph).

Ffynhonnell Ph: Rhan o lythyr a ysgrifennwyd gan William Crawshay, perchennog gweithfeydd haearn Cyfarthfa, at John Guest o weithfeydd haearn Dowlais yn ei hysbysu o'r terfysgoedd. Roedd Guest i ffwrdd yng Ngogledd Affrica ar y pryd

16 Hydref 1816, 9 o'r gloch yn ôl ein hamser ni ... Mae'r gelyn, sydd yn rhy gryf i'w wrthwynebu a chael unrhyw obaith o lwyddo, wedi meddiannu ein Gweithfeydd i gyd ac wedi eu hatal yn llwyr ... Mae f'ysbiwyr yn dweud wrthyf eu bod yn bygwth eich siop yn daer, am eu bod ar lwgu. Bûm yn eu plith i gyd a chanfod bod dadlau, fel arfer, yn ddiwerth. Rwyf newydd gael negesydd oddi wrth Mr Hill. Dywed ef fod ei weithfeydd ef i gyd wedi eu hatal, fel ein rhai ninnau.

Fel yn 1800, dyfodiad y milwyr, Byddin Sirol Morgannwg a ruthrodd i Ferthyr o Gaerdydd, a ddaeth â'r streic i ben ac adfer heddwch yn y dref (gweler Ffynhonnell R). Ni chafwyd mwy o anfodlonrwydd cyhoeddus am ddegawd a mwy, gan fod yr 1820au yn gyfnod o lewyrch cymharol i'r diwydiant haearn. Fodd bynnag, cafwyd twf mewn radicaliaeth a gyrhaeddodd uchafbwynt yng Ngwrthryfel Merthyr yn 1831.

▲ **Ffynhonnell R:** Milwyr Byddin Sir Forgannwg dan reolaeth Capten Ray yn cyrraedd i reoli'r terfysgoedd ym Merthyr yn 1816

YSTYRIWCH

1. Pam roedd y system draddodiadol o gynnal cyfraith a threfn ym Merthyr wedi dymchwel erbyn yr 1830au?
2. Gan ddefnyddio Ffynonellau P, Ph a R, a'ch gwybodaeth eich hun o'r pwnc hwn, cwblhewch y tabl isod:

Blwyddyn	Crynodeb o'r terfysg	Sut cafodd cyfraith a threfn eu hadfer?
1800		
1816		
1831		

Gwrthryfel Merthyr 1831 a'i effaith

Arweiniodd dirwasgiad yn y diwydiant haearn a ddechreuodd yn 1829 at doriadau cyflog a chynnydd mewn diweithdra. Aeth llawer o weithwyr i ragor o ddyled ac o ganlyniad gorchmynnodd Cwrt y Deisyfion atafael (*confiscate*) eiddo yn helaeth ac roedd hyn yn amhoblogaidd. Roedd hyn yn cyd-fynd â galw ymhlith radicaliaid dosbarth canol am ymestyn y bleidlais ac ychwanegodd hyn at yr anfodlonrwydd cynyddol yn yr ardal. Y sbardun a daniodd y terfysg oedd penderfyniad y meistr haearn William Crawshay i dorri cyflogau ei fwynwyr haearnfaen ac i ddiswyddo 84 **pydlwr**, sef rhai o'i weithwyr haearn oedd yn derbyn y cyflog uchaf, dros dro.

Ar 2 Mehefin 1831 gorymdeithiodd tyrfa fawr drwy Ferthyr, yn ymosod ar siopau a thai, ac yn gyrru'r ynadon a'r cwnstabliaid arbennig i ffwrdd. Galwyd ar filwyr o Aberhonddu ond ni wnaethant atal tyrfa fawr rhag ymosod ar Westy'r Castell yng nghanol y dref, sef y man lle roedd yr ynadon, cwnstabliaid arbennig a milwyr wedi sefydlu pencadlys. Ar 3 Mehefin ymgasglodd tyrfa o fwy na 7,000 y tu allan i'r Castell, gan beri i'r milwyr ddechrau saethu. Yn yr ysgarmes a ddilynodd, anafwyd 16 o filwyr a lladdwyd o leiaf ddau ddwsin o derfysgwyr ac anafwyd dros 70 (gweler Ffynhonnell Rh). Gorfodwyd yr awdurdodau i ffoi i Dŷ Penydarren ond nid adferwyd cyfraith a threfn yn y dref tan 6 Mehefin.

Ar 13 Gorffennaf 1831 dechreuodd achosion llys 28 o ddynion a menywod ym Mrawdlys Caerdydd am gyhuddiadau a oedd yn gysylltiedig â'r gwrthryfel. Dedfrydwyd y rhan fwyaf i'w carcharu, pedwar i'w trawsgludo am 14 blynedd neu am oes, a dedfrydwyd un, Richard Lewis (Dic Penderyn), i farwolaeth am anafu milwr, Donald Black. Arweiniodd y gwrthryfel y meistri haearn a'r trethdalwyr i gwestiynu a oedd angen rhyw fath o heddlu proffesiynol ar Ferthyr.

Ffynhonnell Rh: Cofnod o'r digwyddiadau y tu allan i Westy'r Castell yn ôl disgrifiad William Crawshay yn ei lyfr *The Late Riots at Merthyr Tydfil* (1831)

Dilynodd y frwydr fwyaf ofnadwy ... bu bron i'r milwyr gael eu gorchfygu; anafwyd yr uwch-gapten a llawer o ddynion a'u taro â phastynau, a'u trywanu gan y bidogau a ddygwyd oddi arnynt ... Saethodd y milwyr a oedd wedi eu lleoli yn y ffenestri ... at y dorf yn y stryd. Lladdwyd tri yn farw yn y fan a'r lle wrth i'r saethu gychwyn ... ar ôl ymladd penderfynol a chadarn, ar y ddwy ochr, am chwarter awr, llwyddodd yr ychydig *Highlanders* dewr ... i orfodi'r terfysgwyr i ffoi ... cafodd Uwch-gapten Falls anaf ofnadwy i'w ben, ac roedd wedi ei orchuddio â gwaed; roedd dau o'r Highlanders bron yn farw, â chleisiau i'r ymennydd, pan gludwyd hwy i mewn; ac roedd y strydoedd a'r tŷ yn gorlifo o waed, o'r clwyfau ofnadwy i bennau'r milwyr gan bastynau'r dorf.

YSTYRIWCH

I ba raddau roedd gwrthryfel 1831 yn fygythiad difrifol i gynnal cyfraith a threfn ym Merthyr?

Arbrofion plismona cynnar

Amlygodd Gwrthryfel Merthyr yn 1831 broblem gorfodi'r gyfraith. Er mwyn ceisio adfer trefn yn y dref gwnaeth yr ynadon gais i anfon rhai o gwnstabliaid yr Heddlu Metropolitan o Lundain. Roeddent wedi gofyn am ddau ringyll a rhwng pedwar a chwech o gwnstabliaid profiadol i helpu i roi trefn ar eu cwnstabliaid arbennig ond tri phlismon wedi ymddeol a gyrhaeddodd. Fodd bynnag, penodwyd un ohonynt, sef Thomas Jamieson, yn fuan wedi hynny yn Brif Swyddog Heddlu Merthyr ar gyflog o £80. Mae ei benodiad yn dangos newid mewn agwedd rhan o'r gymuned, sef yr ynadon a'r meistri haearn, a ddaeth i sylweddoli gwerth cael heddlu proffesiynol yn y dref.

Ond ni pharodd yr arbrawf yn hir. Arweiniodd presenoldeb parhaus y milwyr yn y dref, ynghyd â'r teimlad fod yr heddlu yn rhy ddrud i'w weithredu, at ddiswyddo Jamieson. Yn 1834 adroddodd papur newydd y *Merthyr Guardian* mai dau gwnstabl yn unig oedd yn patrolio'r dref bellach, sef heddlu rhy annigonol i ddelio â thrwch y troseddau. I gosbi'r troseddwyr a oedd wedi eu dal, gallai'r cwnstabliaid ddefnyddio'r hen gyffion neu ddalfa a oedd yn cael ei defnyddio fel man carcharu ar gyfer unigolion afreolus. Rhoddwyd y llysenw 'y twll du' ar y ddalfa, sef caban pren yn mesur rhwng 3.5 a 4.2 metr, a adeiladwyd yn 1809. Roedd y tu mewn iddo yn dywyll, yn llaith ac yn amhleserus, ac ni phrofodd yn fan carcharu diogel iawn.

Sefydlu Heddlu Sir Forgannwg, 1841

Achosodd gwrthryfel 1831 a thwf Siartaeth yn ystod yr 1830au, a gyrhaeddodd ei hanterth yn yr orymdaith ar Gasnewydd yn 1839, bryder i ddosbarth canol Merthyr. Daethant yn fwyfwy pryderus am ddiogelwch eu heiddo ac arweiniodd hyn at ryddhau cyllid ganddynt i sefydlu heddlu. Sefydlwyd Heddlu Sir Forgannwg ym mis Hydref 1841 i blismona rhanbarth diwydiannol y sir. Ei Brif Gwnstabl oedd Capten Charles Napier, cyn swyddog o'r *Rifle Brigade*, a fu'n dal y swydd rhwng 1841 ac 1867. O blith heddlu o 34 dyn, neilltuwyd 12 i Ferthyr Tudful a Dowlais, sef Adran 'A' yr heddlu sirol.

Gan fod y 'twll du' yn anaddas fel man carcharu, gwnaeth Capten Napier gais i adeiladu gorsaf heddlu ym Merthyr (gweler Ffynhonnell S). Fe'i hagorwyd yn 1844 yn Stryd Graham yng nghanol y dref, ac agorwyd gorsaf ychwanegol yn Nowlais yn 1862 ac yn Ynysowen yn 1898.

Ffynhonnell S: Cais gan y Prif Gwnstabl, Capten Napier, i gyfarfod o drethdalwyr ym mlynyddoedd cynnar yr 1840au

Rwyf wedi archwilio'r celloedd sy'n cael eu defnyddio ar hyn o bryd ym Merthyr a'u cael yn gwbl anaddas ar gyfer derbyn carcharorion, yn wir maent mor anaddas y mae'r ynadon yn ei ystyried yn angenrheidiol i osod carcharorion mewn tai cyhoeddus dan ofal cwnstabl, sy'n costio'n sylweddol i'r Sir ... Mynnaf fod gorsaf yn cael ei hadeiladu ym Merthyr, er mwyn bod y dynion dan oruchwyliaeth yr Uwch-arolygydd, yn ogystal â diogelwch y carcharorion. Mae lleithder y celloedd presennol yn eu gwneud yn gwbl anaddas ar gyfer derbyn carcharorion [ac] ... maent mor helaeth o anniogel.

Yr Uwch-arolygydd Davies oedd yn gyfrifol am Adran 'A' Merthyr. Roedd yn swyddog profiadol a fu'n gwnstabl ac yna'n rhingyll yn yr Heddlu Metropolitan a hefyd yn uwch-arolygydd yn Heddlu Swydd Essex. Islaw iddo, roedd arolygydd yn gyfrifol am bob un o'r tair gorsaf, ac yn byw yno gyda'i deulu a chwnstabliaid di-briod. Gorfodwyd y cwnstabliaid i weithredu yn ôl rheolau llym, yn enwedig yn ymwneud â'u bywyd personol. Pan nad oeddent ar ddyletswydd byddai gofyn iddynt roi gwybod lle y byddent er mwyn gallu cysylltu â nhw os oedd angen. Tynnwyd arian o'u cyflogau ar gyfer costau llety a byw, a phe bai cwnstabl yn colli gwaith oherwydd salwch, byddai swllt (1s) yn cael ei dynnu o'i gyflog am bob diwrnod y byddai'n absennol.

Effeithiolrwydd heddlu cyntaf Merthyr

Roedd yn her ddigon anodd i obeithio y byddai heddlu o 12 dyn yn unig yn gallu cynnal cyfraith a threfn mewn tref â phoblogaeth o fwy na 46,000. Cyfyngedig oedd effaith ac effeithiolrwydd yr heddlu yn y dyddiau cynnar. Roedd dau reswm am hyn, a'r cyntaf oedd y broblem o recriwtio niferoedd digonol o ddynion addas. Roedd disgwyl i gwnstabliaid ddangos 'gonestrwydd, sobreiddiwch a chyfansoddiad iach' ynghyd â gwybodaeth o'r iaith Gymraeg a'r gallu i gadw cyfrifon, yn ogystal â'r gallu i ddarllen ac ysgrifennu. Yr ail broblem, fwy difrifol, oedd cadw cwnstabliaid da a fyddai'n gallu ennill cyflogau llawer uwch yn y gweithfeydd haearn oherwydd bod ganddynt y sgiliau hyn.

I ddechrau, sylweddolodd yr Uwch-arolygydd Davies y byddai'n cymryd peth amser i sefydlu presenoldeb yn ardaloedd afreolus China a Phontstorehouse ac ni chafodd yr ardaloedd hyn eu cynnwys yn rowndiau'r cwnstabliaid. Fodd bynnag, rhoddwyd dau gwnstabl ar y ddwy rownd a oedd yn ffinio â'r ardaloedd hyn gyda'r nos. Pan oedd yn rhaid mynd i China neu Bontstorehourse byddai'r heddlu cyfan yn mynd, dan arweiniad yr Uwch-arolygydd (gweler Ffynhonnell T).

Yn ystod yr 1840au parhaodd yr heddlu i geisio gorfodi cyfraith a threfn ac erbyn yr 1850au roedd rownd yr heddlu yn ymestyn i'r dref gyfan, er ei bod hi'n ddiwedd y ganrif cyn y daeth yn bosib i gwnstabl batrolio ardal 'China' ar ei ben ei hun. Er bod presenoldeb yr heddlu yn amlwg yn y dref, ni chafodd ei heddlu rhanbarthol ei hun hyd fis Medi 1908 pan sefydlwyd 'Heddlu Bwrdeistref Merthyr Tudful' (gweler Ffynhonnell Th).

Ffynhonnell T: Disgrifiad Prif Gwnstabl Napier o'r system rowndiau a oedd yn gweithredu ym Merthyr

Gosodir un Rhingyll a phum Cwnstabl ar ddyletswydd nos bob nos am 9 o'r gloch ac maent yn aros allan tan 5 y bore. Cyn mynd adref bydd y dynion sydd wedi gorffen eu cyfnod ar ddyletswydd yn glanhau'r orsaf. Ar ben hynny mae'r ddau Ringyll dydd yn patrolio am yn ail fel Arolygwyr yn ystod y nos er mwyn sicrhau bod yr holl ddyletswyddau yn cael eu cyflawni. Mae'r ddau Ringyll yn cerdded drwy'r dref gyfan yn ystod y nos. Mae'r Rhingyll sy'n patrolio'n gynnar yn y nos yn mynd i'w wely am un, a bydd allan eto erbyn chwech, tra mae'r llall yn patrolio rhwng un a chwech a disgwylir iddo fod yn lân ac yn barod ar gyfer ei waith am 10 y bore; ar yr awr hon mae'n rhaid i ddau Ringyll ac un Cwnstabl fod yn barod ar gyfer dyletswyddau'r dydd a mynychu cyfarfodydd yr ynadon.

Casgliad

Erbyn diwedd y bedwaredd ganrif ar bymtheg roedd lefelau troseddu ym Merthyr yn sylweddol is nag yng nghanol y ganrif. Erbyn yr 1860au roedd y diwydiant haearn yn dangos arwyddion cyntaf ei ddirywiad ac roedd y gweithwyr wedi dechrau gadael y dref am y ffatrïoedd dur newydd a oedd yn cael eu hadeiladu ar hyd yr arfordir neu am y pyllau glo a oedd yn prysur ehangu yng nghymoedd y Rhondda ac Aberdâr. Erbyn y cyfnod hwn roedd ystod o fudiadau wedi eu sefydlu i helpu annog gwahanol weithgareddau hamdden i dynnu sylw oddi wrth droseddu, fel Cymdeithas Gwella Dynion Ifainc, Cymdeithas Llyfrgell a Chymdeithasau Adloniant Dirwest (*Temperance Recreation Associations*). Roedd y twf yn y niferoedd a oedd yn mynychu'r capeli ynghyd â'r gwyliau, tripiau a digwyddiadau cerddorol a chwaraeon cysylltiedig oll yn help i wella'r ystod o ddewisiadau hamdden. Erbyn yr 1870au gallai'r *Merthyr Guardian* honni bod arferion pobl Merthyr wedi gwella. Roedd sefydlu heddlu cyfundrefol a disgybledig wedi profi'n hollbwysig wrth helpu i gadw'r isfyd troseddol dan reolaeth a lleihau'r lefelau troseddu i'r hyn oeddent yn gynharach yn y ganrif.

▲ **Ffynhonnell Th:** Llun o Heddlu Sir Forgannwg (Cwmni Merthyr) yn 1895

GWEITHGAREDD

Defnyddiwch y rhyngrwyd, a'ch gwybodaeth am y pwnc hwn, i lunio adroddiad yn rhoi manylion am dwf a datblygiad 'Adran Merthyr' Heddlu Sir Forgannwg. Efallai y byddwch yn dymuno defnyddio'r is-benawdau canlynol i'ch helpu i strwythuro eich adroddiad:

- Gwreiddiau Adran Merthyr
- Gorsaf heddlu gyntaf Merthyr
- Sefydlu cyfraith a threfn ym Merthyr gyfan
- Datblygiad Adran Merthyr yn ystod ail hanner y bedwaredd ganrif ar bymtheg.

AILYMWELD Â'R DASG FFOCWS

Edrychwch eto ar y tabl rydych wedi ei gwblhau wrth weithio drwy'r bennod hon. Defnyddiwch eich canfyddiadau i'ch helpu i farnu ynghylch datblygiad troseddu a gorfodi'r gyfraith ym Merthyr yn ystod y bedwaredd ganrif ar bymtheg drwy ateb y cwestiynau canlynol:

1 I ba raddau yr achosodd datblygiad sydyn Merthyr Tudful yn y bedwaredd ganrif ar bymtheg dwf mewn troseddu?

2 Pa mor llwyddiannus, yn eich barn chi, oedd yr ymdrechion i orfodi'r gyfraith ym Merthyr Tudful ar bob un o'r dyddiadau hyn: (a) 1800, (b) 1850 a (c) 1899? Cefnogwch eich ateb â thystiolaeth.

CRYNODEB O'R PWNC

- Tyfodd tref Merthyr Tudful yn gyflym oherwydd twf y diwydiant haearn.
- Roedd pedwar gwaith haearn mawr ym Merthyr – Dowlais, Cyfarthfa, Plymouth a Phenydarren.
- Mudodd llawer o bobl i Ferthyr oherwydd y galw am weithwyr a pharodd hyn i boblogaeth y dref dyfu o 7,705 yn 1801 i 51,949 erbyn 1861.
- Roedd yn rhaid i'r meistri haearn godi tai i'w gweithwyr yn agos at y gweithfeydd haearn a'r pyllau glo.
- Nid oedd rheoliadau adeiladu ac roedd y tai yn agos iawn at ei gilydd, heb bibellau dŵr nac unrhyw fath o system garthffosiaeth.
- Roedd achosion rheolaidd o glefydau fel colera a theiffoid yn achosi pryderon iechyd cyhoeddus difrifol.
- Talwyd y gweithwyr yn fisol ac yn aml mewn arian tryc a fyddai ddim ond yn gallu cael ei wario yn siopau tryc y cwmni, lle roedd y prisiau yn uwch.
- Roedd y gweithwyr mewn dyled yn rheolaidd ac roedd eu tlodi yn ffactor yn y twf mewn cyfraddau troseddu.
- Datblygodd tai slym mewn ardaloedd yn y dref, fel China a Phontstorehouse, a ddaeth yn ganolfannau troseddu.
- China oedd prif ganolfan droseddu Merthyr ac roedd yn gartref i buteiniaid, pigwyr pocedi, mân ladron ac elfennau troseddol eraill.
- Rheolwyd China gan ei Hymerawdwr a'i Hymerodres ei hun, sef y prif droseddwyr.
- Wrth i Ferthyr barhau i dyfu, dechreuodd y dull traddodiadol o gynnal cyfraith a threfn fethu, gan beri bod troseddau yn osgoi sylw a chosb.
- O ganlyniad i derfysgoedd poblogaidd yn 1800 ac 1816, ynghyd â Gwrthryfel 1831, dechreuodd yr awdurdodau arbrofi â phlismona.
- Sefydlwyd Heddlu Sir Forgannwg yn 1841 ac roedd heddlu o 12 cwnstabl wedi eu lleoli ym Merthyr.
- Agorwyd gorsaf heddlu ym Merthyr yn 1844.
- Aeth sawl degawd heibio cyn i bob ardal ym Merthyr, yn cynnwys China, ddod dan system blismona effeithiol.
- Cafodd yr heddlu newydd hwn effaith ar leihau lefelau troseddu ym Merthyr.
- Roedd gan Ferthyr ei Heddlu Bwrdeistref ei hun a sefydlwyd yn 1908.

Cwestiynau ymarfer

1 Disgrifiwch ddatblygiad yr heddlu ym Merthyr ar ôl 1841. (*I gael cyfarwyddyd, gweler tudalen 127.*)

2 Esboniwch pam roedd ardaloedd fel 'China' ym Merthyr yn y bedwaredd ganrif ar bymtheg yn bwysig yn natblygiad troseddu a phlismona yng Nghymru. (*I gael cyfarwyddyd, gweler tudalennau 130–1.*)

Canllawiau Arholiadau CBAC

Yn yr adran hon cewch gyfarwyddyd fesul cam ar sut orau i fynd ati ac ateb y math o gwestiynau y byddwch yn eu hwynebu yn yr arholiad. Isod fe welir papur arholiad enghreifftiol â set o gwestiynau ar ffurf arholiad (heb y ffynonellau).

Uned tri: astudiaeth thematig

3A Newidiadau ym maes Trosedd a Chosb, tua 1500 hyd heddiw

Amser a ganiateir: 1 awr a 15 munud

1 Cwblhewch y brawddegau drwy ddefnyddio'r term cywir.

- **a)** Roedd .... yn mynd ar batrôl yn ystod y nos ar strydoedd rhai trefi yn oes y Tuduriaid
- **b)** Cafodd Ceidwaid Bow Street eu sefydlu gan Henry ....
- **c)** Cafodd Deddf yr Heddlu Metropolitan ei phasio yn 18 ....
- **ch)** Cafodd math o garchar i droseddwyr ifanc ei agor gyntaf yn 1902. .... oedd yr enw ar y math hwn o garchar **[4 marc]**

2 Edrychwch ar y tair ffynhonnell isod sy'n dangos mathau o gosbau a ddefnyddiwyd dros amser ac atebwch y cwestiwn sy'n dilyn.

Defnyddiwch Ffynonellau A, B a C i nodi un tebygrwydd ac un gwahaniaeth rhwng y dulliau a ddefnyddiwyd i gosbi troseddwyr dros amser. **[4 marc]**

[Defnyddiwch o leiaf ddwy o'r ffynonellau i ateb y cwestiwn]

3 Disgrifiwch rôl ynad heddwch yn oes y Tuduriaid wrth ymladd trosedd. **[6 marc]**

4 Disgrifiwch waith John Howard wrth ddiwygio carchardai ym mlynyddoedd olaf y ddeunawfed ganrif. **[6 marc]**

[Yn eich ateb fe'ch cynghorir i gyfeirio at gyflwr carchardai yng Nghymru ar yr adeg hon]

5 Esboniwch pam roedd cyfleoedd i droseddu wedi cynyddu erbyn diwedd y ddeunawfed ganrif. **[12 marc]**

6 Esboniwch pam roedd ardaloedd fel 'China' ym Merthyr yn y bedwaredd ganrif ar bymtheg yn bwysig yn natblygiad troseddu a phlismona yng Nghymru. **[12 marc]**

7 I ba raddau mae'n bosib dweud mai tlodi fu prif achos trosedd dros amser? **[16 marc]**

Yn eich ateb, dylech wneud y canlynol:

- dangos sut mae tlodi wedi bod yn achos trosedd dros dri chyfnod hanesyddol
- trafod pwysigrwydd achosion eraill o drosedd dros dri chyfnod hanesyddol
- cyfeirio'n uniongyrchol at hanes Cymru.

Bydd marciau ar gyfer sillafu, atalnodi a defnyddio gramadeg ac iaith arbenigol yn gywir yn cael eu rhoi ar gyfer y cwestiwn hwn. **[4 marc]**

Cyfanswm marciau ar gyfer y papur: 64

Yng Nghwestiwn 1 rhaid i chi roi term hanesyddol i gwblhau'r frawddeg. Gall fod yn enw, dyddiad, dull penodol neu derm sy'n ymwneud â throsedd.

Yng Nghwestiwn 2 rhaid i chi gymharu a chyferbynnu'r hyn rydych yn gallu ei weld mewn tair ffynhonnell. Dylech ddewis nodweddion sydd yr un peth/yn debyg a phethau sy'n wahanol/yn wrthgyferbyniol yn ogystal.

Yng Nghwestiwn 3 rhaid i chi ddangos eich gwybodaeth a'ch dealltwriaeth o nodwedd allweddol. Dylech geisio cynnwys manylion ffeithiol penodol.

Yng Nghwestiwn 4 rhaid i chi ddangos eich gwybodaeth a'ch dealltwriaeth o nodwedd allweddol, a chynnwys gwybodaeth benodol sy'n ymwneud â Chymru a'r cyd-destun Cymreig.

Yng Nghwestiwn 5 rhaid i chi nodi nifer o resymau i esbonio pam roedd datblygiad/pwnc allweddol yn bwysig neu'n arwyddocaol. Dylech geisio cynnwys manylion ffeithiol penodol.

Yng Nghwestiwn 6 rhaid i chi ddefnyddio eich gwybodaeth i esbonio pwysigrwydd/arwyddocâd/effeithiolrwydd pwnc allweddol. Dylech ddarparu gwybodaeth benodol sy'n ymwneud â Chymru a'r cyd-destun Cymreig.

Yng Nghwestiwn 7 rhaid i chi ddatblygu ateb dwy ochr sy'n cynnig tystiolaeth benodol i gefnogi a gwrthwynebu'r prif bwnc a enwir yn y cwestiwn. Rhaid i chi drafod tri chyfnod hanesyddol a rhaid cynnwys manylion am y cyd-destun Cymreig. Cofiwch wirio eich sillafu, atalnodi a gramadeg.

Canllawiau arholiadau ar gyfer arholiad CBAC

Canllawiau arholiad ar gyfer Cwestiwn 1

Mae'r adran hon yn darparu canllawiau ynghylch sut i ateb y cwestiynau gwybodaeth ffeithiol. Edrychwch ar y cwestiwn isod:

Cwblhewch y brawddegau isod drwy ddefnyddio'r term cywir.

a) Swyddog y gyfraith pwysig yn ystod cyfnod y Tuduriaid oedd y .... plwyf.
b) Lleidr pen-ffordd enwog yn y ddeunawfed ganrif oedd Dick ....
c) Yr enw ar y protestiadau yn ne-orllewin Cymru lle roedd tollbyrth yn cael eu chwalu oedd Terfysgoedd ....
ch) Pasiwyd Deddf yr Heddlu Metropolitan yn 18 ....

Sut i ateb

- Gwnewch yn sicr eich bod yn adolygu eich nodiadau'n dda – mae'r cwestiynau hyn yn gofyn am wybodaeth ffeithiol dda.
- Wrth adolygu, canolbwyntiwch ar bynciau allweddol fel:
  - y mathau gwahanol o drosedd sy'n gyffredin mewn cyfnod penodol
  - y rhesymau dros dwf troseddu ar adegau penodol
  - y rhesymau dros ddatblygiad plismona mewn cyfnodau penodol
  - enwau unigolion pwysig sy'n gysylltiedig â datblygiad plismona
  - y mathau gwahanol o gosb sy'n gyffredin mewn cyfnodau gwahanol
  - y rhesymau pam mae dulliau cosbi wedi newid dros amser
  - datblygiadau allweddol yn hanes trosedd a chosb.
- Dyfalwch os nad ydych yn sicr – peidiwch â gadael y bwlch yn wag.

Enghraifft

a) Swyddog y gyfraith pwysig yn ystod cyfnod y Tuduriaid oedd y cwnstabl plwyf.
b) Lleidr pen-ffordd enwog yn y ddeunawfed ganrif oedd Dick Turpin.
c) Yr enw ar y protestiadau yn ne-orllewin Cymru lle roedd tollbyrth yn cael eu chwalu oedd Terfysgoedd Beca.
ch) Pasiwyd Deddf yr Heddlu Metropolitan yn 1829.

Nawr rhowch gynnig ar ateb y cwestiwn isod:

Cwblhewch y brawddegau isod drwy ddefnyddio'r term cywir.

a) Yn ystod oes y Tuduriaid roedd troseddwyr a oedd yn euog o fân droseddau yn cael eu rhoi yn y ....
b) Yr enw ar yr ardal ym Merthyr Tudful lle roedd troseddu yn rhemp yn y bedwaredd ganrif ar bymtheg oedd ....
c) Roedd carchardai ar y dŵr yn ystod y ddeunawfed ganrif mewn hen longau rhyfel oedd yn cael eu galw yn ....
ch) Dilëwyd y gosb eithaf yng Nghymru a Lloegr o'r diwedd yn 19 ....

Canllawiau arholiad ar gyfer Cwestiwn 2

Mae'r adran hon yn darparu canllawiau ynghylch sut i ateb y cwestiwn 'tebygrwydd a gwahaniaeth'. Bydd yn rhaid i chi ddethol gwybodaeth o'r tair ffynhonnell i nodi'r pethau tebyg a'r gwahaniaethau. Edrychwch ar y cwestiwn isod:

> Edrychwch ar y tair ffynhonnell isod sy'n dangos dulliau gwahanol o gosbi dros amser. Defnyddiwch Ffynonellau A, B a C i nodi un tebygrwydd ac un gwahaniaeth rhwng y dulliau cosbi dros amser.

▲ **Ffynhonnell A** Dau ddyn wedi eu gosod yn y rhigod yn ystod yr unfed ganrif ar bymtheg

▲ **Ffynhonnell C** Carchar yn yr unfed ganrif ar hugain

▲ **Ffynhonnell B** Dienyddiad cyhoeddus yn ystod y ddeunawfed ganrif

Sut i ateb

- Astudiwch y tair ffynhonnell – dewiswch nodweddion sydd yr un peth neu'n debyg.
- Dewiswch bwyntiau gwrthgyferbyniol – sy'n dangos pethau sy'n wahanol.
- Gwnewch yn sicr eich bod yn cyfeirio at debygrwydd **a** gwahaniaeth yn eich ateb.

Enghraifft

Mae'r ffynonellau yn dangos bod cymdeithas wedi cosbi pobl am droseddu ar hyd y canrifoedd. Roedd y cosbau sy'n cael eu dangos yn Ffynonellau A a B yn cael eu cyflawni'n gyhoeddus a'u bwriad oedd difyrru'r gynulleidfa ac atal eraill rhag cyflawni troseddau o'r fath. Mae'r ddwy ffynhonnell yn dangos sut arhosodd cosbi'n gyhoeddus yr un peth ar draws sawl canrif. Mae Ffynonellau B a C yn gosbau mwy eithafol, a'u hamcan yw cael gwared â'r troseddwr o gymdeithas.

Cam 1: Nodwch nodweddion tebyg – pethau sy'n gyffredin i bob ffynhonnell.

Mae'r ffynonellau hefyd yn dangos sut mae cosbi wedi newid dros amser. Yn Ffynhonnell C mae'r troseddwr yn cael ei gosbi drwy gael ei roi dan glo allan o olwg cymdeithas. Yn Ffynonellau A a B mae'r gosb yn digwydd o flaen y cyhoedd. Mae hyn yn dangos bod agweddau at gosbi wedi newid dros amser, a bod dulliau eithafol a sarhaus yn llai derbyniol.

Cam 2: Nodwch nodweddion gwahanol – pethau cyferbyniol nad ydynt yn gyffredin i bob ffynhonnell.

Nawr rhowch gynnig ar ateb y cwestiwn isod:

Edrychwch ar y tair ffynhonnell isod, sy'n dangos dulliau gwahanol o blismona. Defnyddiwch Ffynonellau A, B a C i nodi un tebygrwydd ac un gwahaniaeth rhwng dulliau plismona dros amser.

▲ **Ffynhonnell A** Gwyliwr nos ar ddiwedd yr unfed ganrif ar bymtheg

▲ **Ffynhonnell B** Plismones heddiw

◀ **Ffynhonnell C** Argraffiad cyfoes yn dangos Ceidwaid Bow Street wrth eu gwaith, yn dal dau fygiwr yn 1806

Canllawiau arholiad ar gyfer Cwestiwn 3

Mae'r adran hon yn darparu canllawiau ynghylch sut i ateb cwestiwn 'disgrifio'. Bydd yn rhaid i chi ddangos eich gwybodaeth a'ch dealltwriaeth o nodwedd allweddol. Edrychwch ar y cwestiwn isod:

Disgrifiwch rôl y cwnstabl plwyf yn ystod oes y Tuduriaid.

Sut i ateb

- Rhaid i chi nodi a disgrifio dwy nodwedd allweddol o leiaf.
- Dylech gynnwys gwybodaeth sy'n uniongyrchol berthnasol yn unig.
- Byddwch yn benodol, gan osgoi sylwadau rhy gyffredinol.

Enghraifft

Cam 1: Nodwch a datblygwch reswm/nodwedd allweddol, a'i gefnogi â manylion penodol.

Penodwyd cwnstabliaid plwyf bob blwyddyn o blith crefftwyr a ffermwyr yr ardal. Roedd disgwyl iddynt gyflawni'r rôl ynghyd â'u gwaith bob dydd. Roeddent yn atebol i'r ynad heddwch a oedd yn monitro eu dyletswyddau o ddydd i ddydd. Roedd eu prif waith yn ymwneud â dyletswyddau plismona cyffredinol, yn delio ag ymddygiad afreolus neu fân ladradau. Roedd ganddynt bŵer i arestio ac roeddent yn gyfrifol am sicrhau bod yr unigolion a oedd wedi eu cyhuddo yn ymddangos gerbron yr ynad heddwch ac yn cael eu dal yn ddiogel tan yr achos llys.

Cam 2: Nodwch a datblygwch resymau/nodweddion allweddol eraill. Ceisiwch drafod dau neu dri rheswm/nodwedd yn eithaf manwl.

Roedd disgwyl hefyd i gwnstabliaid plwyf gyflawni ystod o dasgau eraill fel rhwystro tresmasu a photsio, corlannu anifeiliaid crwydredig, a chadw golwg am grwydriaid. Agwedd arall ar eu gwaith oedd gweinyddu'r cosbau a fyddai'n cael eu gorchymyn gan yr ynad heddwch. Byddai hyn fel arfer yn cynnwys pethau fel chwipio'n gyhoeddus y rheiny a gyhuddwyd o fod yn grwydriaid, a rhoi y rheiny a gafwyd yn euog o fân droseddau yn y cyffion neu'r rhigod. Pan oedd angen gallai'r cwnstabl plwyf alw ar ei gyd-ddinasyddion i'w helpu gyda'r waedd ac ymlid a chwilio am droseddwyr ar hyd a lled tiroedd y plwyf.

Nawr rhowch gynnig ar ateb y cwestiwn isod:

Disgrifiwch waith Henry Fielding wrth sefydlu Ceidwaid Bow Street.

Canllawiau arholiad ar gyfer Cwestiwn 4

Mae'r adran hon yn darparu canllawiau ynghylch sut i ateb cwestiwn 'disgrifio'. Bydd yn rhaid i chi ddangos eich gwybodaeth a'ch dealltwriaeth o nodwedd allweddol a chyfeirio at y cyd-destun Cymreig, gan roi enghreifftiau penodol. Edrychwch ar y cwestiwn isod:

Disgrifiwch y defnydd o drawsgludo i Awstralia fel cosb yn y ddeunawfed ganrif a'r bedwaredd ganrif ar bymtheg.

Yn eich ateb fe'ch cynghorir i gyfeirio at y cyd-destun Cymreig a rhoi enghreifftiau o Gymru.

Sut i ateb

- Rhaid i chi nodi a disgrifio dwy nodwedd allweddol o leiaf.
- Dylech gynnwys gwybodaeth sy'n uniongyrchol berthnasol yn unig.
- Byddwch yn benodol, gan osgoi sylwadau rhy gyffredinol.
- Gwnewch yn sicr eich bod yn cyfeirio at y cyd-destun Cymreig ac yn rhoi enghreifftiau penodol o Gymru.

Enghraifft

Cyrhaeddodd y llynges gyntaf o longau a oedd yn cludo carcharorion i Fae Botany yn Awstralia ar 26 Ionawr 1788. Roedd yn fordaith naw mis o Brydain. Yn ystod yr 80 mlynedd nesaf cafodd dros 160,000 o droseddwyr eu trawsgludo i Awstralia, ac roedd dros 2,200 ohonynt wedi cael eu hanfon o Gymru. Roedd trawsgludo yn cael ei weld fel modd o gael gwared â throseddwyr cymdeithas ac fel dewis gwahanol i ddienyddio. Erbyn yr 1770au roedd gwrthwynebiad cynyddol i lymdra'r Cod Gwaedlyd a galw am ddod o hyd i ddulliau cosbi ar wahân i grogi. Ystyriwyd mai trawsgludo oedd yr ateb. Roedd yn fanteisiol oherwydd nid oedd angen cadw troseddwyr mewn carchardai yng Nghymru a Lloegr a'r gobaith oedd y byddai ofni alltudiaeth i ben draw'r byd yn gweithredu fel ataliaeth ac yn lleihau lefelau troseddu.

Cam 1: Nodwch a datblygwch reswm/nodwedd allweddol, a'i gefnogi â manylion penodol.

Roedd y rhan fwyaf o'r troseddwyr a anfonwyd o Gymru i Awstralia wedi eu cael yn euog o ddwyn ceffylau neu ddefaid, bwrgleriaeth, torri i mewn i dai neu ddwyn eitemau oddi wrth berson. Roedd Frances Williams, a deithiodd ar y llong gyntaf oedd yn cludo carcharorion benywaidd i Awstralia yn 1787, wedi ei chael yn euog o dorri i mewn i dŷ a dwyn dillad. Cafodd ddedfryd o drawsgludo am saith mlynedd am y troseddau hyn. Cafodd rhai carcharorion o Gymru eu canfod yn euog o droseddau mwy difrifol fel cymryd rhan mewn terfysgoedd poblogaidd. Cafwyd Lewis Lewis yn euog o fod yn un o arweinwyr Gwrthryfel Merthyr yn 1831 a chafodd ei ddedfrydu i drawsgludo am oes. Cafodd John Jones ei ddedfrydu i drawsgludo am oes am ei ran yn Nherfysgoedd Beca rhwng 1839 ac 1844, a chafodd ei gyd-droseddwr, David Davies, ddedfryd o 20 mlynedd. Parhawyd i ddefnyddio trawsgludo tan 1868, er iddo gael ei atal mewn rhai rhannau o Awstralia fel New South Wales mor gynnar ag 1839.

Cam 2: Nodwch a datblygwch resymau/nodweddion allweddol eraill. Ceisiwch drafod dau neu dri rheswm/nodwedd yn eithaf manwl, a chyfeirio'n benodol at Gymru/enghreifftiau Cymreig.

Nawr rhowch gynnig ar ateb y cwestiwn isod:

Disgrifiwch yr ymdrechion mewn trefi diwydiannol fel Merthyr Tudful i wella plismona yn ystod ail hanner y bedwaredd ganrif ar bymtheg.

Yn eich ateb fe'ch cynghorir i gyfeirio at y cyd-destun Cymreig a rhoi enghreifftiau o Gymru.

Canllawiau arholiad ar gyfer Cwestiwn 5

Mae'r adran hon yn darparu canllawiau ynghylch sut i ateb y cwestiwn esbonio. Gofynnir i chi nodi a thrafod nifer o resymau i esbonio pam roedd datblygiad/pwnc allweddol yn bwysig neu'n arwyddocaol. Edrychwch ar y cwestiwn isod:

Esboniwch pam roedd diwygwyr carchardai yn bwysig wrth helpu i wella'r amodau mewn carchardai yn ystod blynyddoedd olaf y ddeunawfed ganrif a dechrau'r bedwaredd ganrif ar bymtheg.

Sut i ateb

- Dylech geisio rhoi amrywiaeth o resymau a'u hesbonio.
- Ceisiwch gynnwys manylion penodol fel enwau, dyddiadau, digwyddiadau, datblygiadau a chanlyniadau.
- Cefnogwch eich datganiadau ag enghreifftiau bob tro.
- Cofiwch fod angen mynegi barn, gan bwyso a mesur pwysigrwydd neu arwyddocâd yr unigolyn, datblygiad neu bwnc sy'n cael ei enwi.

Enghraifft

Cam 1: Rhowch nifer o resymau i gefnogi'r farn fod y ffactor a nodir yn y cwestiwn yn bwysig/arwyddocaol. Dylech gynnwys manylion ffeithiol penodol i gefnogi eich barn.

Chwaraeodd gwaith nifer bychan o ddiwygwyr carchardai ran bwysig ac arwyddocaol iawn wrth sicrhau gwell amodau mewn carchardai yn ystod blynyddoedd olaf y ddeunawfed ganrif a dechrau'r bedwaredd ganrif ar bymtheg. Gwnaethant ymweld â charchardai, casglu tystiolaeth am yr amodau llym a budr a welsant, ac adrodd am driniaeth greulon ac annheg carcharorion. Daethant i'r casgliad fod carchardai yn cael eu rhedeg yn wael ac yn sefydliadau afiach. Trwy waith tri diwygiwr, John Howard, George O. Paul ac Elizabeth Fry, rhoddwyd pwysau ar y llywodraeth i archwilio'r amodau mewn carchardai. Arweiniodd hyn yn y pen draw at basio'r Ddeddf Carchardai yn 1823 a fu'n drobwynt pwysig wrth ddiwygio carchardai.

Cam 2: Gwnewch yn sicr eich bod yn cynnig barn resymedig ar raddfa'r pwysigrwydd/arwyddocâd. Gwnewch gysylltiadau â'r effaith tymor hir.

Ymwelodd John Howard â nifer o garchardai ac ysgrifennodd ei ganfyddiadau mewn llyfr, 'The State of the Prisons in England and Wales', yn 1777. Roedd hwn yn waith pwysig oherwydd ei fod yn darparu adroddiad manwl am gyflwr gwael carchardai. Cyflwynodd Howard dystiolaeth i'r Senedd a galwodd am adeiladu carchardai newydd a fyddai'n gwahanu'r carcharorion yn ôl eu troseddau a'u rhyw, ac yn darparu celloedd glân, sych a ffordd o gadw'n lân. Galwodd hefyd am gyflog i ofalwyr fel na fyddent yn codi arian ar y carcharorion am fwyd a gwely. Roedd am i'r carchardai gael eu harchwilio'n rheolaidd. Diwygiwr pwysig arall oedd George O. Paul a gyhoeddodd ei ymchwil mewn llyfr o'r enw 'Thoughts on the Alarming Progress of Gaol Fever' yn 1784. Roedd e'n bwysig oherwydd ymgyrchodd ar gyfer adeiladu carchardai model newydd ar sail tair egwyddor – diogelwch, iechyd a gwahanu, fel y carchar a adeiladodd yng Nghaerloyw. Cafodd ei gynllun ei gopïo yn ddiweddarach wrth adeiladu carchardai newydd mewn trefi eraill. Y trydydd diwygiwr pwysig oedd Elizabeth Fry a wnaeth lawer i wella'r amodau ar gyfer carcharorion benywaidd yng ngharchar Newgate yn Llundain. Yn 1817 sefydlodd y 'Gymdeithas i Wella Carcharorion Benywaidd yn Newgate'. Arweiniodd ei hymgyrchu at lunio rheolau ar gyfer rheoleiddio bywyd yn y carchar. Penodwyd gofalwyr benywaidd, cyflwynwyd gwaith rheolaidd fel gwaith gwnïo a sefydlwyd ysgolion. O ganlyniad uniongyrchol i ymgyrchoedd diwygwyr fel Howard, Paul a Fry dechreuodd y llywodraeth gymryd cyfrifoldeb am redeg carchardai, a Deddf Carchardai 1823 oedd dechrau'r proses hwn. Chwaraeodd y diwygwyr hyn felly ran bwysig ac arwyddocaol wrth sicrhau'r newidiadau hyn.

Nawr rhowch gynnig ar ateb y cwestiwn isod:

Esboniwch pam roedd newidiadau mewn technoleg yn arwyddocaol yn natblygiad plismona yn yr ugeinfed ganrif.

Canllawiau arholiad ar gyfer Cwestiwn 6

Mae'r adran hon yn darparu canllawiau ynghylch sut i ateb y cwestiwn sy'n ymwneud ag astudio safle hanesyddol sy'n gysylltiedig â throsedd a chosb. Cwestiwn esbonio ydyw sy'n gofyn i chi nodi a thrafod nifer o resymau i esbonio pam roedd datblygiad/pwnc allweddol yn bwysig neu'n arwyddocaol. Edrychwch ar y cwestiwn isod:

Esboniwch pam roedd twf trefi diwydiannol fel Merthyr Tudful yn arwyddocaol wrth achosi cynnydd mewn troseddau ym mlynyddoedd cynnar y bedwaredd ganrif ar bymtheg.

Sut i ateb

- Dylech geisio rhoi amrywiaeth o resymau a'u hesbonio.
- Ceisiwch gynnwys manylion penodol fel enwau, dyddiadau, digwyddiadau, datblygiadau a chanlyniadau.
- Esboniwch sut a pham y datblygodd y fath newidiadau oherwydd y safle hanesyddol dan sylw.
- Cofiwch fod angen mynegi barn, gan bwyso a mesur pwysigrwydd neu arwyddocâd yr unigolyn, datblygiad neu bwnc sy'n cael ei enwi.
- Cofiwch y cyd-destun Cymreig – rhowch enghreifftiau penodol sy'n ymwneud â Chymru.

Enghraifft

Arweiniodd y Chwyldro Diwydiannol at ddatblygiad ffatrïoedd a thwf y trefi yr oeddent wedi eu lleoli ynddynt. Tyfodd poblogaeth Merthyr yn ddramatig o ychydig dros 7,700 yn 1801 i fwy na 46,000 erbyn 1851, gan ei gwneud y dref ddiwydiannol fwyaf yng Nghymru. Roedd twf trefi yn brif achos twf mewn troseddau mewn llawer o drefi. Arweiniodd y galw am weithwyr at adeiladu niferoedd mawr o dai, ac roedd y rhan fwyaf ohonynt wedi eu hadeiladu heb reoliadau cynllunio nac ystyriaeth o iechyd cyhoeddus. Roeddent wedi eu gwasgu'n dynn at ei gilydd ac nid oedd ganddynt gyflenwadau o ddŵr glân nac unrhyw system garthffosiaeth. Gwaethygodd amodau byw yn gyflym, a chanlyniad hyn oedd achosion rheolaidd o glefydau a datblygiad ardaloedd slym fel y rheiny yn ardaloedd China a Phontstorehouse yn y dref. Roedd amodau byw a thai gwael yn ffactorau arwyddocaol, felly, wrth achosi cynnydd sydyn mewn troseddu ym Merthyr, oherwydd roedd tlodi yn annog pobl i droi at droseddu er mwyn goroesi.

Cam 1: Rhowch nifer o resymau i gefnogi'r farn fod y ffactor a nodir yn y cwestiwn yn bwysig/arwyddocaol. Dylech gynnwys manylion ffeithiol penodol i gefnogi eich barn.

Agwedd arall ar dlodi a effeithiodd ar droseddu oedd gostwng a rheoleiddio cyflogau. Roedd y rhan fwyaf o'r gweithwyr ym Merthyr yn cael eu cyflogi yn y gweithfeydd haearn, y pyllau haearnfaen neu'r pyllau glo. Byddent yn cael eu talu bob mis ac roeddent yn derbyn rhan o'u cyflog mewn arian tryc. Dim ond yn siopau tryc y cwmni roedd modd gwario'r arian hwn ac roedd y siopau hyn yn codi prisiau uwch na siopau cyffredin. Erbyn diwedd y mis byddai llawer o weithwyr wedi mynd i ddyled ac yn cael eu gorfodi i fenthyg arian neu droi at droseddu. Roedd y sefyllfa hon yn gwaethygu yn ystod cyfnodau o ddirwasgiad pan fyddai'r meistri haearn yn diswyddo'r gweithwyr dros dro neu'n torri eu cyflogau. Roedd hyn yn gyffredin ym Merthyr yn ystod blynyddoedd cynnar y bedwaredd ganrif ar bymtheg ac ni fyddai dewis gan deuluoedd heb gyflog ond troi at fân droseddu er mwyn goroesi. Gallai cynaeafau gwael hefyd gael effaith ddifrifol oherwydd byddent yn peri i brisiau bwyd godi'n sydyn. O ganlyniad roedd protestiadau yn fwy cyffredin wrth i bobl gwyno ar y strydoedd am brisiau bwyd uchel, toriadau cyflogau ac amodau byw gwael. Canlyniad hyn yn aml oedd trais pan fyddai ymosodiadau ar siopau gan bobl oedd yn dwyn nwyddau. Nid oedd heddlu ac o'r herwydd nid oedd modd cadw golwg ar droseddu a byddai llawer o'r troseddwyr yn osgoi cosb. Arweiniodd hyn at gyfleoedd mewn trefi diwydiannol fel Merthyr, Abertawe a Chaerdydd i brofi cynnydd mewn troseddu.

Cam 2: Gwnewch yn sicr eich bod yn cynnig barn resymedig ar raddfa'r pwysigrwydd/arwyddocâd. Rhaid ichi gyfeirio at y cyd-destun Cymreig a chynnwys enghreifftiau penodol sy'n berthnasol i Gymru.

Gan fod y trefi diwydiannol hyn wedi ehangu mor gyflym, nid oedd y system etifeddedig o gynnal cyfraith a threfn drwy ddefnyddio ynadon heddwch a chwnstabliaid plwyf yn gallu delio â'r cynnydd mewn lefelau troseddu. Mae diffyg heddlu cyfundrefnol ac effeithiol yn esbonio'r cynnydd sydyn mewn troseddu mewn trefi fel Merthyr. Daeth ardaloedd fel China yn hafan i droseddwyr a hyd yn oed pan sefydlwyd heddlu ym Merthyr yn 1841 dim ond mewn grŵp y byddai'r cwnstabliaid newydd yn mynd i China rhag ofn i'r trigolion ymosod arnynt. Roedd gan China ei hisfyd troseddol ei hun, a oedd yn cael ei reoli gan ei 'Ymerawdwr' ac 'Ymerodres', ac ni allai'r heddlu reoli'r ymerodraeth droseddu hon tan yn ddiweddarach o lawer yn y ganrif. Datblygiad diwydiannol a greodd yr amgylchfyd ar gyfer datblygu troseddu a darparu mwy o gyfleoedd ar gyfer troseddu.

Nawr rhowch gynnig ar ateb y cwestiwn isod:

Esboniwch pam roedd diwydiannu cyflym mewn trefi fel Merthyr Tudful yn arwyddocaol yn natblygiad plismona yn ystod y bedwaredd ganrif ar bymtheg.

Canllawiau arholiad ar gyfer Cwestiwn 7

Mae'r adran hon yn darparu canllawiau ynghylch sut i ateb y cwestiwn synoptig sy'n gofyn i chi ddefnyddio eich gwybodaeth i ddadansoddi a phwyso a mesur pwysigrwydd pwnc allweddol yn erbyn pynciau eraill. Edrychwch ar y cwestiwn isod:

> I ba raddau y bu'r defnydd o heddlu yn brif ddull ymladd troseddau dros amser?

Sut i ateb

- Rhaid i chi ddatblygu ateb sy'n gytbwys ac wedi ei gefnogi'n dda.
- Dylech ddechrau drwy drafod y ffactor allweddol a nodir yn y cwestiwn, gan ddefnyddio eich gwybodaeth i esbonio pam mai'r ffactor hwn oedd fwyaf effeithiol/pwysig/arwyddocaol.
- Yna rhaid i chi ystyried dadl wrthgyferbyniol, gan drafod ystod o ffactorau perthnasol eraill.
- Gwnewch yn sicr fod eich ateb yn trafod tri chyfnod hanesyddol – yr Oesoedd Canol, y cyfnod modern cynnar a'r cyfnod modern.
- Rhaid i chi gynnwys nifer o gyfeiriadau penodol at y cyd-destun Cymreig, h.y. dweud beth oedd yn digwydd yng Nghymru.
- Mynegwch farn resymedig wedi ei chefnogi'n dda i gloi eich ateb.

Enghraifft

Ni ddefnyddiwyd dull ffurfiol o blismona hyd at flynyddoedd cynnar y bedwaredd ganrif ar bymtheg pan ddatblygwyd yr Heddlu Metropolitan. Nid ymledodd ar draws Cymru a Lloegr tan ail hanner y ganrif honno. Cyn hyn, roedd y dulliau a ddefnyddiwyd i ymladd troseddu yn dibynnu ar y gymuned yn ei phlismona'i hun drwy weithredoedd swyddogion y gyfraith na fyddai'n cael eu talu.

Cam 1: Cyflwynwch y pwnc fydd yn cael ei ddadansoddi a'i drafod yn yr ateb.

Yn ystod cyfnodau'r Tuduriaid a'r Stiwartiaid roedd plismona cymunedol gan ddefnyddio dulliau fel gwaedd ac ymlid yn parhau i gael ei ddefnyddio ond daeth yr ynadon heddwch, cwnstabliaid a gwylwyr yn fwy pwysig fel prif orfodwyr y gyfraith. Cyflwynodd Deddf Uno 1536 system gyfreithiol Lloegr i Gymru. Yn fuan iawn daeth llawer o aelodau'r bonedd Cymreig fel Syr Edward Stradling a Syr John Wynn i ddal swyddi pwysig yr ynadon heddwch a roddodd iddynt fwy o statws cymdeithasol. Gallai'r ynadon heddwch anfon pobl i gael eu fflangellu, eu chwipio a'u cosbi ond ar ben hynny roedd ganddynt lawer o swyddi eraill fel trwyddedu tafarnau. Daeth swydd yr YH yn feichus iawn. Roedd y cwnstabliaid yn rhan-amser ac nid oeddent yn cael eu talu. Roedd yn rhaid iddynt wneud eu swydd eu hunain yn ogystal â gwaith cwnstabl. Ar y lefel isaf roedd y gwylwyr yn cael eu talu i batrolio'r strydoedd ond roeddent yn aml yn anaddas ar gyfer y swydd ac nid oeddent yn effeithiol iawn. Nid oedd y syniad o heddlu cyfundrefnol, cyflogedig a phroffesiynol yn bod cyn blynyddoedd cynnar y bedwaredd ganrif ar bymtheg. Y disgwyliad cyffredinol a'r hyn oedd yn cael ei dderbyn oedd y byddai cymdeithas yn ei phlismona ei hun.

Cam 2: Trafodwch y ffactor allweddol a nodir yn y cwestiwn – dylai ymwneud ag un cyfnod. Rhowch fanylion ffeithiol penodol, gan gofio ei gysylltu â'r hyn oedd yn digwydd yng Nghymru.

Achosodd y Chwyldro Diwydiannol a ddechreuodd yn y ddeunawfed ganrif gynnydd sydyn mewn poblogaeth a thwf trefi diwydiannol mawr yn sgil hynny. Yn y trefi hyn a oedd yn ehangu roedd yr ynadon heddwch, y cwnstabliaid a'r gwylwyr yn brwydro i ddelio â'r lefelau troseddu cynyddol. O ganlyniad dechreuodd ambell unigolyn blismona ac arbrofi drwy gyflwyno heddluoedd preifat. Yn yr 1750au yn Llundain sefydlodd Henry Fielding Geidwaid Bow Street. Roeddent yn cael eu talu, yn gweithio'n amser llawn ac yn ddiweddarach yn cael eu hyfforddi ac yn eithaf effeithiol. Mi wnaethant leihau'r cyfraddau troseddu ond nid

Cam 3: Dechreuwch ddatblygu dadl wrthgyferbyniol – dylai ymwneud â chyfnod gwahanol. Gwnewch gysylltiadau â chyfnodau eraill i ddangos y gwelliannau/newidiadau neu ddiffyg gwelliannau/newidiadau sydd wedi digwydd. Gwnewch gysylltiadau â Chymru.

oeddent mor llwyddiannus â hynny oherwydd mai yn Bow Street yn unig yr oeddent yn gallu patrolio. Ymhlith y dulliau eraill o blismona roedd y Marchoglu, Heddlu'r Afon a phapur newydd o'r enw 'Hue and Cry', a sefydlwyd gan John Fielding. Dyma ddechreuad heddlu cyflogedig a oedd hefyd yn gweithio'n amser llawn. Fodd bynnag, dim ond ar un ardal fach yn Llundain yr oedd yn cael effaith ac ni ddylanwadodd o gwbl ar ardaloedd eraill fel Cymru lle roedd plismona cymunedol yn parhau'n arferol.

Cam 4: Parhewch â'r ddadl a'r ddadl wrthgyferbyniol, gan ddewis cyfnodau eraill i ddangos y newid/gwelliant. Cofiwch gynnwys cysylltiadau â'r hyn oedd yn digwydd yng Nghymru.

Yn y bedwaredd ganrif ar bymtheg, fodd bynnag, y daeth y newid mwyaf ym maes plismona. Mewn trefi diwydiannol fel Merthyr roedd canolfannau troseddu fel China yn datblygu, gan ddenu niferoedd mawr o droseddwyr, yn gweithredu mewn ardaloedd bach a phoblog iawn. Roedd pigo pocedi yn broblem enfawr yng nghanol Llundain yn arbennig. Sylweddolodd Robert Peel, yr Ysgrifennydd Cartref yn y cyfnod hwn, fod angen newid, a sefydlodd yr Heddlu Metropolitan yn 1829. Roedd y cwnstabliaid newydd, neu'r 'Peelers', yn cael eu hyfforddi, eu talu a'u cyflogi'n amser llawn. Roeddent yn effeithiol iawn wrth reoli a lleihau troseddu yng nghanol Llundain ac yn 1856 gwnaeth Deddf yr Heddlu Gwledig hi'n orfodol i bob tref yng Nghymru a Lloegr sefydlu ei heddlu ei hun. Roedd ambell ranbarth yng Nghymru eisoes yn dilyn esiampl Llundain. Sir Ddinbych oedd y sir gyntaf i sefydlu Heddlu yn 1840, ac fe'i dilynwyd gan Forgannwg yn 1841. Dilynodd y bwrdeistrefi yn fuan wedyn a sefydlwyd heddluoedd yn Abertawe, Caerdydd, Castell-nedd a Phwllheli erbyn canol y ganrif. Agorodd Merthyr ei gorsaf heddlu yn 1844, gan weithredu heddlu o 12 cwnstabl. Roedd hwn yn newid mawr yn y dulliau o ymladd troseddau, gan roi'r cyfrifoldeb dros ymladd troseddu yn nwylo pobl broffesiynol, gyflogedig.

Cam 5: Ceisiwch drafod ystod o ffactorau, gan farnu ar bwysigrwydd/arwyddocâd y datblygiadau hyn. Cysylltwch yn uniongyrchol â'r cwestiwn.

Erbyn ail hanner y bedwaredd ganrif ar bymtheg roedd yr heddlu wedi datblygu yn ddull effeithiol o ymladd troseddu. Sefydlwyd heddluoedd ar hyd a lled Cymru a Lloegr ac erbyn yr ugeinfed ganrif roeddent wedi dechrau sefydlu unedau arbenigol i ddelio ag agweddau penodol o blismona ac ymladd troseddau. Arweiniodd hyn at sefydlu'r Gwib-Heddlu, CID, Cangen Arbennig a'r Heddlu Llofruddiaethau. Yn yr 1920au dechreuodd swyddogion heddlu benywaidd ymddangos ac erbyn heddiw mae menywod wedi cyrraedd rhengoedd uchaf yr heddlu ac yn Brif Gwnstabliaid. Mae arbenigedd yr heddlu yn parhau i dyfu. Mae gwyddor fforensig wedi helpu i ddatrys llawer o droseddau drwy ddefnyddio dulliau gwyddonol. Mae DNA a chymryd olion bysedd hefyd wedi helpu'r heddlu i ddatrys troseddau. Erbyn diwedd yr ugeinfed ganrif roedd gan Gymru bedwar heddlu – heddluoedd Gwent, De Cymru, Gogledd Cymru a Dyfed-Powys – a oedd yn darparu dull plismona mwy effeithlon ac effeithiol na'r ynadon heddwch a'r cwnstabliaid plwyf yn y canrifoedd cyn hyn.

Cam 6: Ysgrifennwch gasgliad sy'n cynnwys barn resymedig ar y cwestiwn. Cofiwch wirio eich ateb ar gyfer sillafu, atalnodi a gramadeg cywir.

Sefydlu'r Heddlu Metropolitan yn 1829 oedd dechrau'r newid mawr yn y dulliau o ymladd troseddu. Daeth yn lle system a oedd wedi dibynnu ar amaturiaid di-dâl a darparu'n hytrach heddlu cyflogedig, proffesiynol. Erbyn diwedd y ganrif roedd y dull hwn o blismona wedi ei sefydlu ar hyd a led y wlad ac erbyn heddiw mae 43 o heddluoedd yn gweithredu yng Nghymru a Lloegr. Roedd y twf sydyn yn y boblogaeth o ganlyniad i'r Chwyldro Diwydiannol wedi gorfodi cyflymdra'r newid gan arwain at newidiadau mawr yn y dulliau ymladd troseddu. Defnyddio heddlu yw'r prif ddull sy'n cael ei ddefnyddio bellach i gynnal cyfraith a threfn.

Nawr rhowch gynnig ar ateb y cwestiwn isod:

I ba raddau mae'n bosib dweud mai'r carchar fu'r prif ddull o gosbi troseddwyr dros amser?

Geirfa termau

Adran Ymchwiliadau Troseddol (*CID – Criminal Investigation Department*) Adran yn yr heddlu sy'n cyflogi ditectifs i ymchwilio i droseddau

Alltudiaeth Anfon rhywun i ffwrdd o wlad heb roi caniatâd iddynt ddychwelyd

Bedeliad Swyddog y gyfraith a oedd yn delio â throseddau bychain yn yr ardal leol

Borstal Math o garchar a sefydlwyd yn arbennig ar gyfer troseddwyr ifanc ym mlynyddoedd cynnar yr ugeinfed ganrif. Cafodd ei ddileu yn 1982

Brad Cynllwynio yn erbyn y brenin/brenhines neu'r llywodraeth

Bwrdeistref bwdr Ardal etholiadol heb fawr o bobl yn byw ynddi ond bod ganddi AS yn ei chynrychioli yn y senedd

Y Cod Gwaedlyd Y deddfau llym a gyflwynwyd yn raddol yn ystod blynyddoedd olaf yr ail ganrif ar bymtheg a'r ddeunawfed ganrif a olygai fod hyd yn oed fân droseddau yn cael eu cosbi trwy farwolaeth

Contraband Nwyddau anghyfreithlon wedi eu smyglo

Cosb eithaf Dedfrydu i farwolaeth. Cyfeirir at y troseddau sy'n dwyn y gosb hon fel troseddau marwol

Cosb gorfforol Cosb gorfforol boenus fel chwipio a fflangellu

Criw cadwyn Grŵp o garcharorion wedi eu clymu gyda'i gilydd â chadwyni i gyflawni tasg gorfforol fel cosb

Crogi, diberfeddu a phedrannu Y gosb oedd tynnu (llusgo'r) troseddwr y tu ôl i geffyl i fan y dienyddio. Byddai'r person yn cael ei grogi o grocbren, a byddai'r corff yn cael ei ddiberfeddu a'i bedrannu

Crwydraeth Crwydro o le i le heb gartref na swydd barhaol

Cwnstabl plwyf Swyddog y gyfraith a oedd yn patrolio'r strydoedd i sicrhau bod cyfraith a threfn yn cael eu cynnal

Cyfrifoldeb dinesig Cyfrifoldeb ar berson i wasanaethu ei gymuned

Y Cyfrin Gyngor Pwyllgor o weinidogion a benodwyd gan y brenin/brenhines i'w cynghori

Cyffion Byrddau mawr pren wedi eu colfachu a ddefnyddiwyd i ddal pobl yn eu lle gerfydd eu pigyrnau

Cyngor y Mers Y corff a reolai Gymru yn enw'r brenin/brenhines rhwng y bymthegfed ganrif a'r ail ganrif ar bymtheg; fe'i lleolwyd yng Nghastell Llwydlo

Cymerwyr lladron Pobl oedd yn gwneud arian trwy gasglu'r gwobrau ariannol a gynigiwyd ar gyfer dychwelyd nwyddau wedi'u dwyn neu ddal drwgweithredwyr

Cymorth i'r tlodion Y llywodraeth, yr eglwys neu unigolion preifat yn gweithredu i helpu'r tlodion

Chwyldro Amaethyddol Newidiadau mewn arferion ffermio megis cylchdroi cnydau, defnyddio technoleg newydd a bridio anifeiliaid yn ddetholus

Chwyldro Diwydiannol Cyfnod o newid mawr pan ddechreuodd pobl gynhyrchu nwyddau mewn ffatrïoedd gan ddefnyddio peiriannau

Deddf Terfysg Datganiad a ddarllenir fel rhybudd i derfysgwyr, yn gorchymyn iddynt wasgaru

Dial Derbyn cosb am drosedd a gyflawnwyd

Diwygiad Protestannaidd Chwyldro crefyddol yn yr unfed ganrif ar bymtheg yn dilyn rhaniad yn yr eglwys Gatholig Rufeinig a sefydlu mudiad protest dan arweiniad Martin Luther

Elusendy Tŷ ar gyfer y tlawd, yr oedd elusen yn talu amdano

Goleuo Mudiad deallusol a amlygodd syniadau newydd yn Ewrop yn ystod y ddeunawfed ganrif

Gwadu Dweud yn gyhoeddus fod eich credoau yn y gorffennol yn anghywir

Gwaedd ac ymlid Seinio rhybudd (trwy weiddi neu grio'n uchel) pan fo trosedd wedi ei chyflawni. Roedd disgwyl i bawb a fyddai o fewn pellter i glywed yr alwad ymuno i chwilio am yr unigolyn dan amheuaeth

Gwyliwr tref Swyddog y gyfraith a oedd yn patrolio'r strydoedd yn ystod y nos i gadw'r heddwch

Yr Heddlu Metropolitan Yr enw swyddogol ar yr heddlu sy'n gyfrifol am Lundain. Cafodd ei sefydlu yn 1829

Heresi Daliadau neu farn grefyddol sy'n wahanol i grefydd swyddogol y wlad

Pydlwyr Dynion oedd yn troi'r haearn tawdd tra oedd yn coginio er mwyn dod â'r amhureddau i'r wyneb, lle byddent yn cael eu llosgi i ffwrdd

Rhigod Ffrâm bren neu fetel ar bost a ddefnyddiwyd i ddal dwylo a phen troseddwyr

Rhyfel Napoleon Cyfnod hir o ryfela rhwng Prydain a Ffrainc a wnaeth bara rhwng 1793 ac 1815.

Smyglo Dod â nwyddau i'r wlad yn anghyfreithlon neu beidio talu treth ar nwyddau cyfreithlon sy'n dod i'r wlad

Trefoli Twf trefi a dinasoedd mawr

Twymyn carchar Math o glefyd teiffws oedd yn cael ei basio i bobl drwy gyswllt â chwain, llau neu widdon (*mites*) heintiedig

Ynadon heddwch (YH) Ynadon lleol a benodwyd i gadw'r heddwch, gwrando mân achosion cyfreithiol lleol a sicrhau bod Cyfraith y Tlodion yn cael ei chynnal